사랑받을 권리

The Undervalued Self
: Restore Your Love/Power Balance, Transform the Inner Voice That Holds You Back,
and Find Your True Self-Worth by Elaine N. Aron, Ph.D.

Copyright © 2010 by Elaine N. Aron, Ph.D.
All rights reserved.

This Korean edition was published by arrangement
with Elaine N. Aron, Ph.D. c/o Betsy Amster Literary Enterprises, Los Angeles, CA through
KCC(Korea Copyright Center Inc.), Seoul.

사랑받을 권리

이유 없이 상처받지 않는 삶

일레인 N. 아론 지음

고빛샘 옮김

The Undervalued Self

웅진 지식하우스

내 안의 울고 있는 나와 마주하는 용기

우리는 모두 내면 깊숙이 스스로가 가치 없다고 느끼는 자신의 일부를 지니고 있다. 이 자아는 어떤 이들에게는 이따금씩 불쑥 찾아오는 불청객과도 같고, 어떤 이들에게는 어디를 가나 따라오는 사람과도 같다. 이 존재는 자신의 가치를 실제보다 낮게 평가하면서 우리를 불안해하거나, 우울해하거나, 수줍어하게 만든다. 그리고 결과적으로 '낮은 자존감'이라는 문제를 낳는다.

나는 20여 년간 상담을 받으러 오는 내담자들에게 끊임없이 이와 관련된 문제들을 발견했다. 정확히 말하자면, 도움을 청하러 온 내담자 모두에게서 발견되는 공통된 문제였다. 그들은 사랑받고 싶어 하면서도 타인과 비교해 자기 자신을 지나칠 정도로 낮게 평가했다. 실제로 그렇지 않은데도 말이다. 나는 스스로 가치 없다고 평가하는 이 심리 기제를 '못난 나(Undervalued Self, 과소평가된 나)'로 이름 붙이고, 이에 대해 더 깊이 파고들었다.

낮은 자존감은 심리 치료사와 자기 계발 전문가들이 가장 흔하게 접하는 문제이며, 모든 심리 문제의 뿌리이기도 하다. 자존감을 향상시키기 위한 수십 년 동안의 노력에도 불구하고 '못난 나'는 아직도 우리를 졸졸 따라다니며 괴롭히고 있다. 한 연구에 따르면

자존감이 낮은 사람에게는 긍정적 사고와 자기 긍정self-affirmation
이 오히려 악영향을 끼칠 수 있다고 한다.[1]

나는 심리 치료사이자 사회심리학자로 '사랑'과 '호감'에 관해
주로 연구해왔다. 이 분야는 타인을 좋아하고 돕고자 하는, 인간의
타고난 성향을 다룬다. 이 반대편에 존재하는 인간의 성향이 있는
데 바로 상대를 경쟁자로 인식하거나 절대 지지 않으려는 태도이
다. 나는 이 두 가지 성향에 대해 고민하던 중 '낮은 자존감' 문제
를 새로운 방식으로 바라보면 어떨까 하는 생각이 들었다.

» 낮은 자존감은 어디에서 왔을까?

낮은 자존감을 바꾸기 어려운 것은 생물학적인 이유 때문인지도
모른다고 생각했다. 이는 어째서 우리가 자신의 가치에 대해 그릇
된 결론에 도달하는지 설명해준다. 스스로를 낮게 평가하는 이유
를 이해하면, 우리를 고질적으로 따라다니며 괴롭히는 '못난 나'를
멈추게 할 수 있지 않을까?

우리 내면의 '못난 나'는 갈등이나 실패와 관련해 타인과 비교
해 서열을 매기는 타고난 반응과 연관이 있는 듯 보였다. 이것을

우리의 타고난 행동 특질로 여길 때, '못난 나' 때문에 벌어지는 문제들을 수월하게 해결할 수 있을지 고민하기 시작했다. 운 좋게도 예전에 진행했던 민감한 사람들에 대한 연구를 통해 자신의 선천적인 성향을 인지하고 나면 적응이 쉬워진다는 사실을 알고 있던 터였다.

사실 우리는 항상 선천적인 행동을 통제하며 살아간다. 따라서 다른 사람과 자신을 비교하고 순위를 매기는 경향을 통제하는 것 또한 불가능한 일이 아니다. 예를 들어 어떤 사람들은 고소 공포증, 피 공포증, 뱀 공포증, 거미 공포증 등을 타고난다. 진화의 측면에서 보았을 때 이러한 공포증은 생존에 도움이 되는 면이 있다. 하지만 우리는 대부분 필요하다면 그러한 공포 반응을 억누르고 통제할 줄 안다. 또 인간은 누구나 강렬한 성적 충동을 느끼도록 타고났다. 인간이라는 종을 유지하기 위해서는 그러한 충동이 필수적이다. 하지만 우리가 성적 충동에만 이끌려 살아가지는 않는다. 상황에 따라 본능을 억제하며 살아간다. 그렇다면 우리는 스스로의 가치를 과소평가하려는 경향, 즉 우리 안의 '못난 나' 또한 통제하는 법을 배울 수 있지 않을까.

'못난 나'라는 문제에 대한 답을 찾기 위해 나는 어느새 우리가 일상적으로 어떤 행동을 하는지, 그리고 그러한 행동이 어떻게 잘못될 수 있는지 설명하는 일에 발을 담그게 되었다. 나는 '못난 나'라는 복잡한 문제를 명쾌하게 설명해줄 방법을 찾아야 했다. 사람들이 무의식적이고 자동적인 반응을 인지하고 거기에 대처하도록 도와주고 싶었다.

어떨 때는 자신의 무의식을 의식하는 것만으로도 충분하다. 하지만 실패하고 괴로워했던 정신적 외상, 즉 트라우마Trauma가 '못난 나'를 더욱 강화하는 경우도 많다. 그런 심각한 문제를 겪고 있는 사람들을 고작 한 권의 책으로 도울 수 있을까? 감히 말하건대, 나는 그럴 수 있다고 믿는다.

» 상처 입은 나를 치유하는 심리 수업

이 어마어마한 과제를 완수하기까지 장장 10년이 소요되었다. 나는 '못난 나'의 원인이 되는 선천적 요인들을 밝히기 위해 가능한 한 과학적 태도를 유지하면서도 과도한 설명을 하지 않기 위해 노력했다. 이 책에서는 어떻게 과거 경험을 돌아봐야 하는지 설명할 것이다. 또한 각자에게 맞는 방법을 찾아 활용하도록 최고의 심리 치료사들이 사용한 다층적 접근법을 소개할 것이다. 여기서 제공하는 정보를 제대로 활용한다면 혼자서도 충분히 스스로를 치유할 수 있다.

나 또한 내면의 '못난 나' 때문에 고통받은 경험이 있다. 사실 나의 '못난 나'는 고집불통에 힘이 세서 꽤 오랫동안 나를 괴롭혔다. 심리 치료라는 커리어를 막 쌓기 시작한 후 처음 연단에 서서 강의를 했던 날이 떠오른다. 강의가 끝난 후 몇몇 학생들이 내게 와서 이런 말을 했다. "강의 내용은 무척 훌륭했지만 전달 방식이 산만해서 집중하기 힘들었어요." 학생들은 내가 나 자신과, 말하려는 내용을 가치 없다고 여기는 듯한 느낌을 받았다고 했다. 더 이상 내 안의 '못난 나'를 그냥 내버려 둘 수 없었다. 다행히 당시 내 주변에는 가르침과 도움을 줄 훌륭한 이들이 많았다. 그때 내가 배운 것들이 다른 사람들에게도 도움을 줄 수 있으리라 믿는다.

이 책을 읽는 것만으로도 즉시 무언가를 얻어 가는 사람도 있을지 모른다. 하지만 내가 그랬듯 수년에 걸쳐 노력해야만 내면의 '못난 나'를 치유할 사람도 있을 것이다. 문제의 뿌리가 깊고 다양하다면 '못난 나'를 통제하기 위해 엄청난 노력이 필요할 수도 있다. 하지만 이 책에 담긴 지침의 도움을 받으면 그 과정을 단축시키고 쉽게 만들 수 있다.

이 책을 처음부터 끝까지 죽 읽는 것만으로도 도움이 되겠지만 장마다 소개하는 실천법을 따른다면 더욱 많은 것을 얻을 수 있다. 실천법 중에는 글로 써야 하는 것도 많으므로 노트 한 권을 새로 마련하거나 기록할 수 있는 기기를 준비하는 것도 좋다. 자, 그럼 이제 시작해보자.

1장 나는 나에게 좋은 사람일까?

2장 진짜 내 모습을 가리는 여섯 가지 방해물

3장 내 안의 울고 있는 나를 만나다

4장 늘 상처받는 사람들을 위한 관계 스위치

나는 나의 가치를
제대로 평가하고 있을까?

내 안의 '못난 나' 체크 리스트

다음의 각 질문에 느끼는 대로 답한다. 문항의 내용에 지금까지 한 번이라도 자신에게 해당되었던 적이 있다면 S(State, 상태), 평소 자주 문항의 내용대로 행동하거나 생각한다면 T(Trait, 자질)라고 적는다.

☐ 사람들에게 "너를 좋아해"라는 말을 들으면 "왜?"라는 생각이 먼저 든다.

☐ 다른 사람과 얼굴을 마주 보고 이야기할 때 고개를 숙이거나 시선을 다른 곳으로 돌린다.

☐ (다른 사람들은 똑같은 상황에서 그런 비교를 하지 않는데도) 여러 사람 중에 누가 더 예쁘고 명랑하고 부자인지, 누가 더 좋은 차를 가졌는지, 누구의 아이디어가 더 나은지 비교하곤 한다.

☐ 무슨 수를 써서든 다른 사람들을 기쁘고 행복하게 해주기 위해 노력한다.

☐ 객관적으로 보았을 때 나와 상대방이 동등한 관계임이 분명한데도 내가 더 열등하게 느껴진다.

☐ 비판을 받으면 그 출처에 상관없이 하루 종일 기분이 좋지 않다.

☐ 좋은 아이디어가 떠올라도 선뜻 나서서 이야기하지 못한다.

☐ 늘 어깨를 수그린 채 고개 숙인 자세를 하고 있다.

☐ 식당에서 음식에 문제가 있더라도 식당 주인이 불쾌하게 여길까 봐 항의하지 못한다.

☐ 나 자신이 사기꾼인 것처럼 느껴진다.

- [ ] 누군가를 지도하는 위치에 오르더라도(부모나 교사가 되거나 지도자로 뽑히더라도) 존경을 받지 못하리라 생각한다.
- [ ] 누군가 "문제가 생겼어"라고 말하면 곧바로 그 문제가 내 탓인 것처럼 느껴진다.
- [ ] 나 자신의 권리를 어떻게 옹호해야 할지 모르겠다.
- [ ] 무엇인가를 시작하기도 전에 나는 실패할 것이라 생각한다.
- [ ] 걱정할 만한 객관적인 이유가 전혀 없는데도 직장을 잃을까 두려워한다.
- [ ] 자신감이 부족하다는 말을 자주 듣는다.
- [ ] 어떤 사람을 만나도 나에게 별다른 관심이 없으리라 생각한다.
- [ ] 배우자나 애인, 가장 친한 친구와 함께할 때 질투나 불안을 느낀다.
- [ ] 자신의 외모나 과거의 일, 가족 또는 데이트 상대의 말이나 행동 때문에 수치심을 자주 느낀다.
- [ ] 수치심을 느끼는 일이 자주 있다.
- [ ] 거절하면 상대가 나를 좋아하지 않을까 봐 함께 잠자리를 한다.
- [ ] 상대방이 내가 싫어하는 행동을 계속하는데 그만두라고 말하지 못한다.
- [ ] 다른 사람에게 무엇인가를 부탁할 때 망설이게 된다.

테스트 결과 진단 방법

S와 T라고 답한 문항이 각각 몇 개인지 센다. 이 테스트에 정상 비정상을 나누는 기준은 없지만 S가 10개 이상, T가 2개 이상이면 스스로의 가치를 심각하게 평가절하하고 있다고 보면 된다.

/

1장

나는 나에게 좋은 사람일까?

우리는 하루 대부분을 존경, 영향력, 권력 등을 얻고자 애쓰거나 자기 자신과 타인을 비교하며 보낸다. 바꾸어 말하면, 타인과 비교해 자신의 순위를 매기는 것인데, 이는 '순위 매기기Ranking'에 해당한다. 또한 우리는 애정, 관심, 사랑을 표현함으로써 타인과 연결되어 있다는 안정감을 느끼고자 한다. 이때 우리는 '관계 맺기linking'를 하고 있는 것이다. 때로는 순위 매기기와 관계 맺기를 결합하기도 한다. 다른 누군가의 인생을 개선하고 싶을 때 관계 맺기를 위해 순위 매기기를 이용하는 것이다. 예를 들어 우리는 타인에게 조언을 하거나 가르칠 때, 아이를 훈육할 때 순위 매기기를 이용한다.

순위 매기기와 관계 맺기는 모든 고등동물에게서 관찰할 수 있는 행동이다. 하지만 이 두 가지 활동이 우리의 모든 사회적 행동을 지배하는 주된 요인이라는 사실을 과학적으로 밝힌 지는 얼마 되지 않았다. 우리는 '관계 맺기와 순위 매기기'라는 말 대신 '사랑Love과 권력Power'이라는 말을 사용하기도 한다. 사랑은 넓게 보면 '관계 맺기'의 하위개념이라 할 수 있으며, 권력을 결정하는 것은 사실 '순위 매기기'라 할 수 있다. '순위 매기기'와 '관계 맺기'라는 용어는 1983년 정치심리학자 리안 아이슬러Riane Eisler와 데이비드 로이David Loye가 사용하면서 처음 등장했다. 1990년대 들어서는 사회심리학자들이 순위 매기기와 관계 맺기 간의 상호작용에 주목했으며, 그 이후로는 별다른 관심의 대상이 되지 못했다.[1]

인간과 동물 행동에 대한 연구를 해오던 나에게 사랑과 권력은 늘 신경 쓸 수밖에 없는 주제였다. 하지만 나조차도 두 주제를 늘 따로 떼놓고 생각했다. 하지만 내게 치료를 받으러 오는 거의 모든 내담자들에게 나타나는 문제에 대해 고심하던 중 둘 사이의 떼려야 뗄 수 없는 관계를 불현듯 깨달았다. '낮은 자존감은 건강한 인간관계를 해친다!' 내담자들은 사랑, 즉 관계 맺기를 갈망하면서도 정작 타인과 관계를 맺을 때는 늘 권력, 즉 순위 매기기에 치중했다.

그렇다고 해서 순위 매기기가 무조건 잘못되었다는 뜻은 아니다. 순위 매기기는 우리 삶의 한 부분이며, 유익한 점도 있다. 예컨대 우리는 스포츠 경기 같은 우호적인 경쟁을 즐긴다. 또 직업을 얻거나, 승진을 하거나, 좋은 배우자를 만나기 위해 경쟁해야 할 때도 있다. 하지만 모든 사회생활을 '순위 매기기'의 관점에서만 본다면 자괴감에서 헤어 나오지 못할 위험이 크다.

나를 기분 좋게 하는 사람,
기분 나쁘게 하는 사람

~~~~~

앞으로 이 책에서는 순위 매기기, 관계 맺기, 못난 나를 이해하는 데 도움을 줄 다양한 자가 테스트와 연습법을 소개할 것이다. 필요할 때마다 쉽게 꺼내 볼 수 있도록 노트를 한 권 마련해 연습 문제에 대한 답과 결과를 적어놓으라. 아주 간단한 첫 번째 연습 문제를 내겠다. 우선 함께 있으면 기분 좋아지는 사람들의 이름을 적어보라. 그리고 함께 있으면 기분 나빠지는 사람들의 이름도 적어보라. 나중에 이름 밑에 짤막한 메모를 할 수 있도록 이름과 이름 사이에 공백을 두고 적어야 한다.

이름을 다 적었으면 이제 그 목록을 눈으로 훑어보라. 당신을 기분 좋게 만드는 사람들은 아마 대부분 당신과 관계 맺기에 치중하는 사람들일 것이다. 당신과 상대의 관계는 이따금 전화를 걸어 다정한 안부 인사를 건네거나 사랑을 표현하는 것이 주를 이룰 것이다. 반대로 당신을 기분 나쁘게 만드는 사람들은 아마 서로 순위 매기기에 치중하는 사람들일 것이다. 그 사람들을 상대할 때 당신은 평가받고 있는 듯한, 혹은 누가 더 나은 사람인지 경쟁하고 있는 듯한 느낌을 받는 경우가 많을 것이다.

전자의 관계는 우리 자신과 상대에 대해 좋은 느낌을 남긴다. 반면 순위 매기기에 치중하는 관계는 우리를 불안하고 불행하게 만든다. 적어놓은 목록을 보면서 순위 매기기가 우리의 불행과 얼마나 높은 상관관계가 있는지 곰곰이 생각해보라.

사람을 대하는 두 개의 프레임

~~~~

순위 매기기는 수직적인 사회집단 내에서 우리가 어느 정도 위치를 차지하는지와 관련되어 있다. 높은 순위는 곧 큰 권력을 의미하며, 권력은 타인에게 끼치는 영향력이라고 할 수 있다. 권력은 여러 형태를 띨 수 있는데, 그중 하나로 타인에게 받는 존중이나 존경을 들 수 있다.

관계 맺기는 순위 매기기의 반대쪽에 놓여 인생이라는 저울의 균형을 맞춰주는 우리의 타고난 성향이다. 우리는 마음 가는 사람들에 대해 알고 싶어 하며, 할 수만 있다면 그들을 도와주고 싶어 한다. 사랑은 관계 맺기의 확장판이라 할 수 있다. 우리는 하루하루 관계 맺기와 순위 매기기 사이에서 외줄 타기를 하며 살아간다.

우리가 만약 순위 매기기에 치우쳤을 때 불균형 상태에 있는 듯한 느낌을 자주 받게 된다. 자기 순위가 어느 정도인지에 대한 생각을 머릿속에서 떨치지 못하는 때도 있다. 또 주위에서 끊임없이 순위 매기기에 대한 압력을 받을 때도 있다. 그래서 어떤 때는 의식적으로 그러한 생각을 하지 않으려 노력하기도 한다. 어떤 환경에서는 순위 매기기가 존재하지 않는다고 믿고 싶어 한다. 하지만 둘 이상의 사람이 모여 집단이 형성되면 자연스레 구성원 사이에

서열이 매겨지게 마련이다. 단지 그러한 서열이 전면으로 드러나느냐 그렇지 않느냐의 차이만 있을 뿐이다.

우리는 대부분 평등을 추구함으로써 순위 매기기로 인해 빚어질지도 모르는 잠재적 불쾌감을 중화시키려 노력한다. 운동경기를 할 때 공정한 규칙을 정하고 따르는 식으로 말이다. 또 사업을 할 때는 서로 간의 합의하에 계약을 하고 그 내용을 성심성의껏 지킨다.

우정을 쌓을 때도 마찬가지로 순위 매기기가 관계에 악영향을 끼치지 않도록 노력한다. 우리 주변에는 분명 우리보다 부자인 친구, 더 좋은 직업을 가진 친구도 있다. 하지만 우리는 친구와 자신을 비교하기보다는 무엇이든 함께하고 나누려 한다. 함께 식사를 하더라도 똑같이 돈을 나누어 낸다. 한쪽이 칭찬을 하면 다른 쪽은 그 칭찬을 되갚기 위해 노력한다. 그러다 보면 친한 친구끼리는 어느 쪽이 무엇을 더 주고 어느 쪽이 무엇을 더 받았는지 신경 쓰지 않게 된다. 지금 당장 필요한 쪽에 필요한 것을 내주는 행위가 우선시된다. 그것이 바로 관계 맺기의 핵심이다.

관계 맺기와 순위 매기기는 서로 호흡 맞추며 함께 춤추는 한 쌍이라고 할 수 있다. 우리는 때로 관계 맺기를 위한 순위 매기기를 한다. 부모, 교사, 감독자, 정치가들은 순위 매기기에서 높은 자리를 차지하는 사람들이다. 가장 바람직한 상황은 그들이 높은 위치에서 나오는 권력을 호감, 사랑, 이타주의를 위해 사용하는 것이다. 우리는 높은 위치에 있는 사람들이 규칙을 부과하거나 조언을 하더라도 싫어하지 않는다. 그들이 우리를 도우려 한다는 사실을 알기 때문이다. 하지만 타인의 욕구와 필요를 고려치 않는 권력 남용은 경계한다. 칭찬의 효과를 높이기 위해 타인과 비교하는 경우도 관계 맺기를 위한 순위 매기기라 할 수 있다. 우리는 흔히 이런 말을 하지 않는가. "거기 있는 사람들 중에 네가 제일 똑똑하더라!"

반대로 순위 매기기를 위한 관계 맺기를 할 때도 있다. 이를 테면 우리는 집단의 이익을 위해 타 집단과 동맹을 맺기도 하는데, 이때 가능한 한 유리하고 높은 위치를 선점하기 위해 노력한다. 또한 관계 맺기가 순위 매기기에 가려지는 경우도 있다. 예를 들어 교수와 학생, 고용주와 피고용인, 간수와 포로는 서로에게 끌리더라도 그 감정을 무시하려 노력한다. 반대로 순위 매기기가 관계 맺기에 가려지는 경우도 있다. 애정이 있는 상대에게 최선의 이익을

관계 맺기의 주요 정의

- **호감**Liking 타인에게 끌리고 애정을 느끼는, 타고난 우리의 성향. 타인에게 관심을 주고 할 수만 있다면 돕고 싶어 하는 마음.

- **사랑**Love 타인에 대한 강력한 끌림을 기반으로 하는, 호감에서 모든 불순물을 걸러내고 남은 순수한 감정의 형태. 상대방 가까이에 있고 싶어 하고, 상대에 대해 속속들이 알고 싶어 하며, 상대가 바라는 모든 것을 이루어주고 싶어 하고, 나의 욕구를 충족시켜주기 위한 상대의 노력을 즐기는 상태. 상대방을 자기 자신처럼 느끼는 감정.

- **이타주의**Altruism 타인에 대한 사심 없는 사랑. 이타적 사랑은 온 인류에 대한 동정심으로 확장된다.

가져다주기 위해 상대의 인생을 통제하는 경우처럼 말이다.

순위 매기기가 가장 흔하게 그리고 가장 크게 문제되는 것은 관계 맺기에 슬며시 끼어들어 우리 자신의 '못난 나'를 유발하는 경우다. 예를 들어, 당신이 친구와 점심을 함께 하다 친구가 승진했다는 소식을 들었다고 해보자. 당신은 친구에게 진심으로 축하를 해준다. 친구의 기쁨은 곧 당신의 기쁨이기도 하기 때문이다. 하지만 갑자기 자신이 지난 5년간 번번이 승진에서 누락되었다는 사실이 떠오른다. 별안간 비참한 기분이 든다. 바로 그 순간부터 그 자리는 당신과 친구가 함께하는 곳이 아니다. 그때부터 당신은 내면의 '못난 나'와 점심을 함께 먹는 것이 된다.

순위 매기기의 주요 정의

- **순위 매기기**Ranking 독립적으로 분리된 한 개인으로서 더 높은 사회적 위치로 올라가고 싶어 하는 우리의 타고난 성향.

- **권력**Power 수직적인 계층 내에서 차지하는 위치에 따라 타인에게 발휘할 수 있는 영향력. 우리는 타인에게 물리적·심리적으로 가혹하거나 부드럽게, 두드러지거나 은밀하게 권력을 행사할 수 있다.

- **관계 맺기를 위한 권력**Power in the Service of Linking 자기 자신의 욕구나 필요가 아닌 타인의 욕구나 필요를 충족시키기 위해 스스로의 위치와 권력을 사용하는 것.

- **권력 남용**Abusive Power 순전히 이기적인 목적으로 휘두르는 권력.

- **순위 매기기를 위한 관계 맺기**Linking in the Service of Ranking 순전히 자기 자신 혹은 관련된 사람을 위해 높은 위치를 차지하고 권력을 얻으려고 우호적인 협력 관계를 맺는 것.

자신에 대한 잘못된 판단

~~~~~

앞에서 지나친 순위 매기기가 내면의 '못난 나'를 직접적으로 부추
길 수 있으며, 그러한 일이 어떻게 벌어지는지 정확히 이해하면 잘
못된 길로 빠지지 않을 수 있다고 말한 바 있다. 사회적 동물인 우
리 인간은 생존과 안녕을 위해 집단을 이루어 살아가도록 진화해
왔다. 우리 조상들이 그러했듯, 만일 우리가 단일한 집단 내에서
생활한다면 각자의 서열이 정해져 있을 것이다. 높은 서열일수록
집단의 결정에 더 큰 영향력을 발휘할 수 있다. 더 높은 위치로 올
라가고 싶은 사람은 자기 바로 위 서열에 있는 사람과 대결해야만
한다. 도전장을 던져 이기는 사람도 있을 테지만, 분명 지는 사람
도 있을 것이다. 도전에 패할 위험을 피하려면 자신의 전반적인
힘, 사회적 지지도, 자신감, 기술, 지성 등의 자질을 순간적으로 판
단할 수 있어야 한다.[2] 그런데 최근에 패했거나, 자주 패한 경험이
있다면 자신의 가치를 저평가할 가능성이 있다. 그래서 에너지를
소모하는 대신, 싸우지 않기로 한다. 그러다보면 당신이 생각하는
스스로의 가치는 계속 낮게 머무른다.

하지만 오늘날 우리는 가족, 친구, 동료 등 다양한 집단에 속해
살아간다. 그 집단들 각각에서 우리의 자질은 매 순간 다르게 평가
된다. 자신이 다른 구성원에 비해 종합적으로 더 나은지 판단해야
만 하는 경우는 매우 드물다. 따라서 자신의 가치에 대한 종합적인
판단을 내리는 것은 불리한 점으로 작용한다. 어떤 상황에서든지

종합적인 자기 가치 판단을 잘못 내릴 가능성이 있기 때문이다.

　패배를 심각하게 받아들이고 스스로의 가치를 평가절하하는 것과 더불어 우리에게는 좌절 반응Defeat Response이라는 선천적인 성향이 있다.[3] 그러한 반응은 동물들에게서도 관찰할 수 있다. 싸움에서 진 동물은 풀 죽은 채 슬금슬금 꽁무니를 빼고 달아난다. 삶의 의욕을 잃고 좌절한 듯하다. 우울증에 빠졌을 때 나타나는 신체적 증상들도 보인다. 급작스럽게 활기를 잃어버리는 것은 그 동물이 자신감을 잃었고, 더 이상 서열에 신경 쓰지 않으며, 더 이상 누구에게도 싸움 걸지 않을 것임을 의미한다.

　인간이 좌절과 패배에 직면했을 때 보이는 반응도 동물과 크게 다르지 않다. 우리도 수치심을 느끼고 우울증에 빠진다. 우리는 누

'못난 나'와 관련된 정의들

- **종합적인 자기 가치 판단**Overall Self-Worth 특정 경쟁에 필요한 특정 능력은 고려치 않은 채, 자신의 역량이나 가치를 종합적으로 고려해 대결에서 이길 수 있을지 판단하는 것.

- **좌절 반응**Defeat Response 패배하거나 좌절한 후 보이는 우울증이나 수치심. 좌절 반응에 사로잡히면 경쟁에 뛰어들기보다는 자신의 낮은 순위를 그냥 순순히 인정하고 받아들이게 될 가능성이 높다.

- **못난 나**Undervalued Self 좌절과 패배를 피하려는 성향에서 비롯되는 우리 내면의 자아. 과거에 실패하거나 좌절한 경험이 많을수록 우리 내면의 못난 나는 힘을 얻어 커진다. 못난 나는 순위 매기기가 필요 없는 경우에도 순위를 매기도록 만들고, 자신의 가치를 평가절하시켜 경쟁할 의지를 꺾는다.

군가에게 지고 나면 우울해한다. 충만했던 열정, 에너지, 자신감이 순식간에 사그라진다. 또 자신이 쓸모없는 존재라는 감정, 즉 수치심을 느낀다. 크게 좌절하면 그 우울증과 수치심이 꽤 오랫동안 이어질 수 있다. 거부당했다는 느낌에서 유발된 수치심과 우울증은 수줌음 혹은 소심함의 형태를 띠기도 한다. 사회적 비판이나 좌절이 더 이어질까 봐 두려워하는 것이다. 아주 크게 좌절하거나 자주 좌절한 경우, 혹은 감수성이 예민한 어린 시절에 좌절한 경우 인생 대부분을 아무 열정도 없이 소극적으로 무기력하고 소심하게 살아가게 될 수도 있다. 모든 게 자기 탓인 양 느끼며 만성적으로 스스로의 가치를 저평가하는 것이다. 그런 감정은 병적인 우울증의 핵심 증상으로, 순위 매기기에서 비롯된 '자의식Self-Conscious'의 결과인 경우가 많다.[4]

나에 대하여 느끼는 감정들

사회적 동물인 우리 인간은 특정 상황에서 다른 사람들 앞에서 어떻게 행동해야 할지 판단하기 위해 주변을 의식할 수밖에 없다. 자의식 정서는 자기 자신에 대하여 느끼는 감정으로 우리가 집단 내에서 재빠르게 행동해 특정 지위나 위치를 확보하도록 해준다. 자의식 정서로는 자부심, 죄책감, 불안, 우울증, 수치심 등을 들 수 있다. 이러한 감정은 스스로의 가치를 어떻게 보는지에서 나온다. 이

가운데 불안이나 우울증은 사회적인 상황과 관계없는 문제에서 비롯되기도 하지만 사회적 상호작용에 대한 반응으로 나타나는 경우가 가장 많다.

어떤 기질을 타고났는지, 어떤 방식으로 양육되었는지에 따라 자의식을 느끼는 정도는 달라질 수 있다. 하지만 자의식을 전혀 느끼지 않은 채 살아가는 사람은 없다. 문제는 자의식 또한 우리의 이익에 반하는 경우가 종종 있다는 사실이다. 그 이유는 오늘날 우리가 평생 단 하나의 집단에만 소속되어 살아가지 않기 때문이다. 예를 들어 우리는 집에서는 룸메이트와 함께 살면서, 직장에서는 동료들과 함께 일하고, 여가 시간에는 친구들과 어울려 함께 농구를 할 수 있다. 그런데 여러 집단 중에서도 유독 강렬한 감정을 불러일으키는 집단이 있게 마련이다.

대개 그러한 감정은 가족이나 놀이집단같이 우리가 생애 초기에 소속되었던 집단에서 비롯된다. 또 가장 최근에 좌절감이나 패배감 때문에 극심한 고통을 겪었던 집단에서 비롯되기도 한다. 예를 들어 마음에 드는 이성에게 데이트 신청을 했는데 거절당하고 바로 그다음 날 면접을 보러 갔다고 해보자. 그런 상태에서 자신감을 갖기는 쉽지 않을 것이다. 당신은 면접에서 좋은 소식을 듣지 못하리라 생각한다. 그리고 돌아와 오후에 친구들과 소프트볼 경기를 하기로 한다. 당신이 타자로 나선다. 공이 날아오는데 배트를 휘두를지 말지 고민이 된다. 공을 제대로 칠 수 없을 것만 같다. 그런 생각에 빠져 있는 사이 당신은 삼진 아웃을 당한다. 당신은 또 다른 실패와 좌절을 겪고 싶지 않다. 그러나 한 가지 일에서 겪은 실패에 대한 불안감이 다른 일에까지 영향을 미쳐 실패가 줄줄이 이어진다.

» 자부심

자부심은 긍정적인 자의식 정서다. 우리는 높은 위치에 있을 때 혹은 높은 위치로 올라섰을 때 자부심을 느낀다. 우리는 스스로의 가치를 높게 평가하며 앞으로 있을지 모르는 서열 대결에서도 이길 수 있으리라 자신한다. 자신감 있는 태도에 다른 사람들은 우리를 더욱 높이 평가한다.

그러나 자부심에도 부정적인 면이 있다. 자신의 가치에 대한 지나치게 높은 평가는 자기 과신으로 이어질 수 있고, 어떤 일에 조금이라도 삐끗할 경우 깊은 우울과 수치심을 느낄 수 있다. 수치심은 지나친 자부심, 즉 자만이 실패로 이어질 때 생겨난다. 또 다른 문제는 지나친 자부심에 사로잡혀 있는 상태일 때 타인에게 공감하거나 동정하는 능력이 떨어질 수 있다는 점이다. 연구에 따르면 높은 자부심을 느끼는 사람은 자신이 높은 서열에 있는 사람들과 유사하다고 평가하는 반면, 낮은 서열에 있거나 약한 사람들과 자신 사이에는 공통점이 없다고 답하는 비율이 높다고 한다.

» 죄책감

잘못이나 실수를 저질렀지만 아직 바로잡거나 만회할 여지가 있을 때, 변명거리를 대거나 타인에게 용서받을 수 있을 때, 잘못으로

인한 악영향을 최소화할 수 있을 때 우리는 죄책감을 느낀다. 죄책
감은 자신이 쓸모없고 무가치한 존재라고 느끼도록 만든다. 그런
부정적인 감정은 실수를 바로잡을 동기를 제공해준다. 하지만 일
단 실수를 바로잡고 나면 집단은 우리를 다시 포용해주며 우리는
자신이 쓸모없다는 느낌을 더 이상 느끼지 않아도 된다. 죄책감은
우리의 존재 자체가 아닌 행동에 대해 느끼는 감정이기 때문에 오
랜 기간 지속되지 않는다.

우리 조상들에게 죄책감은 무척 중요한 감정이었다. 힘세고 사
냥에 뛰어난 집단 구성원이 죄책감을 느끼지 못했다면 포획물을
독차지해 힘없는 여성, 아이, 노인들은 굶주릴 수밖에 없었을 것이
다. 따라서 죄책감을 느끼는 구성원이 많은 집단일수록 생존에 유
리했다. 오늘날도 마찬가지로 가족에게 안부 전화를 자주 걸지 못
하거나 가족의 결혼식 날 참석하지 못하면 우리는 죄책감을 느낀
다. 죄책감이 있기에 가족 중 누군가 곤란한 상황에 빠지면 끈끈한
가족의 유대를 통해 지지와 보살핌을 아끼지 않고 제공한다. 죄책
감은 사랑만으로 채울 수 없는 빈 공간을 메워준다.

» 불안과 수줍음

우리는 패배하거나 좌절할까 봐 불안감을 느낀다. 그런데 불안이
집단 내 자신의 위치, 즉 순위 매기기에서 비롯될 경우 그 불안은
비합리적이거나 고질적인 것으로 변질될 수 있다. 우리는 걱정한
다. '내 서열이 떨어지면 어쩌지?' '내게 도전장을 던진 누군가에게

패배하면 어떻게 하지?' '사람들 모두가 나를 거절하면 어쩌지?'

수줍음 혹은 소심함은 사회적 불안의 한 양상이다. 자신이 관찰당하거나 평가당하고 있으며, 그 결과 지위가 떨어질 수도 있다는 생각에 우리는 수줍음을 느끼고 소심하게 행동한다. 내면의 못난 나는 불안과 수줍음을 배가시키며, 불안과 수줍음은 또다시 못난 나를 강화시킨다. 그래서 우리는 이런 말을 하게 된다. "나는 너무 수줍음을 많이 타." "나는 너무 자신감이 부족해."

불안과 수줍음은 '못난 나'를 영구적으로 살찌우는 원동력이 될 수도 있다. 전체 인구 중 40퍼센트가량이 거의 모든 사회적 상황에서 수줍음을 느낀다고 말한다.[5] 한 집단에서 실패하거나 좌절한 이후 느낀 부정적인 감정이 아직 평가받지도 않은 다른 집단 내 상황에까지 악영향을 끼치는 것이다. 우리는 이런 식으로 전혀 불안해하거나 수줍어할 이유가 없는 때에도 그런 감정을 느낀다. 그런데 사람들은 불안한 기색을 보이거나 수줍음 타는 사람들을 낮게 평가하는 경향이 있기 때문에, 새로운 사회적 상황에서 느끼는 불안감은 현실이 되기 쉽다. 그래서 불안과 수줍음은 결국 한 사람을 사회 부적응자로 만든다.

» 우울

앞서 우울증은 패배와 좌절에 대한 반응이라고 말했다.(물론 우울증은 스트레스 상황에 처했을 때 나타날 수 있는 신경전달물질 감소와 관련되어 있기도 하다.) 패배 이후 찾아오는 우울증은 계속 싸울 의욕을 꺾

기 때문에 추가적인 상해나 서열 하락을 방지하는 긍정적인 역할
도 한다. 그러나 현대사회에 접어든 이후 순위 싸움이나 서열 갈등
에서 신체적 상해를 입을 위험은 거의 없다고 할 만큼 줄었다. 반
대로 우울증으로 인한 건강 손실이나 관계 악화로 입게 될 손해는
훨씬 더 커졌다. 요컨대 우울증은 사회적 적응에 더 이상 도움되지
않는다.

　지금까지 살아오면서 우울증에 빠졌던 순간들을 떠올려 보라.
아마도 그중 상당수가 패배나 좌절과 연관되어 있을 것이다. 일반
적으로 힘든 일을 겪고 나면 불안감과 우울증이 나타난다고 알려
져 왔다. 그런데 최근에 발표된 한 연구에 따르면 우울증이 특히
굴욕감 혹은 수치심과 관계 있다고 한다.[6] 또한 타인에게 부정적으
로 평가받을지 모른다는 스트레스나 불안감이 스테로이드 호르몬
의 일종인 코르티솔 생성을 촉진한다고 한다.(코르티솔은 스트레스나
불안감과 관련 있는 호르몬이라 알려져 있다.)[7]

　어린 시절에 좌절이나 상실을 수차례 경험한 사람들은 만성적인
우울증에 시달리기 쉽다. 그러한 좌절이나 상실은 또래 친구에게서
비롯될 수도 있겠지만, 아이들에게 가장 큰 타격을 주는 것은 바로
주변 어른에게서 받은 좌절과 상실이다. 어른이 아이를 돕기 위해
서가 아니라 아이를 마음대로 휘두르기 위해 지위와 권력을 사용
할 때, 아이는 반복적으로 좌절과 우울을 경험한다. 어린 시절 쌓인
좌절감은 평생토록 자신이 무가치한 존재라고 느끼도록 만든다. 그
런 사람의 내면에는 '못난 나'가 큰 자리를 차지하고 있다.

» 수치심

패배에 직면했을 때 우울증과 더불어 나타나는 감정이 바로 수치심이다. 수치심은 자아가 무가치하거나, 손상당했거나, 쓸모없다는 느낌이다. 따라서 수치심도 못난 나를 강화한다. 수치심은 우울증과 마찬가지로 낮은 위치에 만족하고 어떤 의욕도 없이 그 상태에 머무르도록 만든다. 수치심은 여러 자의식 정서 중에서도 가장 강력하며 고통스러운 감정이다. 우리의 뇌에는 수치심이 실제적인 고통으로 기록된다.[8]

수치심이 주는 어마어마한 고통은 우리가 집단에서 이탈하지 않도록 하는 보호 장치 역할을 한다. 전기 철조망을 스쳤을 때 움찔하게 되는 것처럼, 순간적인 수치심은 우리가 정신 차리고 올바른 길을 가도록 인도한다. 우리는 수치심 덕에 잘못된 길로 가지 않고 다른 사람들의 기대에 부응해 행동한다. 짧고 약한 형태의 수치심이라 할 수 있는 당혹감은 우리가 사회적 기대에 발맞추고 있지 못하다는 사실을 알아차리게 해주어 집단의 대열에 다시 합류하도록 도와준다.

조상들이 단일 집단에 속해 살아가던 시절, 수치심은 쓸데없는 싸움에 휘말리거나 집단에서 추방되지 않도록 막아주는 보호막 역할을 했다. 하지만 다양한 집단에 속해 살아가는 오늘날에는 수치심이 오히려 안전을 위협할 수 있다. 자신이 속한 모든 집단에서 특별한 사건이 생길 때마다 자신이 아무 짝에도 쓸모없는 존재라고 생각하는 것은 불안과 자신감 부족을 야기하며, 결과적으로 어떤 성과도 이루어내지 못하게 만들기 때문이다.

예를 들어, 어떤 일을 하기에 앞서 어떻게 하면 잘할 수 있을지에 집중하는 사람은 못할지도 모른다고 걱정하는 사람들에 비해 뛰어난 성과를 내놓는다는 연구 결과도 있다.[9] 훌륭한 성과를 내고 자신에 대해 긍정적인 감정을 느끼는 사람이 어느 집단에서건 환영받는 것은 당연한 일이다.

캐럴은 사회복지사 시험을 위해 몇 주 동안 열심히 공부했다. 시험에서는 논술이 중요한 비중을 차지했다. 그런데 캐럴은 손목을 다쳐 글씨를 쓸 수 없었기 때문에 개인용 컴퓨터를 사용해도 된다는 허락을 받았다. 물론 하드디스크의 모든 파일은 깨끗이 지워야 했다.

시험을 마치고 나오면서 캐럴은 꽤 좋은 성적을 받으리라 생각했다. 하지만 일주일 뒤 나온 점수는 100점 만점에 21점이었다. 그녀는 식음을 전폐하며 괴로워했다. 한동안 망연자실한 채 아무것도 할 수 없었으며, 시험에 떨어졌다는 사실이 수치스러워 사람들과의 만남도 되도록 피했다.

혼자 있을 때마다 자신이 어떻게 그렇게 형편없는 성적을 받았는지 괴롭고 고통스러웠다. 함께 공부한 친구들 중 떨어진 사람은 캐럴 혼자였다. 캐럴에게 그 사실은 자신이 얼마나 무능력하고 멍청한지 보여주는 확실한 증거였다. 그녀는 스스로를 쓸모없고 멍청한 존재라고 여겼다.

캐럴은 당시 내게 상담을 받고 있었다. 나는 그녀가 얼마나 똑똑하고 성실한지, 그 시험 준비를 얼마나 열심히 했는지 잘 알고 있었다. 캐럴이 그렇게 형편없는 점수를 받을 리 없었다. 나는 아무리 창피하더라도 시험 채점 결과에 대해 문의해보라고 설득했다.

결국 캐럴은 용기를 내 시험 주관 위원회에 이메일을 보냈고 답장을 받았다. 답장에는 캐럴이 제출한 글과 그에 대한 채점 결과가 담겨 있었다. 그런데 그녀가 제출한 글이 몇 단락 이후부터 뒤죽박죽이었다. 캐럴은 그 글을 본 순간, 자신이 잘못된 파일을 제출했음을 깨달았다. 최종본 대신 대충 작성한 초안을 디스크에 담아 제출한 것이었다. 다행히 최종본과 초안이 모두 컴퓨터에 저장되어 있었기 때문에 어떤 실수가 있었는지 위원회에 설명할 수 있었다. 캐럴은 최종본을 다시 제출했고, 다시 받은 점수는 96점이었다.

캐럴의 사례는 좌절 반응인 우울증과 수치심이 어떻게 전혀 필요 없는 고통을 야기할 수 있는지 잘 보여준다. 캐럴은 사회복지사 시험을 같이 준비하던 모임 이외에도 다양한 집단에 속해 있었다. 친구들과의 모임, 가족, 직장, 래브라도 레트리버를 키우는 사람들의 모임, 그리고 나와 함께하는 치료. 나는 심리 치료사로서 캐럴의 모든 면을 속속들이 알고 있었기에 그녀가 모든 집단에서 잘하고 있을 것이라 확신했다. 캐럴은 멍청하지도 쓸모없지도 않았다. 하지만 단 하나의 집단에서 단 하나의 시험에 실패했다는 이유로 그녀는 좌절감, 우울증, 수치심에 완전히 사로잡혔다. 이러한 부정적인 감정은 어째서 시험에 떨어졌는지 알아보는 대신 모든 것을 포기한 채 사람들과 거리를 두도록 만들었다. 캐럴은 수치스러운 결과 때문에 모든 인간관계에서 배제되고 말 것이라는 잘못된 느낌의 지배를 받았다.

시험에 떨어졌다는 이유로 주위 사람들이 캐럴을 멀리할 리 없었다. 그러나 중요한 일에 실패하고 난 후 캐럴처럼 좌절하지 않으리라 자신할 수 있는 사람은 별로 없을 것이다. 하지만 우리는 다른 방식으로 반응해야 한다. 적어도 우리는 인간에게 순위 매기기와 관계 맺기라는 타고난 성향이 있다는 사실을 알고 있지 않은가.

관계 맺기와 사랑

~~~~

관계 맺기는 예의범절에 어긋나지 않는 태도를 보이는 것만으로도 자동적으로 이루어질 수 있다. "안녕하세요? 좋은 아침이에요. 즐거운 하루 보내세요." 이러한 공손한 인사는 자신이 적내적이시 않으며, 상대와 협력할 준비가 되어 있음을 보여주는 역할을 한다. 다시 말해 관계 맺기는 사회생활이라는 바퀴가 부드럽게 돌아가도록 해주는 윤활유로서 순위 매기기와 관련된 갈등에 대처하며 함께 협력하도록 도와준다. 또 관계 맺기는 그 자체가 목적이 되기도 한다. 예를 들어 우리는 좋아하는 사람과 함께 있는 것만으로도 즐겁고 행복한 기분을 느낀다. 상대가 어떻게 지내는지 알고 싶어 하고, 도움을 주고 싶어 하고, 상대가 우리를 도와주도록 허락한다.

사랑은 응축된 관계 맺기라 할 수 있다.

관계 맺기는 집단 내 긴장을 줄여주고 스트레스를 완화시켜주며, 집단에 대한 충성을 증가시킨다.[10] 인간은 사랑하는 사람들에게 무엇인가를 제공해주고 싶어서 일을 한다. 사람들이 일하면서 얻는 유일한 즐거움은 동료들과의 동지애, 즉 관계 맺기라고도 할 수 있다. 수많은 학자들이 직업 만족도에서 가장 큰 부분을 차지하는 요인은 바로 사회관계의 질이라는 사실을 밝혀냈다.[11]

사랑은 어떤 관계 맺기보다도 강렬하고 신비하다. 우리는 다양한 종류의 관계에 사랑이라는 이름을 붙인다. 무모하고 강박적인 사랑, 열정적이고 관능적인 사랑, 결혼한 부부 사이의 동반자적인 사랑, 무조건적인 사랑, 부모와 자녀 사이의 사랑, 친구 사이의 사랑, 모든 존재에 대한 이타적인 사랑. 하지만 이 책에서 말하는 사랑은 조금 더 구체적이고 명확하다. 우선, 여기서 말하는 사랑은 서로 아는 두 사람 사이에 갑작스러운 강한 끌림으로 시작하는 감정을 말한다. 자신이 어째서 특정 사람에게 끌리는지 명확하게 설명할 수 있는 사람은 없을 것이다. 어쨌든 우리에게는 순간적으로 한 사람에게 초점 맞추는 타고난 성향이 있다.[12]

사랑이 어떻게 오는지는 알 수 없지만, 우리는 종종 상대에 대해 완벽하게 알고 싶고, 상대의 일부가 되고 싶고, 상대를 내 일부로 만들고 싶은 바람을 품는다. 우리는 상대의 욕구와 필요를 자발적으로 충족시켜주고자 하며, 상대가 내 욕구와 필요를 충족시켜주도록 기꺼이 허락한다. 상대방을 나 자신처럼 여기는 것이다.[13]

하지만 아무리 서로를 자기 자신처럼 여기더라도 갈등의 소지는 여전히 남아 있다. 결국 둘은 서로 다른 사람이기 때문이다. 두 사람의 취향과 선호도는 다를 수밖에 없으며, 그 차이는 갈등의 불씨가 된다. 두 사람 사이에는 분명한 경계선이 있다. 여기에 순위 매기기가 개입된다. 두 사람은 겹치는 부분이 있기는 하지만 서로 분명히 분리되어 있는 두 개의 원과 같다.[14] 둘 사이에는 주고받는 관계가 거의 항상 성립한다.(부모와 자식 간의 관계라 해도 장기적인 관점에서 보면 교환이 발생한다.)

그리하여 관계 맺기와 사랑은 기쁨, 죄책감, 즐거움, 비탄, 좌절, 호기심 등 다양한 감정을 유발한다. 물론 긍정적인 감정이 주를 이룬다. 농담을 던지고, 칭찬하고, 서로의 관심사를 공유하며 우리는 관계 맺기의 즐거움을 느낀다. 관계 맺기는 삶을 더욱 의미 있게 만든다. 하지만 우리는 종종 관계 맺기와 순위 매기기를 혼돈할 때가 있다. 바로 제이크가 그랬다.

» 번번이 차이기만 했던 제이크의 변화

제이크는 컴퓨터를 잘 다루는 똑똑한 청년이지만 관계 맺기에는 무척 서툴렀다. 처음 나를 찾은 계기도 새로운 동네로 이사 온 후 친구를 쉽게 사귀지 못해서였다. 또한 결혼을 하고 싶어 했지만 막상 여자와 데이트 약속을 하면 불안감을 느꼈다. 그리고 어렵사리 여자 친구를 사귀더라도 얼마 안 가서 차이거나 그가 먼저 이별을 고하기 일쑤였다. 그런 경험이 쌓이면서 제이크는 점점 여자 사귀기를 포기하는 듯 보였다.

나는 그의 불안감이 우울증과 수치심으로 이어지는 것은 아닌지 걱정했다. 내가 그 이야기를 꺼내자 제이크도 인정했다. 끌리는 사람이 있어도 그 사람은 자기에게 호감을 느끼지 않을 것이라는 생각이 든다고 했다.

그런데 제이크는 종종 상담 중에 셰릴에 대해 이야기했다. 셰릴은 제이크와 같은 건물에 사는 여성이었다. 둘은 건물 내 화재경보기가 오작동했던 어느 날 오후에 처음 만났다. 경보기 소리를 듣고 모든 주민들이 건물 밖으로 뛰어나왔는데 우연찮게도 둘 다 목욕가운을 입은 채 고양이를 안고 있었다. 제이크와 셰릴은 서로의 모습을 보고 웃음을 터트렸고 그날 이후 복도에서 만날 때마다 인사를 나누었다.

그로부터 몇 달이 지나 제이크는 셰릴이 휴가 가 있는 동안 그녀의 고양이와 화분을 돌보아 주었다는 말을 꺼냈다. 자기 고양이와 셰릴의 고양이가 서로 사이좋게 지낸다는 농담도 했다. 한번은 셰릴이 새벽 5시에 우유를 빌리러 오기도 했으며, 우연히 계단에서 만나 이야기 나누다 한 시간 넘게 수다를 떨었다는 말도 했다.

나는 둘 사이가 심상치 않아 보인다고 했지만 제이크는 "절대 그런 관계가 아니다"라고 못 박았다. "그저 서로의 필요 때문에" 그런 친분을 유지하는 것이라고 했다. 제이크는 셰릴과 '관계 맺기'를 하고 있으면서도 그것을 '순위 매기기'라 착각하고 있음에 분명했다.

몇 달 후부터 제이크는 셰릴을 "친구"라고 부르기 시작했다. 드디어 둘 사이의 관계에 초점을 맞추기 시작한 것이었다. 나는 제이크가 조금 더 적극적으로 나서길 바라는 마음에 셰릴이 매력적이라고 생각하지 않는지 슬쩍 물어보았다. 하지만 제이크는 다음과 같이 답했다.

"셰릴은 나를 이성으로 생각하지 않아요. 데이트하는 다른 남자 친구들이 많은걸요."

나는 다시 물었다. "셰릴을 이성으로 보지 않으려 노력하는 건 제이크 당신 아닐까요? 적극적으로 나섰다가 친구 사이마저 깨질까 봐 두려운 것 아니에요?"

제이크는 침울한 표정으로 고객을 끄덕였다. 나는 '순위 매기기'의 관점을 취하는 것이 어떻게 '관계 맺기'를 방해하고 있는지 그가 어서 깨닫기를 바랐다.

그러던 어느 날 급작스럽게 변화의 계기가 찾아왔다. 제이크가 건물 관리인과 이야기를 나누고 있는데 셰릴이 옆으로 지나갔다. 건물 관리인은 언젠가 셰릴이 이 건물에서 가장 마음에 드는 섬은 제이크가 있다는 것이라 말했다고 속삭였다. 제이크는 결국 사랑에 빠지는 모험을 감행하기로 결심했고 1년 후 둘은 결혼했다.

순위 매기기와 권력

〜〜〜

순위 매기기와 권력은 사랑과 관계 맺기에 비해 덜 유쾌한 주제임이 분명하다. 그러나 관계 맺기와 순위 매기기 모두 우리 인간과 떼려야 뗄 수 없는 주제이며, 적절하게 사용만 한다면 순위 매기기도 얼마든지 유쾌할 수 있다. 순위 매기기와 권력은 다른 사람들에게서 분리되어 영향력을 발휘하고, 주목받으며, 자기 몫을 당당히 챙기고, 타인의 존경을 얻고 싶은 우리의 욕구를 충족시켜준다. 선천적인 그러한 욕구를 충족시킬 때 우리는 심리적 만족을 얻는다.[15]

집단 내에서 높은 위치를 차지할수록 우리의 영향력과 권력은 커진다. 권력의 범위는 폭넓다.[16] 예를 들어 권력은 특정한 지위, 신체적 우월함, 풍부한 지식, 호감 주는 성격 등에서 나올 수 있다. 물론 서열과 권력은 얼마든지 바뀔 수 있다. 우리가 먼저 누군가에게 도전장을 던질 수도 있고 반대로 누군가의 도전을 받을 수도 있다. 그리고 그러한 경쟁에서 이길 수도, 패할 수도 있다. 혹은 누군가에 의해 지위가 상승될 수도, 강등될 수도 있다. 어떤 집단에서는 상황에 따라 구성원들의 계급 혹은 지위가 유연하게 바뀌기도 한다. 또 순위 매기기와 관련된 기술이나 능력 부족으로 지위가 떨어지기도 한다. 예컨대 자기보다 서열이 낮은 사람에게 무엇인가를 지시했는데, 그 사람이 따르려 들지 않으면 지시한 사람의 지위는 낮아진다.[17] 그리고 아랫사람이 지시를 따르도록 만드는 데 성공했다 해도 그 방법이 지나치게 가혹했다면 나중에 지위가 낮아질 수 있다.

고등학교 교사가 장난치는 몇몇 학생들 때문에 벌로 반 전체 아이들에게 숙제를 내준다면, 처음에는 권위를 되찾은 것처럼 느낄 수도 있다. 하지만 사실 교사의 권위는 더욱 떨어진 것이다. 그 이후로부터 말썽 부리는 아이를 통제할 수 있는 방법은 벌밖에 없을 것이기 때문이다.

일반적으로 순위 매기기는 관계 맺기만큼 우리를 기분 좋게 만들어주지는 못하지만, 각자의 위치나 서열을 명확히 아는 것은 불필요한 수고를 덜어주는 장점이 있다. 예를 들어 직장에 다니면서 위선의 책임자가 누구인지 매일 확인해야 한다고 생각해보라.

또한 운동경기에서 순위 매기기는 우리에게 희열을 가져다준다. 선수들의 순위가 뒤바뀔 때마다 짜릿함을 느끼며 관중들은 높은 순위에 들기 위해 열심히 하는 선수들을 보며 대리 만족을 느낀다.

» 이타적인 사람들

우리는 권력을 즐기면서도 실상 권력을 쥐거나 권력을 추구하는 행위를 불편하게 여길 때가 있다. 특히 기본적으로 이타적인 성향이 강한 사람들은 권력을 회피하기도 한다. 이들은 권력 있는 자리에 오를 경우 더욱 이타심을 보인다.[18] 그들은 스스로 인지하든 그렇지 않든 관계 맺기를 위해 순위 매기기를 사용한다. 사실 자녀를 양육하거나, 아이를 교육할 때 우리는 모두 그렇게 한다.

지구상에 있는 어떤 생물과 비교해봐도 인간은 놀라울 정도로 긴 시간을 서로 사랑하며 보낸다. 인간은 사랑하는 이들에게 시간과 에너지를 나누어 주며 심지어 목숨까지 바칠 때도 있다. 또 자신과 아무 상관없는 사람들을 위해 자신의 위치에서 나오는 자원과 영향력을 아낌없이 사용하는 사람들도 흔히 볼 수 있다.

과학자들은 이러한 유형의 사심 없는 사랑을 학문적으로 설명하려 시도했다.[19] 학자들에 따르면 이타적인 구성원이 많은 집단일수록 생존에 유리하다고 한다. 앞서 죄책감에 대해 설명하면서 언급했듯이, 과거 우리 조상들에게 가장 이타적인 행동이란 구성원들과 사냥한 고기를 나누어 먹는 것이었다. 그래야만 집단 구성원 모두가 생존할 수 있었기 때문이다.

오늘날 집단의 생존은 가족에 대한 충실성, 직장 내 팀워크 등에 달려 있다. 조상들에게 유전적으로 물려받았든 아니면 윤리적 가치로서 문화적으로 물려받았든 이타주의는 생존에 도움이 된다. 남의 노력에 무임승차하거나 높은 위치에 오르기 위해 혈안인 사람들로만 구성된 집단은 다음 세대까지 이어지기 힘들 것이다. 대부분 집단에는 이타적인 사람들과 이기적인 사람들이 적당히 뒤섞여 있다. 그래서 생존 가능성이 가장 높은 집단은 이타주의자들이 무임승차자들과 이기주의자들을 억제할 수 있는 집단이다. 수백만 년 동안 대다수 사람들은 집단 모두의 안녕을 위해 소수의 이기주의자들을 억제하려 노력했다.[20]

» 권력을 남용하는 사람들

높은 지위에서 나오는 자신의 영향력을 이타주의와 관계 맺기를 통해 조절하고 완화시키지 못하는 사람은 권력을 남용하기 쉽다. 타인을 이용하면서도 타인의 욕구를 무시한 채 자신의 목표만을 추구하는 것이다. 순위 매기기는 인간 모두의 타고난 성향이기 때문에, 높은 위치에 오른 사람은 누구든 권력을 남용하게 될 소지가 있다.

권력을 먼저 차지한 사람이 다른 사람에게 어떤 행동을 하는지 알아보기 위해 실시한 흥미로운 실험이 있다. 실험에는 두 명의 피험자가 참여한다. 실험실로 사용할 방에는 책상 하나와 의자 두 개가 있다. 의자 하나는 책상과 한 쌍이며, 다른 의자는 따로 떨어져 있다.

방에 먼저 들어온 피험자에게 잠시 뒤 입장할 또 다른 피험자와 함께 수행해야 할 몇 가지 과제가 있으니 책상 뒤 의자에 앉아 두 사람 몫을 미리 나누어놓으라고 지시한다. 여기서 책상 뒤에 놓인 의자는 더 높은 지위를, 따로 떨어져 있는 의자는 더 낮은 지위를 의미한다. 책상 뒤 의자에 앉은 피험자들은 대개 나중에 들어올 다른 사람에게 불리한 결정을 내린다. 즉 상대에게 더 어려운 과제를 주고 자신은 더 쉬운 과제를 하는 경향이 있다.[21]

상대를 고려하지 않는 가혹한 권력자는 상대방을 조롱하거나 속이며, 심지어는 상대에게 신체적 위해를 가하기도 한다. 하지만 더 무서운 권력 남용은 '부드러운' 방식을 사용하는 것이다. 자신의 목적을 달성하기 위해 달콤한 말과 궤변으로 사람들을 현혹시켜 스스로의 감정을 무시하고 창피하게 여기도록 만드는 것 말이다.

"쩨쩨하게 사리사욕만 채우려 하지 말고 대의를 좀 생각해." 권력을 남용하는 사람들은 자신의 이익을 위해 상대의 마음을 이용한다. "이게 다 널 위해서 그러는 거라니까. 내가 널 얼마나 생각하는지 알지?"[22] 폭군이 가장 즐겨 쓰는 방법은 시민들의 관심을 외부의 큰 위협으로 돌린 후 자신이 외부의 공격으로부터 시민을 보호해주고 있다고 설득하는 것이다. 그들은 이런 식으로 거대한 권력을 쌓고 은밀히 즐긴다.

어떤 식의 권력 남용이든 그 본질은 이기심이라 할 수 있다. 타인을 전혀 고려하지 않고 타인에게 크나큰 손해를 끼치는 권력을 우리는 악으로 간주한다.(단순히 이기고자 하는 열망이나 복수하고자 하는 순간적인 바람은 여기에 해당되지 않는다.)

어째서 어떤 사람들은 비정상적일 정도로 권력에 몰두하는 것일까? 정신 질환에 가까운 유전적인 성향으로 이를 설명할 수 있을지도 모른다. 만일 이러한 성향이 유년기에 발견된다면 극단적인 사례만 제외하고는 부모나 교사의 노력으로 발현을 어느 정도 막을 수 있다.[23]

하지만 대개 이러한 성향이 있는 아이들은 사랑을 주는 것은 나약하거나 위험한 행동이라고 부모에게 배운다. 그리고 관계 맺기의 부재 속에 그 빈자리는 권력으로 채워진다. 형제간의 질투를 다스리는 법을 배우지 못한 아이들은 상대방 위에 난폭하게 군림한다. 군림하는 쪽이건 군림당하는 쪽이건 권력 관계에서 벗어나지 못한다. 학교에서 약한 아이들을 괴롭히는 학생을 교사가 제대로 통제하지 못할 경우에도 권력 남용이 발생한다. 그 과정에서 희생당한 아이들은 복수심을 키우게 되며, 그 복수심은 총기를 휘두르는 등의 또 다른 권력 남용으로 이어질 수 있다.

권력 남용을 피할 수 없게 만드는 상황도 있다. 예를 들어 강압적인 지도자가 서열을 조장하고, 낮은 위치에 있는 사람들을 학대하는 데 동참하지 않는다면 집단에서 배제시키겠다고 협박하고 강제하는 경우, 그 압력을 이겨낼 사람은 별로 없을 것이다. 대량 학살이나 포로에 대한 학대는 이런 식으로 벌어진다. 올바른 권력 사용에 대한 규범은 사라지고, 사람들은 대규모 악행에 동참한다. 그렇게 하지 않았다가는 집단에서 제외되고 관계를 잃게 될지 모른다는 두려움이 사람들을 그렇게 만드는 것이다.[24]

때로는 순위 매기기를 위해 관계 맺기가 건설적으로 사용되기도 한다. 예를 들어 우리는 사측과 협상할 때 자신의 권익을 끌어올리고자 동료들과 연대해 노조를 만들 수 있다. 또 중요한 시험을 준비하기 위해 친구와 함께 공부하며 지식과 자료를 공유하는 것 또한 순위 매기기를 위한 관계 맺기라 할 수 있다.

그런데 권력을 위해 관계 맺기를 사용할 때는 그 목적이 바람직한지 그렇지 않은지를 꿰뚫어 볼 수 있어야 한다. 바람직한 목적으로 특정 관계를 맺었다면 그 목적을 달성한 이후에는 관계를 매듭짓거나 줄여야 한다. 상대방이 이기적인 목적으로 관계 맺기를 이용하려 할 경우에는 상대의 의도를 간파하고 거짓 관계 맺기를 단호하게 거절해야 한다.

나의 경계선 지키기

~~~~~

우리에게는 각기 다른 소유물, 태도, 취향이 있다. 또 나름의 해야
할 일과 일정, 각자의 개인적 공간이 있다. 요컨대 사람들 사이에
는 일정한 경계가 있다. 우리는 그러한 최소한의 개인적 경계선을
유지하고 싶어 한다. 지위나 위치가 올라갈수록 그 경계선은 더욱
확고하게 유지될 수 있다. 자신의 지위나 위치가 올라갈수록 타인
의 취향, 선호, 일정, 요구에 의해 자기 경계선을 침범당할 가능성
이 낮아지기 때문이다. 그런데 스스로의 가치를 낮게 평가하는 사
람들은 자신의 경계선을 유지하는 데 어려움을 겪는 경우가 많다.

지위나 위치가 낮을수록, 혹은 자신의 지위나 위치가 낮다고 생
각할수록 자기보다 지위가 높은 사람들에게 경계선을 침범당하고
휘둘릴 가능성이 높다. 상대방이 시간과 에너지를 내놓으라고 요
구하면 어쩐지 그 말을 따라야만 할 것 같은 기분이 들기 때문이
다. 우리는 상대방을 존중하는 태도를 보여야 한다고 생각한다. 그
런데 상대방은 우리에게 그런 태도를 되돌려주지 않는다. 상대방
은 우리를 똑바로 쳐다본다. 하지만 우리는 왠지 눈을 내리깔아야
할 것만 같은 기분이 든다.

우리는 경계선을 침범당할 때 분노를 느낀다. 스스로의 가치를
평가절하하며 못난 나에 사로잡혀 사는 사람들은 분노를 지나치게
적게 표현해서 문제가 된다. 분노를 적절히 표현한다면 그들의 경
계선은 존중받을 것이다. 분노라는 감정은 결코 유쾌하지 않다. 그

리고 지나치게 표출했다가는 예상하지 못한 역효과를 낼 수도 있다. 하지만 적절하게만 표현한다면 분노를 통해서도 긍정적인 효과를 낼 수 있다.

분노는 주변 사람들에게 "네가 날 괴롭게 하고 있어"라는 메시지를 전달한다. 그리고 갈등 상황에 처했을 때, 각자의 입장이 무엇인지 알 수 있게 해준다. 그래서 결과적으로 관련된 모두가 만족할 수 있는 해결책을 낼 수 있다. 물론 부적절하거나 무리한 요구를 하는 사람은 자신의 입지를 더 악화시키거나 지위를 낮추는 결과를 초래할 수 있다.

대학을 갓 졸업하고 회사에 들어간 멜리사는 직장에 불만이 많았다. 멜리사의 자리 옆에는 프린터가 놓여 있어서 소음이 심했을 뿐 아니라 직장 동료들은 인쇄물을 기다리며 프린터 앞에 와서 떠들어댔다. 멜리사는 하루하루 미쳐가는 기분이 든다고까지 했다. 상사에게 자리를 바꾸어 달라고 건의하고 싶었지만 다른 동료가 비슷한 불만 사항을 제기했다가 상황이 개선되기는커녕 업무 실적 평가에서 낮은 점수를 받는 것을 보고 지레 포기해버렸다. 그녀는 직원들의 편의와 복지를 어떻게 그렇게 깡그리 무시할 수 있는지 회사를 원망하고 화만 낼 뿐이었다.

나는 기업 경영이란 원래 경쟁적일 수밖에 없다며 멜리사를 부드럽게 타일렀다. 직장은 가정이 아니다. 회사가 자신을 친구나 가족처럼 대해주기를 기대하는 것은 애초부터 잘못된 생각이다. 기업은 직원들이 최고의 생산성을 발휘하도록 최소한의 기본 요건들을 제공할 뿐이다.

자신의 가치를 평가절하하는 경향이 있는 멜리사에게 나는 다른 방법을 써서 회사에 건의해보라고 조언해주었다. 가장 최근에 이룬 성과에 대한 이야기를 하면서(즉 자신의 입지를 높인 후에) 슬쩍 자리 변경에 대한 건의 사항을 끼워 넣어 말해보라고 했다. 그런 좋은 성과를 또 내려면 일에 집중해야 하는데 프린터 소음 때문에 방해가 되어서 자꾸 실수를 하게 된다고 말이다.

멜리사는 내 조언에 따라 상사에게 의견을 냈고 즉시 더 조용한 곳으로 자리를 옮겼다. 그녀는 이 일을 통해 높은 지위나 위치에서 나오는 힘이 사회생활을 하는 데 얼마나 중요한지 깨달았다.

관계 맺기로 프레임을 바꿀 때

순위 매기기와 권력은 삶에서 매우 중요한 부분을 차지하며, 살아가며 맞닥뜨리는 여러 상황을 지배한다. 하지만 결국 관계 맺기의 생물학적, 정서적, 영적 중요성은 순위 매기기를 앞선다. 사회적 동물인 인간은 안전한 거처를 마련하고, 아이를 양육하고, 장난치며 놀고, 음식을 찾고, 질병이나 부상을 치유하기 위해 함께 고민하며 서로를 돕는다. 앞서 말했듯이 이타주의는 '적자생존의 법칙' 이상으로 집단의 생존에 중요한 역할을 한다.

주위를 한번 둘러보라. 우리는 공동체 생활을 하고, 사물을 창조하며, 스스로를 다스리기 위해 서로 협력한다. 이메일, 채팅, 온라인 데이트 서비스, 친구 맺기, 블로그 등의 인터넷 사용도 궁극적으로 보면 관계 맺기라고 할 수 있다. 인터넷은 또 다른 경쟁의 장이 될 수도 있지만, 그 본질이 순위 매기기보다는 관계 맺기와 가깝다는 사실을 부인하기는 힘들다.

우리는 하루하루 자신만을 위해 살기보다는 사랑하는 이들, 그리고 우리가 알지 못하는 사람들을 위해 일하고 노력한다. 타인에 대한 사랑은 모든 서열과 지위, 입장을 초월할 수 있다. 영적으로도 모든 위대한 종교의 중심에는 이타적인 사랑이 있다. 종교 지도자들은 타인을 돕는 행위 그 자체가 바로 만족과 보상을 준다고 말한다. 순위 매기기, 즉 자기 자신의 욕구와 필요를 우선적으로 생각하는 것이 행복으로 가는 지름길이라고 말한 성인이나 철학자는 그 어디에도 없었다.

이제 순위 매기기와 관계 맺기의 개념을 어느 정도 파악했을 것이다. 어떤 집단에서든 각 구성원은 집단 내 서열이 어떠한지, 누가 누구와 서로 친밀한 관계인지 무의식적으로 이해하고 있다. 하지만 우리가 내면의 못난 나를 치유하려면 순위 매기기와 관계 맺기에 대한 이해를 의식의 수면 위로 끌어올려야 한다. 순위 매기기와 관계 맺기가 서로 복잡하게 뒤얽혀 있다는 사실을 이해할 때, 우리는 특정 상황에서 둘 중 어떤 것이 우세하게 작용하고 있는지 알아차릴 수 있다. 누군가 관계 맺기를 시도하는 척하면서 순위 매기기를 유도할 때, 우리는 그것을 간파할 수 있어야 한다. 순위 매기기와 관계 맺기가 서로 별개라는 생각은 큰 손해를 초래할 수 있다.

최선의 결과를 얻고 싶다면 어떤 상황에서든 양쪽의 가능성을 모두 염두에 두어야 한다. 예를 들어 우리는 직장에서 좋은 커리어를 쌓기 위해 순위 매기기와 권력에 집중하는 경우가 많다. 하지만 정작 문제는 직장 내 동료들과의 관계 맺기에서 비롯되는 것일 수 있다. 직장이 아닌 다른 장소를 생각해보자. 우리는 이따금 친구를 사귀거나 친밀한 관계를 맺는 데 어려움을 겪기도 한다. 그러면 우리는 관계 맺기에 초점을 맞추어 문제를 해결하고자 한다. 하지만 문제는 낮은 지위나 위치에서 생기는 것일 수 있다. 자신이 매력적이지 않다거나 멍청하다고 생각하거나, 의견을 당당히 내지 못하고 상대에게 눌리는 듯한 기분을 느끼는 것 말이다.

인간은 서로 관계 맺고 사랑하며 살아가는 존재다. 또한 타인에게 영향력을 행사하고, 경쟁을 즐기며, 권력을 추구하는 존재다. 무엇보다도 인간은 주어진 상황에 맞는 최선의 방법을 선택할 수 있는 존재다. 따라서 내면의 '못난 나'라는 문제를 바로잡기 위한 첫걸음은 순위 매기기와 관계 맺기의 차이를 명확히 인지하는 것이다.

지금까지 순위 매기기와 관계 맺기가 어떻게 '못난 나'라는 문제를 유발할 수 있는지 살펴보았다. 이제 그 둘에 어떤 식으로 접근하면 좋을지 알아보자. 우선 다음 목록을 읽고 자신에게 해당된다고 생각되는 진술에 표시해보라.

» **관계 맺기**

☐ 나는 사람들이 속 깊은 감정을 털어놓도록 만드는 법을 안다.

☐ 나는 종종 좋아하는 사람들에게 깜짝 선물을 준다.

☐ 나는 수줍음을 타거나 남의 이목을 의식하는 사람들의 마음을 어떻게 하면 편하게 해줄 수 있는지 알고 있다.

☐ 나는 다른 사람이 나를 도와주는 것을 마음 편히 받아들인다.

☐ 나는 다른 사람과 친밀한 관계를 맺는 방법을 알고 있다.

☐ 나는 말다툼을 끝내는 법을 안다.

☐ 나는 어떤 사람을 만나든 서로 호감을 느끼리라 기대한다.

☐ 나 혼자만 먹을 것을 가지고 있을 때, 같이 있는 사람에게 함께 먹자고 청하거나 아니면 아예 먹을 것을 꺼내지 않는다.

☐ 내 인생에는 어떤 이야기든 진실하게 털어놓을 수 있는 친밀한 사람이 몇몇 있다.

☐ 나는 사람들과 대화할 때 눈을 정면으로 응시하며 적절한 순간에 미소 짓는다.

□ 상대의 의견에 동의하지 않거나 행동이 마음에 들지 않더라도 상대의 관점과 기분을 이해할 수 있다.

□ 내 주변에는 기분이 울적할 때 기댈 수 있으며, 나를 다시 기분 좋게 만들어줄 사람들이 있다.

» 순위 매기기

□ 나는 무엇인가를 시작할 때 실패를 두려워하지 않는다.

□ 다른 사람이 내게 명령을 내리거나 권위를 휘두를 때, 그것이 나를 위한 것인지 아닌지 명확히 구별할 수 있다.

□ 어떤 일을 잘할 때, 나 자신이 자랑스럽다.

□ 중요한 일에 실패한 후 일순간 나 자신이 보잘것없는 존재처럼 느껴지더라도, 마음속 깊은 곳에서는 내가 무가치한 존재가 아니라는 것을 알고 있다.

□ 중요한 일에 실패하더라도 다른 사람들에 비해 금세 우울한 기분을 떨쳐내는 편이다.

□ 실패나 좌절 후 울적한 기분에서 벗어나기 위해 사용하는 나만의 방법이 있다.

□ 다른 사람의 칭찬이나 친절이 진심에서 나오는 것인지 아니면 나를 이용하기 위한 것인지 구별할 수 있다.

□ 나는 비판을 정중하게 받아들인다.

□ 나는 낯선 사람들과 함께하는 자리에서도 좋은 생각이 떠오르면

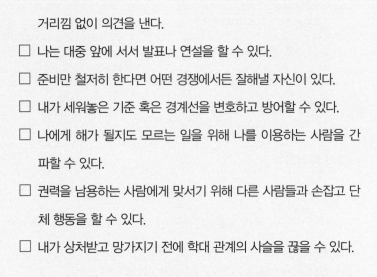

거리낌 없이 의견을 낸다.

☐ 나는 대중 앞에 서서 발표나 연설을 할 수 있다.

☐ 준비만 철저히 한다면 어떤 경쟁에서든 잘해낼 자신이 있다.

☐ 내가 세워놓은 기준 혹은 경계선을 변호하고 방어할 수 있다.

☐ 나에게 해가 될지도 모르는 일을 위해 나를 이용하는 사람을 간
파할 수 있다.

☐ 권력을 남용하는 사람에게 맞서기 위해 다른 사람들과 손잡고 단
체 행동을 할 수 있다.

☐ 내가 상처받고 망가지기 전에 학대 관계의 사슬을 끊을 수 있다.

두 목록에서 표시하는 항목이 적은 사람일수록 이 책에서 더 많은 수확을 얻을 수 있다. 또 두 목록에 표시한 항목 개수가 차이 난다면 이 책의 도움을 받아 순위 매기기와 관계 맺기 사이의 균형을 찾을 수 있을 것이다.

다행인 점은 선천적으로 가지고 태어났건 나중에 학습했건 간에 좌절 반응을 교정할 수 있다는 사실이다. 눈을 깜빡이는 것은 자동 반사 작용이지만 안약을 넣기 위해 잠시 깜빡이지 않을 수 있는 것과 마찬가지다. 그렇게 하기로 선택만 한다면 자의식 정서 또한 통제할 수 있다. 이제 그 방법을 알아보자.

» 나의 하루 돌아보기

어제로 돌아가 보자. 어제 벌어진 일들 중 인상적이었던 대화나 상호작용을 떠올려 보라. 그 상호작용에서 순위 매기기와 관계 맺기의 비중이 각각 어느 정도였는지 대략적인 퍼센트를 적어보라. 순위 매기기의 비중이 높았다면, 그 상호작용에서 당신이 스스로의 가치를 평가절하하지는 않았는지 생각해보라.

예를 들어 아침에 잠자리에서 일어나 가족에게 아침 인사를 했다면 그 상호작용은 90퍼센트 이상 관계 맺기에 가깝다. 하루의 시작을 그런 식으로 했다면 꽤 괜찮은 편이라고 할 수 있다. 자다 일어난 부스스한 모습을 남편 혹은 아내가 어떻게 생각할지 전혀 걱정하지 않았다면 그 상호작용은 100퍼센트 관계 맺기라 할 수 있다. 이때 만약 상대에게 자신의 모습이 어떻게 보일지 걱정한다면 스스로의 가치를 평가절하하고 있는 것이다. 자다 일어난 사람은 누구나 완벽할 수 없다. 그것은 상대도 마찬가지다.

이제 당신은 차를 몰고 직장으로 향한다. 운전을 하는 동안에는 대개 다른 차들과 경쟁하거나 갈등하게 마련이다. 운전은 약 80퍼센트 정도 순위 매기기에 가깝다. 당신은 다른 차가 끼어들려 하면 속도를 줄여 양보하기도 하고 당신이 다른 차 앞에 끼어들기도 한다. 이런 상황에서 당신 자신의 가치를 평가절하하는 일은 거의 없다.

출근을 해서 한 동료와 인사를 나눈다. 예전에는 그 동료가 상사의 총애를 받았지만 이제는 당신이 그 자리를 빼앗았다. 그 동료와 당신의 관계는 70퍼센트 정도 순위 매기기에 가깝다. 당신의 입지나 지위가 그 동료보다 더 높기는 하지만 약간의 죄책감과 수치심을 느낀다. 즉 당신은 스스로의 가치를 깎아내리고 있다.

상사와 업무 관련 면담을 한다. 당신과 상사는 죽이 척척 잘 맞는다. 순위 매기기와 관계 맺기의 비율은 50 대 50이다. 상사를 대할 때 당신 자신의 가치를 평가절하하는 일은 없다. 고객과 유쾌한 대화를 나눈다. 대화는 60퍼센트 정도 관계 맺기에 가깝다. 고객을 잃어서는 안 되기에 실제보다 더 맞장구를 친다. 그래서 이 관계는 40퍼센트 정도 순위 매기기에 해당된다. 대화는 성공적이었으며 당신은 스스로의 가치를 평가절하하지도 않았다.

이제 친한 친구와 점심을 먹는다. 친구와 함께 한 점심은 90퍼센트 이상 관계 맺기에 가까웠다. 10퍼센트가 부족한 것은 식사를 마친 후 계산할 때 약간 기분 상하는 일이 있었기 때문이다. 당신과 친구는 번갈아 가며 밥을 사곤 했는데, 지난번에 누가 계산했는지 기억이 나지 않는다고 하자 친구가 슬쩍 비꼬는 농담을 던진 것이다. "네 기억력은 너 편한 것만 잊어버리지." 안 그래도 이 친구를 만나고 나면 찜찜한 기분이 드는 적이 종종 있던 터였다. 당신 내면의 못난 나를 이따금씩 유발하는 이 친구와의 관계가 이제 순위 매기기에 가까워지고 있는 것은 아닌지 의심이 든다.

퇴근한 후에는 운동을 하러 헬스클럽에 간다. 그곳에 가득한 건강하고 몸매가 멋진 사람들을 보자니 잔뜩 기가 죽는다. 당신이 헬

스클럽 안에서 제일 못난 사람인 것만 같다. 이런 경우는 100퍼센트 순위 매기기라 할 수 있다. 당신은 스스로의 가치를 낮게 평가한 것이다.

» 나의 관계 목록 다시 보기

앞서 작성한 '나를 기분 좋게 만드는 사람' '나를 기분 나쁘게 만드는 사람' 목록을 다시 꺼내어 보라. 휴대전화 연락처와 명함첩을 뒤져 빼놓은 사람이 없는지 다시 확인해보는 것도 좋다. 우선 '나를 기분 좋게 만드는 사람' 목록을 가린다. 이제 '나를 기분 나쁘게 만드는 사람'들의 이름만 보일 것이다. 이들은 대부분 당신을 순위 매기기에 집중하게 만드는 사람들일 가능성이 높다. 이들의 이름을 볼 때 어떻게 기분이 나빠지는지 내면의 느낌에 집중해보라. 다음으로 '나를 기분 나쁘게 만드는 사람' 목록을 가린다. 이제 '나를 기분 좋게 만드는 사람'들의 이름만 보일 것이다. 이들의 이름을 볼 때 어떻게 기분이 좋아지며 자신감이 상승하는지 내면의 느낌에 집중해본다.

방금 우리는 타고난 반응을 의식적으로 통제할 수 있는 한 가지 방법을 배웠다. 나를 기분 나쁘게 만드는 사람과는 멀리하고 기분 좋게 만드는 사람과 가까이하거나, 기분 나쁜 사람에 대한 생각을 기분 좋은 사람에 대한 생각으로 전환시키는 것 말이다.

이번에는 각 이름 밑의 빈 공간에 당신과 그 사람 사이의 관계가 순위 매기기에 가까운지 아니면 관계 맺기에 가까운지 짤막하게 적어보라.

순위 매기기와 관련해 학대나 권력 남용이 벌어지고 있지는 않은가? 상대가 자신의 권력을 이용해 당신에게 최선의 이익을 가져다주려 노력하고 있다고 생각되는가? 관계 맺기에 치중하고 있다고 생각되는 사람들 중 서로 사랑하는 관계라고까지 부를 수 있는 사람이 있는가? 관계 맺기 목록에 있는 사람들 중 순위 매기기에도 해당된다고 생각되는 사람이 있는가? 순위 매기기 목록에 있는 사람들 중 관계 맺기에도 해당된다고 생각되는 사람이 있는가?

이 연습의 목적은 표면적으로 보이는 관계 이면에 숨어 있는 순위 매기기 혹은 관계 맺기의 실체를 명확히 볼 수 있도록 하는 것이다. 보통 관계 맺기는 좋은 감정을 불러일으키고, 순위 매기기는 부정적인 감정을 불러일으키지만 다음과 같은 예외적인 경우들도 있다.

1. '나를 기분 좋게 만드는 사람' 목록 중 순위 매기기에 해당된다고 생각되는 사람이 있는가? 그 이유는 무엇이라 생각하는가? 당신보다 높은 위치에 있는 사람이 당신에게 칭찬을 해주거나 당신이 하는 일을 제대로 알아주어서 기분이 좋은 것일 수도 있다. 또 오래 지속되는 우정은 아닐지라도 서로 간의 협력과 연대를 통해 더 높은 자리로 올라갈 수 있기 때문일지도 모른다. 혹은 현재 당신이 높은 자리에 있기

때문에 다른 사람들에게 영향력을 발휘하고 존중받을 수 있기 때문인지도 모른다.

2. '나를 기분 나쁘게 만드는 사람' 목록 중 예전에는 관계 맺기에 해당하는 좋은 관계였으나 이제는 순위 매기기가 주가 되는 사람이 있는가? 예컨대 그 사람이 당신에게 열등감, 수치심, 무력감을 자주 불러일으키는가? 혹은 그 사람과 있으면 우월감과 지루함이 느껴지고 상대의 생각이나 신념이 우습게 여겨지는가?

3. 양쪽 목록에 있는 사람들 중 좋은 감정과 부정적인 감정을 동시에 불러일으키는 사람이 있는가? 그런 사람이 있다면, 상대는 순위 매기기를 위해 관계 맺기를 이용하는 사람인가 아니면 관계 맺기를 위해 순위 매기기를 이용하는 사람인가? 혹은 당신이 상대를 대할 때 순위 매기기를 위해 관계 맺기를 이용하는가 아니면 관계 맺기를 위해 순위 매기기를 이용하는가?

4. 당신이 사랑하는 이들에게 초점을 맞추라. 당신이 사랑하는 사람들은 '나를 기분 좋게 만드는 사람' 목록에 있을 가능성이 높다. 하지만 그들과의 관계에서 당신을 더 낮게 평가하고 있지는 않은가? 그들이 당신을 사랑하거나 원하는 것보다 당신이 그들을 더 사랑하고 원해야 한다고 걱정하지는 않는지 생각해보라.

5. '나를 기분 좋게 만드는 사람'들 중 더 친밀한 관계를 맺었으면 하는 사람이 있는가? 그렇다면 오늘이라도 당장 그 사람과 더 가까워지기 위한 계기를 만들라.

6. '나를 기분 나쁘게 만드는 사람'들 중 당신을 학대하거나 당신에게 권력을 휘두르는 사람이 있는가? 당신이 목록에 있는 사람들보다 더 높은 위치에 있는 경우라면, 상대가 당신을 기분 나쁘게 만드는 이유는 무엇인가? 당신의 지나친 책임감 때문인가? 상대의 처지가 불쌍해서 요구를 거절하기 어려운가? 아니면 당신이 권력을 쥐고 있는 것 자체를 부담스럽게 느끼는가?

당신이 속해 있는 집단의 목록을 작성해보라. 아마도 가족, 동호회, 직장, 사교 모임, 동료 등이 있을 것이다. 배우자나 친구처럼 당신과 상대 둘뿐인 관계라 해도 집단으로 간주하라. 고등학교 동창 모임처럼 과거에 당신에게 중요했던 집단도 포함시킨다. 세대, 인종처럼 당신이 모든 구성원을 알지 못하는 집단도 마찬가지로 포함시킨다. 요컨대 현재 당신의 모습에 영향을 주었거나 주고 있는 집단은 모두 적으라. 다음으로, 현재 당신 자신의 가치에 가장 크게 영향을 미쳤다고 생각하는 집단에 동그라미 표시를 하라. 그 영향력이 부정적인 것이었다면 지금 당신의 기분을 좋게 만드는 집단에 집중하라.

당신은 이제 부정적인 감정을 통제하는 기본적인 방법을 깨달았을 것이다.

2장

/

진짜 내 모습을 가리는 여섯 가지 방해물

우리는 순위 매기기에 집착하고 스스로의 가치를 평가절하하면서도 그 사실을 깨닫지 못하는 경우가 많다. 언짢은 감정을 막기 위해 무의식적 보호막을 치기 때문이다. 1장에서도 설명했듯이 패배나 좌절 이후 따라오는 수치심이나 굴욕감은 신체적 고통과 동일하게 뇌에 흔적을 남긴다. 사람들이 거절이나 실패 때문에 받은 상처와 고통을 없앨 방법을 찾는 것은 당연한 일이다. 언제 그리고 얼마나 스스로의 가치를 평가절하하는지 알아내려면 우선 자신의 눈을 가리고 있는 가리개를 걷어내야 한다.

우리가 사용하는 방어기제는 최소화하기, 외부 요인 탓하기, 경쟁에서 빠지기, 과도하게 성취하기, 부풀리기, 투사하기 등 여섯 가지로 분류할 수 있다. 이 방어기제들은 우리가 최악의 기분을 알아차리지 못하도록 하거나 회피하도록 만든다. 하지만 방어기제 덕에 부정적인 감정에 사로잡히지 않게 되었다고 해서 좋아할 일은 아니다. 방어기제는 좌절 반응이나 부정적인 감정만큼이나 곤란한 문제들을 초래할 수 있다. 예를 들어 스스로의 잘못으로 실패했는데도 외부 요인이나 남을 탓한다면, 순간적으로는 괜찮을지 몰라도 언젠가는 반대 증거에 맞닥뜨리게 되어 있다.

우리는 보통 자신이 방어기제를 사용하고 있다는 사실을 인식하지 못한다. 그 사실을 인식하는 순간 방어기제는 더 이상 작동하지 않을 것이기 때문이다. 방어기제는 자신을 속이고 때로는 다른 사람들까지 속인다. "뭐? 내가? 아니야, 나는 전혀 언짢거나 수치스럽지 않은걸. 무기력하지도 않아." 우리는 이러한 방어기제를 걷어내고 내면에서 '못난 나'가 어떤 일을 하고 있는지 보고 느낀 후 스스로가 무가치하다는 생각을 몰아내야 한다.

나도 몰랐던 나의 방어기제는?

~~~~

우리가 지금까지 어떤 무의식적 방어기제들을 사용해왔는지 연습문제를 통해 알아보자. 우선 다음 설명을 읽고 그에 따라 질문에 답하면 된다.

- 다음 진술이 현재 혹은 과거의 자기 모습을 나타낸다고 생각

하면 □에 ∨표시한다. 비합리적이거나 불쾌한 내용이라고 생각하더라도 숨김없이 대답해야 한다.

- 그렇지 않다고 느껴지더라도 스스로에게 솔직한지 다시 한 번 곰곰이 생각해보라. 이 연습의 목적은 보통 때라면 인정하지 않고 넘어갈 문제들을 분명히 직시하는 것이다.

- 각 문항을 독립적으로 떼어놓고 생각하라. 서로 모순되는 대답을 하더라도 상관없다. 각 진술은 내면의 '못난 나'를 포함해 당신 자아의 여러 부분을 진단하기 위해 고안한 것이다. 자아의 여러 부분은 각기 다른 방어기제를 사용한다.

- 결과를 누구에게도 보여주고 싶지 않다면, 연습 문제용 노트가 아닌 별도의 종이에 답을 적어도 좋다. 단, 나중에 이 연습 문제 결과를 다시 꺼내 보아야 하므로 반드시 그 종이를 보관해놓으라.

□ 1. 나는 모든 사람이 자신의 이익만을 추구한다고 믿는다.

□ 2. 사실 나는 사람을 믿는 것이 어리석은 일이라고 생각한다.

□ 3. 나는 '잘했다'는 말을 듣더라도 곧이곧대로 믿지 않는다.

□ 4. 나는 강도, 강간, 살해 등 범죄에 희생될지도 모른다고 생각한다.

□ 5. 다른 사람과 무언가를 반으로 갈라 나누어 가져야 할 때, 나도 모르게 어느 쪽이 더 큰지 유심히 보게 된다.

□ 6. 내가 조심스러워서 하지 못하는 행동들을 아무렇지 않게 하

는 사람들, 이를테면 이기적으로 굴거나, 나약한 척하거나, 게으름 피우거나, 징징거리는 사람들을 보면 화가 치민다.

□ 7. 내가 한 행동이나 내뱉은 말에 죄책감이나 수치심을 느끼며 괴로워하기보다는 별일 아니었다고 치부한 후 잊어버리는 편이다.

□ 8. 남은 생애 동안 다른 사람들의 행복을 위해 사는 것과 나 자신의 행복을 추구하며 사는 것 중 하나를 선택해야 한다면, 나는 전자를 택하겠다.

□ 9. 나는 무기력함을 느낀다.

□ 10. 내가 출세하지 못한 것은 공정하지 못한 세상 탓이다.

□ 11. 아무리 서로 사랑하는 사람들이라 해도 서로를 이용한다.

□ 12. 내 경쟁 상대와 적들은 사악하다.

□ 13. 나는 스스로에게 중요하고 의미 있는 일에 실패하더라도 개의치 않는 척한다.

□ 14. 특별한 이유 없이 사람들이 끔찍이 싫을 때도 있다.

□ 15. 나는 종종 나 자신에게 실망하지만, 그래도 더 잘하기 위해 노력한다.

□ 16. 누군가 나를 아무리 괴롭히고 성가시게 굴더라도, 내가 완벽하다면 상대를 계속 사랑으로 감쌀 수 있다.

□ 17. 나는 실패하더라도 그냥 운이 나빴을 뿐이라고 생각한다.

□ 18. 겉으로 드러내지는 않더라도 남들보다 더 대접받아야만 하는 사람이 있다는 점을 누구나 속으로는 인정할 것이다.

□ 19. 내 인생은 늘 2등이었다.

□ 20. 나는 열심히 일하느라 건강관리에 소홀했다.

□ 21. 사람들이 대부분 실망스럽게 느껴진다.

□ 22. 나는 되도록 다른 사람들에게 폐 끼치지 않기 위해 노력한다.

□ 23. 운전을 할 때면 다른 차가 끼어들까 봐 늘 신경을 곤두세운다.

□ 24. 나는 갈등을 피하기 위해서라면 무엇이든 할 것이다.

□ 25. 누구에게도 해가되지 않는 경우라면 규칙을 어길 수도 있다.

□ 26. 내가 이길 수 없는 일이라면 모두 시시하거나 하찮은 것으로 치부하는 경향이 있다.

□ 27. 내가 사람들에게 이용당하며 사는 편이라고 주변에서 말한다.

□ 28. 내가 속한 집단이나 조직 내부의 '정치'에는 일부러 관심을 두지 않으려 한다.

□ 29. 나는 사람을 잘못 보았다가 배신당한 적이 한두 차례 이상 있다.

□ 30. 사람들은 모든 일을 과장해서 생각하며 호들갑 떠는 경향이 있는 것 같다.

□ 31. 세상에는 나쁜 사람이 많다고 생각한다.

□ 32. 나는 내가 해낼 수 있다는 것을 증명하기 전까지 지금 하는 일을 포기하지 않을 것이다.

□ 33. 사람들이 나를 계속 좋아하게 만들려면 늘 좋은 모습을
보여주어야만 한다.

우리가 어떻게 감정을 회피하거나, 스스로의 가치를 깎아내리는
지 알아보기 위한 연습 문제가 끝났다. 1, 2, 5, 11, 18, 19번 문항은
삶을 주로 순위 매기기의 관점으로 보고 있음을 나타낸다. 이 문항
들에 표시한 사람들은 그 이외 다른 문항들에도 표시할 가능성이
높다. 앞 문항들 중 일부는 방어기제라기보다는 현실을 그대로 반
영하는 것처럼 보일 수도 있다. 예컨대 당신은 사람들이 자기 자신
의 이익만을 추구하는 것은 사실이라고 생각할지 모른다. 이는 매
우 일반적인 가정이다. 물론 세상에는 사리사욕을 채우는 데 혈안
인 사람들도 존재한다. 하지만 이 가정이 '항상' 옳다고 생각하는
것은 방어기제가 작동하고 있다는 증거다.

순위 매기기에 치중하거나 방어기제를 사용할 때 '정상'은 존재
하지 않는다. 우리는 무의식적으로 방어기제를 사용하고 있지는
않은지, 혹은 순위 매기기에 열중하고 있지는 않은지 인지할 수
있어야 한다. 결과가 나온 지금 당신 내면의 '못난 나'는 당신에게
이렇게 말할지 모른다. "점수 좀 봐. 너는 비정상이야. 부끄러운 줄
알아!" 하지만 당신은 지시에 따라 솔직하게 답변했을 뿐이다. '못
난 나'가 내뱉는 소리에는 귀 기울이지 말고, 다음 설명에 따라 당
신이 가장 자주 사용하는 방어기제가 무엇인지 확인하는 데 집중
하라.

- 7, 13, 17, 26, 30번 문항에 표시를 많이 했다면, '최소화하기' 방어기제를 사용하고 있을 가능성이 높다.
- 2, 4, 9, 10, 19번 문항에 표시를 많이 했다면, '외부 요인 탓하기' 방어기제를 사용하고 있을 가능성이 높다.
- 8, 16, 22, 24, 27, 28번 문항에 표시를 많이 했다면, '경쟁에서 빠지기' 방어기제를 사용하고 있을 가능성이 높다.
- 3, 5, 15, 20, 32, 33번 문항에 표시를 많이 했다면, '과도하게 성취하기' 방어기제를 사용하고 있을 가능성이 높다.
- 1, 11, 18, 21, 23, 25번 문항에 표시를 많이 했다면, '부풀리기' 방어기제를 사용하고 있을 가능성이 높다.

여섯 가지 방어기제

- **최소화하기**|Minimizing 부정적인 상황이나 긍정적인 상황에서 기대되는 자신의 역할을 부정하거나 약화시키는 것.
- **외부 요인 탓하기**|Blaming 실패하거나 좌절했을 때 실제로는 그렇지 않았음에도 남들이나 환경이 불공정했다고 비난하고 탓하는 것.
- **경쟁에서 빠지기**|Noncompeting 일의 중요성이나 순위 매기기를 부정하고 무슨 수를 써서든 관계 맺기에만 매달리는 것.
- **과도하게 성취하기**|Overachieving 높은 지위나 위치에 오르기 위해 끝없이 노력하지만 결코 만족감을 느끼지 못하는 것.
- **부풀리기**|Inflating 자신이 최고라고 느끼거나 최고로 보여야만 한다고 생각하고, 주목받기 위해 무엇이든 하는 것.
- **투사하기**|Projecting 자신의 결함은 부정하고 타인에게서 그 결함을 찾는 것.

- 6, 12, 14, 29, 31번 문항에 표시를 많이 했다면, '투사하기' 방어기제를 사용하고 있을 가능성이 높다.

누구나 상황에 따라 이 여섯 가지 방어기제를 사용하며 살아간다. 그러나 자신이 어떤 방어기제를 주로 사용하는지 인식하고 그 빈도를 줄여나가면 더욱 행복하고 평화로운 삶을 꾸려나갈 수 있다. 위의 33개 문항 중 18개 이상에 표시한 사람이 있다면, 삶을 오로지 '순위 매기기'의 시각으로만 보며 거의 항상 스스로의 가치를 깎아내리며 살고 있을 가능성이 높다. 시급한 도움이 필요한 상태다. 우리가 우선 할 일은 이 책을 읽어나가며 방어기제들을 가능한 한 많이 던져버리는 것이다. 그런 후 순위 매기기에 치중하는 동안 쌓여온 불안감을 떨쳐내고 타인과 관계 맺는 능력을 키워야 한다.

"오늘은 그냥 슬렁슬렁했어"
최소화하기

최소화하기나 부정하기는 대부분의 사람들이 사용하는 방어기제다. 테니스 경기에서 부진한 성적을 낸 후 낮에 직장에서 힘든 일이 있었다고 말하는 것을 예로 들 수 있다. 너무나 명백히 보이는 경기 결과는 왜곡할 수 없기에, 자신의 역할을 축소하는 것이다. 때로는 자신의 노력을 최소화하기도 한다. "오늘은 그냥 대충 했어." 또는 경기의 중요성을 축소하거나 부정하기도 한다. "사실 지금껏 테니스를 그다지 좋아한 적이 없어." 운이나 기회에 더 큰 역할을 부여함으로써 자신의 역할을 축소하는 소심한 방식을 사용할 때도 있다. "오늘은 일진이 별로네." "뭐, 내가 프로 선수가 될 것도 아니니까."

미리 엄살떠는 말을 하는 것 또한 최소화 방어기제다. "나는 퍼팅에 왜 이리 약한지 모르겠어. 자, 이제 공 친다." "나는 내성적이어서 사람들이랑 잘 못 어울리는데. 그래도 오늘 파티에는 갈 거야." 이런 말은 자신에 대한 기대를 낮추기 위해 선수 치는 것이라 할 수 있다. 그러면 실패하더라도 다른 사람들은 그 이유를 이해할 것이며, 우리가 스스로를 과대평가하지 않았다고 생각할 것이다.(자신을 과대평가했다는 타인의 시선은 수치심을 불러일으킬 수 있는 요인이다.)

최소화하기의 문제는, 너무 쉽게 사용할 수 있고 너무 흔하게 사용하기 때문에 모두에게 방어기제를 긴파딩힐 수 있다는 점이다. 사람들은 최소화 전략을 사용하는 사람이 방어적인 태도를 보인다고 생각할 것이다. 또한 그 사람이 '순위 매기기'에 빠져 있음을 쉽게 파악할 것이다. 예컨대, 친구와 수영장에 가서 수영복을 갈아입으며 다음과 같은 말을 한다고 생각해보자. "자식, 너 몸 괜찮은데. 작년까지는 나도 봐줄 만했는데 말이야. 지금은 군살이 많이 붙었어. 다시 수영 시작하면 나도 예전 몸매로 돌아갈 수 있을 거야." 이 말은 사실일지 모른다. 하지만 여기서 비교하는 대상은 누구누구인가? 자신의 과거와 현재인가 아니면 자신과 친구인가? 수치심을 회피하고 싶은 마음은 '못난 나'가 우리를 점령하도록 만든다.

» 승진 시험을 보지 않는 스튜어트

스튜어트는 몇 년째 승진하지 못한 채 똑같은 일만 해왔다. 업무 처리도 깔끔했으며 필요한 모든 과정을 이수했지만, 승진에 꼭 필요한 역량 테스트에 응시조차 하지 않은 것이 이유였다. 그는 승진에 신경 쓰지 않는다고 말하며 다녔다. "사람들이 돈 몇 푼 더 벌겠다고 아등바등하는 모습이 우습다"라는 말까지 했다.

하지만 사실 스튜어트에게는 학습 장애가 있었다. 그래서 시간 제한이 있는 시험에서는 늘 형편없는 성적을 받곤 했다. 어릴 때는 자기에게 학습 장애가 있는지도 모른 채 늘 낮은 점수를 받다가 어느 순간부터 자포자기해버렸다. 그러나 스튜어트는 시험에 약하다는 점만 빼고는 머리가 무척 좋았다. 그의 진가를 알아본 몇몇 교사들은 스튜어트가 학습 장애에 구애받지 않고도 일할 수 있는 분야로 진출할 수 있도록 도와주었다.

스튜어트는 시간 제한이 있는 필기시험을 보는 굴욕적인 일에 도전할 생각이 전혀 없었다. 계속 낮은 월급을 받는다 해도 상관없었다. 그는 어린 시절에 그러했듯, 창피 당할지도 모른다는 두려움에서 벗어나기 위해 계속 최소화 방어기제를 사용했다.

» 최소화하기

무의식적 가정 '사람들에게 좋지 않은 평가를 받는다고 해도 순위에 연연해하지 않거나 별다른 노력을 하지 않은 척하면 상처받지 않을 거야.'

일반적인 진술 "오늘은 그냥 연습 삼아 슬렁슬렁했어." "요새 다른 일이 너무 바쁘다 보니 여기에 전념하질 못했어." "고작 이런 일을 가지고 뭘 그리 심각하게 생각하는지. 나는 그런 사람들이 이해가 안 되더라." "운이 안 좋은 건지, 하는 일마다 줄줄이 꼬여서 안 풀리네."

그 밖의 신호들

- 성과에 대해 논의할 때 그날 몸이 별로 좋지 않다거나 잠을 푹 자지 못했다는 핑계를 댄다.
- 운명이나 팔자가 인생의 많은 부분을 결정한다고 생각하며, 그런 말을 자주 한다.
- 자기 자신이나 주변인의 싫은 점을 그냥 무시하고 넘어가려고 한다.
- 어떤 일이 자신에게 큰 의미가 있거나 중요하다는 사실을 알면서도 인정하지 않는다.
- 자신의 문제를 알면서도 인정하지 않는다.

"이게 다 저 사람 때문이야"
외부 요인 탓하기

"저 여자가 딴죽을 걸어서 내가 떨어진 거야.""누군가 속임수를 쓰는 바람에 내가 진 게 분명해." 물론 누군가 딴죽을 걸거나 속임수를 쓴 것이 사실일 수도 있다. 스스로를 책망하기보다는 타인을 탓하는 것이 옳은 경우도 있다. 하지만 지나치게 자주 자신이 부당한 취급을 받는다고 느끼거나 생각한다면 '외부 요인 탓하기' 방어기제를 사용하는 것은 아닌지 의심해보아야 한다.

'외부 요인 탓하기' 방어기제는 관계 맺기를 순위 매기기로 바꾸어 생각할 때 발생한다. 예를 들어 이사하는 친구를 위해 흔쾌히 짐을 날라주기로 한 상황을 가정해보자. 열심히 짐을 나르던 도중 문득 두 사람만으로는 역부족이라는 사실을 깨닫는다. 아직 다 싸지 못한 짐도 많고, 부피가 크고 무거운 물건을 함께 옮겨줄 사람도 없다. 갑자기 짜증이 치솟는다. 보통 때라면 친구와 함께 앉아 두 사람만으로 할 수 있는 일이 어디까지인지 논의하고, 현실적인 대안을 생각해볼 테지만 이미 내면의 '못난 나'가 힘을 얻은 상태에서는 친구가 자신을 이용한 것만 같은 기분이 든다. 관계 맺기가 순식간에 순위 매기기의 관점으로 바뀐다. 윗자리에 앉은 친구에게 이래라저래라 명령받고 있는 듯한 느낌이 든다. 스스로 그런 취급을 받도록 내버려 둔 것이 수치스럽기까지 하다.

이 상황에서 친구에게 화를 내면 쩨쩨하거나 이기적인 친구라는 평가를 받을 것이 뻔하다. 이제 남은 유일한 선택은 친구를 탓하는 것뿐이다. 친구의 불공정한 처사를 탓하면 친구는 죄책감을 느끼고 사과할 것이며, 그러면 당신 내면의 '못난 나'는 수그러들 것이다. 하지만 그럴 경우 친구가 순위 매기기에서 낮은 위치에 놓이는 상황을 피할 수 없다. 즉 '외부 요인 탓하기' 방어기제는 우정에 하등의 도움도 되지 않는다.

스스로 불편한 기분을 느낀 이유가 무엇이든지 상관없이, 그럴 듯한 대상만 있다면 자신의 수치심을 무마하기 위해 '외부 요인 탓하기' 방어기제를 사용할 수 있다. 나는 이를 '수치심 공shame ball'이라고 부른다. 우리는 수치심이 불쑥 치미는 순간 재빠르게 상대에게 공을 토스한다. "너 때문이야. 내가 그런 게 아니라고."

"너한테 문제가 있어. 나한테는 아무 문제도 없어." "그래, 내가 그랬어. 하지만 너도 항상 똑같이 하잖아." 우리가 이 같은 마음 상태일 때 '수치심 공'은 계속 공중에서 두 사람 사이를 오간다. 수치심에 대한 우리의 두려움은 상상을 초월할 정도로 크다.

» 실제 외부 요인으로 피해를 본 경험

실제로 과거에 타인의 잘못이나 외부 요인 탓으로 불리한 일을 겪은 적이 있는 경우 '외부 요인 탓하기' 방어기제를 만성적으로 사용하기 쉽다. 예를 들어 우리가 과거에 어떤 집단의 편견이나 차별 때문에 고통받은 적이 있다고 가정해보자. 나중에 그 집단에 속한 사람과 일대일 대면을 하게 되었을 때 상대와 우호적인 관계를 맺기란 쉽지 않을 것이다. 즉 우리는 순위 매기기에 치중할 가능성이 높다.

상대를 의심의 눈초리로 보는 것은 어떤 면에서는 당연하고 합당한 일이다. 하지만 모든 상황을 순위 매기기의 관점으로 바라보고 상대방을 불신하는 태도는 정상적인 삶을 살아가기 어렵게 만든다. 모두가 자신을 골탕 먹이려 한다고 생각할 때 삶이 얼마나 절망적이고 팍팍하게 느껴지겠는가. 이런 생각에 사로잡혀 있다면 어떤 관계나 집단에서든 겉돌 수밖에 없다. 누군가 도움의 손길을 뻗치거나 친구가 되고 싶다고 청하더라도 스스로를 보호하기 위해 상대를 거부하고 그 사람이 속으로 다른 동기를 품고 있으리라 의심하고 탓할 것이다.

집단 내에서 우리가 편견과 차별의 대상이 될 때 우리의 지위나 위치는 제일 아래가 된다. 순위 매기기와 관계 맺기에 대한 현실적인 시각을 갖추려면 우선 편견과 차별이 발생했음을 인지하고 그것이 얼마나 자신에게 상처가 되었는지 인정해야 한다. 그렇게 하지 않는다면 부정적인 자의식 정서를 억누르느라 스스로의 가치를 깎아내리고 있다는 사실 또한 부정하게 될 것이다. 물론 내면의 '못난 나'를 인지하는 것은 쉬운 일이 아니다. 하지만 자기 내면의 '못난 나'를 인정하지 않으면 순위 매기기 상황이 아닐 때에도 고집스럽게 외부 요인을 탓하게 될 것이다.

편견이나 차별을 인정하면 처음에는 죄책감, 불안, 우울, 수치심 등의 부정적인 감정들이 수없이 떠오를 것이다. 자신을 낮은 지위

와 위치에 처하게 만든 상황이나 사람에 대해 터트리지 못한 분노
는 말할 것도 없다. 하지만 얼마 안 가 상처를 스스로 치유하고 타
인과 관계 맺기를 시작할 수 있을 것이다. 또한 편견과 차별이 얼
마나 끔찍한 것인지, 그 악영향이 얼마나 큰지 완전히 이해하려면
대개 집단적인 자각이 필요하다. 다시 말해, 그 끔찍한 경험을 이
해해주는 사람들과 관계 맺을 때 비로소 온전한 자각과 수용이 찾
아온다. 그러한 집단과 함께하면서 분노를 비롯한 부정적인 감정
들을 솔직히 표현한 후 털어낼 필요가 있다.

　편견과 차별을 경험한 사람들이 흔하게 사용하는 또 다른 방어
기제로는 이 장 뒷부분에서 설명할 '경쟁에서 빠지기'와 '과도하게
성취하기'가 있다.[1]

» 엉뚱한 대상에게 화를 낸 모드

흑인이면서 레즈비언인 모드는 '외부 요인 탓하기' 방어기제를 지
나치게 사용하던 비릇을 고치기 위해 노력하는 중이다. 모드의 눈
에는 비난받아야만 하는 사람들로 세상이 가득 차 있었다. 그도 그
럴 것이 모드의 인생은 백인들에게 받은 인종차별과 레즈비언에
대한 사람들의 편견으로 점철되어 있었다.

　그러던 어느 날 대학에서 '편견'을 다루는 사회심리학 연구를
우연히 접하고 거기에 매료되었다. '의식적으로 지각할 수 없는
단서'subliminal cue가 주어졌을 때 사람들이 어떤 반응을 보이는지
관찰함으로써 '편견'의 영향력을 밝히는 분야였다. 학자들은 연구

를 통해 미국인 거의 모두가(흑인들 자신조차도) 흑인에 대한 편견을 가지고 있다는 결론을 내렸다.[2] 여성들을 대상으로 할 때도 마찬가지였다. 예를 들어 여성과 남성 피험자들에게 강의록을 읽어보게 한 후 그 내용에 점수를 매기도록 한 실험에서, 남성 피험자 집단과 여성 피험자 집단 모두 강의자가 남성이라고 알려주었을 때보다 여성이라고 알려주었을 때 더 낮은 점수를 주는 경향이 있었다.[3]

모드는 이 분야를 연구하는 교수 밑에서 공부하기 위해 대학원에 지원했다. 그런데 학기가 시작된 지 얼마 지나지 않아 익명으로 보낸 경고 쪽지를 받았다. 쪽지에는 학장이 레즈비언을 혐오하니 성적 취향을 숨기는 편이 나을 것이라는 내용이 적혀 있었다. 하지만 이미 지원서에 자신이 레즈비언이라는 사실을 밝힌 터였다. 모드는 학교 규정상 소수 인종을 일정 비율 이상 선발해야 한다는 점을 알고 있었다. 그래서 레즈비언임에도 불구하고 자신이 흑인이기 때문에 대학원에 합격한 것은 아닐까 하는 의구심이 들었다. 그러고 보니 학장의 태도에 미심쩍은 부분들이 있었다. 자신이 참석한 행사에 학장이 나타나지 않았던 점이나 자신 앞에서 학장의 목소리 톤이 미묘하게 달라졌던 일이 생각났다. 모드는 그 후 며칠 동안 분을 참지 못해 씩씩거렸다.

그렇게 얼마간 시간이 흐른 후 더 이상 상황은 견디기 어려울 지경이 되었다. 모드는 학장실로 뚜벅뚜벅 걸어 들어가 면담을 요청했다. 비서가 다른 일 때문에 만날 수 없겠다고 대답하자 모드는 당장 학장을 만나게 해주지 않으면 얼굴에 주먹을 날리겠다며 협박했다. 그렇게 모드는 학장과 대면하게 되었다. 그녀는 방에 들어서자마자 자기가 받은 쪽지를 학장의 책상에 탁 내려놓으며 말했다. "이걸 한번 설명해보시죠. 납득할 만한 답변을 주지 않으시면 전국 모든 대학 심리학과에 이 일을 알릴 겁니다." 학장은 모드의 말은 무시한 채 쪽지를 읽었다.

"쪽지를 누가 보낸 건가?"

학장이 묻자 모드는 자기도 모른다고 대답했다. 바로 그 순간 모드는 학장이 어느 면에서나 온화한 성품이며 자신에게 늘 친절했다는 사실이 떠올랐다. 그런데 어째서 발신자의 이름을 밝히지도 않은 쪽지 한 장을 이 사람보다 더 신뢰했던 것일까? 후회가 물밀듯이 밀려왔다.

그때 열린 문으로 평소 친하게 지내던 친구 두 명이 들어왔다. "아아, 네가 드디어 폭발해서 학장실로 달려갔다는 소릴 들었어. 일이 이렇게까지 커지다니." 둘은 자신들이 장난으로 그 쪽지를 보냈다고 고백했다.

다시 한 번 분노가 치솟았다. 다행히 이번에는 그 분노의 화살을 어디로 돌려야 할지가 분명했다. 레즈비언과 유색인종에게 수치심을 불러일으키고 그들의 가치를 평가절하하도록 만든 백인 두 명 말이다. 하지만 이 친구들은 모드에게 상처 주려는 의도는 없었다. 둘은 평소처럼 짓궂게 장난치고 무슨 일이 있었는지 묻다 보면 쪽지를 보낸 것이 자신들의 소행이라는 사실을 모드가 알아채리라 생각했다. 모드도 친구들의 장난을 파악하지 못한 데는 자신의 책임도 있다는 점을 인정했다. '못난 나'가 너무 기세등등하다 보니 다른 생각은 하지 못한 채 탓할 대상만을 찾았던 것이다. 모드는 이 일을 계기로 더욱 강하고, 밝고, 자신감 넘치는 사람이 되었다. 자기 자신을 위해서라도 더 이상 누군가를 탓하며 살지 않기로 했다.

모드는 현재 편견과 차별에 대한 연구로 유명한 학자가 되었다. 모드의 강의를 듣고 싶어 하는 학생들이 많아 수강 신청할 때 경쟁이 벌어질 정도다. 하지만 모드는 자신이 이따금씩 불쑥 찾아오는 '외부 요인 탓하기' 방어기제와 아직도 싸우고 있다고 말한다.

» "내 성적이 낮은 건 교수님 잘못이야"

가족 내 편애나 학대가 '외부 요인 탓하기' 방어기제를 유발하는 경우도 있다. 돈은 부모의 눈에 차지 않는 자식이었다. 부모가 보기에 돈은 명문가에 어울리지 않게 공부를 잘하지도 못했고 운동에도 소질이 없었다. 심지어 돈이 자기들 핏줄이 아닌 것 같다는 농담도 서슴없이 했다.

돈은 어린 시절부터 스스로가 못났다고 생각하며 자랐다. 그리고 당연히 실패한 인생을 살아갈 것이라 믿었다. 하지만 대학에 입학할 나이가 되었을 때 자신을 아는 사람이 아무도 없는 대학에서라면 새로운 인생을 살 수 있을 것이라 생각했다. 그래서 모든 일에 열심히 뛰어들었고 몇몇 과목에서는 훌륭한 결과도 얻었다. 사실 돈은 똑똑한 청년이었기 때문이다.

하지만 내면 깊숙이 자리한 '못난 나'는 결코 사라지지 않았다. 특히 만족스럽지 못한 성적을 받을 때마다 스스로 무가치하다는 생각에 사로잡혔다. 돈은 괴로운 감정을 회피하고자 '외부 요인 탓하기' 방어기제를 사용하기 시작했다. "교수가 처음부터 나를 탐탁지 않게 여기는 것 같았어."

돈은 반항심으로 가득 차 교수가 과제를 내주면 거기서 흠을 찾기 바빴다. 근본 가정부터 잘못되었다고 지적하는 식이었다. (그는 결점을 찾는 데 도사였다.) 또는 교수가 이해력이 부족한 탓에 자신의 '틀을 벗어난' 창의적 사고를 알아주지 못하는 것이라고 항변했다. 돈은 자신이 우월하다는 것을 알리기 위해 수업에 나가지 않거나 지각했다. 그의 자기방어적인 행동에 교수들은 모두 질리고 실망했다. 당연히 낮은 성적을 줄 수밖에 없었으며, 낮은 성적은 돈의 관점이 옳다는 것을 증명해주는 것이었다. 그렇게 악순환이 반복되었다.

처음에는 친구들도 돈에게 공감하고 위로를 해주었다. 친구들은 돈이 얼마나 똑똑한지 알고 있었기에 교수보다는 그의 편을 들어주었다. 하지만 시간이 흐르면서 남만 탓하는 돈의 행동에 지쳐 돈에게서 차츰 멀어져 갔다. 이번에도 돈은 두려움에 직면하기보다는 친구들을 탓했다. 그는 버르장머리 없는 데다 미운 짓만 골라서 하고 있었다. 자신의 내면을 직시하지 않는 한 돈은 앞으로도 남 탓만을 하며 살게 될 것이었다.

» 외부 요인 탓하기 신호

무의식적 가정 "나는 내 잘못 때문이 아니라 다른 사람들의 불공정한 대우 때문에 실패한 거야. 그러니까 나는 무가치한 존재가 아니야."

일반적인 진술 "그 사람은 내가 실패하길 바랄걸." "모두가 내게 등을 돌리고 있어." "사람들은 내게 거짓말하고, 나를 깎아내리려 들고, 나를 못 잡아먹어 안달인걸." "운명은 내 편이 아니야."

그 밖의 신호들

- "지나치게 스스로에게 낙담하는 경우가 많은 것 같다"라는 의견을 듣는다. 혹은 사실을 왜곡하는 경향이 있는 것 아니냐는 질문을 받는다.

- 억울한 일을 당했다는 느낌에 반복적으로 친구와의 교제를 끊거나 직장을 바꾼다.

- 자신을 불공정하게 대우한 사람을 비난하고 나서 약간의 죄책감을 느낀다. 사실 상대가 그럴 의도가 아니었다는 것을 알고 있다.

- 수동적 공격 성향이 있다. 자신을 불공정하게 대우하는 사람에게 복수하기 위해 사소한 방해 공작들을 펼친다.

- 자신에게 '희생자'라는 꼬리표가 붙는 것이 불쾌하고 싫다.

"이기지 못해도 상관없어"
경쟁에서 빠지기
~~~

'경쟁에서 빠지기' 방어기제란 권력의 존재를 무의식적으로 부정하는 것이라 할 수 있다. 우리는 순위 매기기라는 문제 자체를 두려워한다. 순위 매기기는 곧 패배의 가능성을 야기하기 때문이다. 이 방어기제는 공공의 이익을 위해 '가장 낮은 곳에서 다른 이들을 섬기는 사람이 되겠다'라는 종교적 혹은 도덕적 결심과는 다르다. 그러한 결심은 방어기제라기보다는 이타적인 신념에 가깝다. '경쟁에서 빠지기'는 타인을 기쁘게 하기 위해 낮은 지위나 위치를 받아들이는 것이 아니다.(이는 순위 매기기 자체를 인정하는 것이기 때문이다.) '경쟁에서 빠지기' 방어기제는 순위 매기기에 대해 느끼는 감정과 관련 있다. 이 방어기제를 사용하는 사람은 다음과 같은 말을 할 가능성이 높다. "일일이 머릿속으로 계산하며 살다니나는 절대 그런 짓은 안 해." "이곳의 평화를 지키는 사람은 바로나야." "다른 사람들이 어떻게 생각하는지는 신경 쓰지 않아." "공을 인정받고 싶어서 하는 게 아니야. 그냥 사람들에게 도움을 주고 싶을 뿐이지."

　하지만 슬프게도 이 방어기제를 사용해 순위 매기기를 부정하더라도 다른 사람들은 다른 시각으로 볼 것이다. 사람들은 우리가 낮은 지위나 위치를 달갑게 받아들인다고 간주할 것이다. 그래서 점점 더 과중한 업무를 부과하고, 온갖 잡일을 떠넘기며, 의견을 묵

살할 것이다. '경쟁에서 빠지기' 방어기제를 사용할 때 생길 수 있는 또 다른 부작용은 타인에게 권력을 행사하는 것이 당연하고 필요한 경우에도 망설이게 된다는 점이다. 책임자의 리더십 부족은 아랫사람들 사이의 갈등과 기만을 유발할 수 있다.

» 아들에게도 아무 말 못 하는 웨스턴

모든 경쟁을 부인함으로써 낮은 지위나 위치를 암묵적으로 받아들이는 사람에게 권력이 주어진다면 심각한 문제가 발생할 수 있다. 웨스턴의 경우가 그러했다.

웨스턴은 사랑스러운 아들 버드를 낳은 후 자신이 무가치하다는 생각에서 조금 벗어날 수 있었다. 하지만 버드가 열두 살이 된 후 아버지를 얕잡아 보기 시작하자 이야기는 달라졌다. 버드는 원하는 것을 얻기 위해 가능한 한 모든 방법을 동원해 아버지를 공격했다. 웨스턴은 버드가 대체 무슨 짓을 하며 새벽까지 쏘다니는지 알 수 없었다. 버드가 하기로 약속한 집안일도 웨스턴이 몰래 대신 해 주고 있었다. 자신이 아들에게 심부름 하나 시키지 못하는 못난 아버지라는 사실을 아내가 알게 될까 봐 두려웠던 것이다.

웨스턴은 버드가 자신의 진실한 감정을 표현하고 스스로 결정 내리도록 하는 '아이 중심'의 양육 방침을 따르는 것일 뿐이라고 항변했다. 하지만 학계 연구 결과에 따르면 과도하게 허용적인 양육 방식은 권위적인 양육 방식 못지않게 아이에게 악영향을 끼친다. 아이에게 자유를 허락하면서도 적절한 권위를 지키는 방식이 아이의 성장에 가장 좋다. 다시 말해, 현실적인 한계를 정해주고, 아이들이 이해할 수 있는 방식으로 그 한계에 대해 설명해주되 사랑과 관심을 표현해주는 양육 방식이 바람직하다.

버드는 자신의 그릇된 행동에 대해 전혀 책임지지 않으며 살고 있었다. 하지만 웨스턴은 누군가와 대결하는 상황을 두려워했기 때문에 '경쟁에서 빠지기' 방어기제를 사용했고, 자신에게 입에 담지 못할 말들을 쏟아내는 아들 앞에서도 꼼짝하지 못했다. 계속 그런 식으로 가다가는 버드가 걷잡을 수 없는 일을 저지르게 될지도 모를 일이었다. 웨스턴은 실패에 대한 두려움에 직면하지 않은 채 계속 '경쟁에서 빠지기' 방어기제를 사용함으로써 아들에게 크나큰 해를 끼치고 있었다.

» 회사에서 경쟁하지 않는 샤론

사람들에게 "쾌활하고 재미있는 샤론"이라 불리는 샤론은 서른하나부터 선다섯이 된 지금까지 같은 사상 밑에서 충성을 바쳐 일해 왔다. 회사는 자기에게 가족과 다름없다는 것이 그녀의 신조였다. 자신을 다른 동료와 비교하는 일도 없었으며, 노력에 대한 공로를 인정받고 싶은 마음도 없었다. 그저 사장 비서로서 사업 성공을 위해 피곤한 줄도 모르고 일했다. 야근을 하거나 주말에 나와 일하는 것이 오히려 즐겁다고 말할 정도였다. 집에 혼자 있으면 무슨 재미냐는 것이었다.

그런데 어느 날 갑자기 사장이 거액을 받고 회사를 매각한 후 은

퇴하고 하와이로 떠나버렸다. 물론 그 전에 사장은 샤론에게 상당한 보너스를 챙겨주었으며 새로운 사장에게 그녀에 대한 칭찬을 입에 침이 마르도록 했다. 샤론은 사장의 관대한 처사에 감사를 표했다. 그리고 돈 욕심 없는 자기 자신을 자랑스러워했다. 자신은 집 한 채만 있으면 된다고 생각했다. 집을 마련하기 위해 그동안 저축도 꾸준히 해왔다.

그런데 새로운 사장이 구조 조정을 하겠다고 선언했다. 불행히도 샤론은 정리 해고 대상 1호였다. 공격적인 새 CEO 스타일과 맞지 않는다는 것이 이유였다. 변화는 모두에게 고통스러웠다. 너 나할 것 없이 정신없는 와중에 샤론의 사정에 특별히 신경 써주는 사람은 없었다. 그녀가 회사 문을 나서던 날 모두가 앞으로도 계속 연락하고 지내자고 했지만, 바쁘게 직장 생활을 하다 보면 그러기 힘들 것임을 샤론도 알고 있었다. 그녀 인생의 한 장이 그렇게 막을 내렸다.

샤론은 그 후로도 1년 6개월이 넘게 취업하지 못했다. 실업 급여로 생활비를 충당하며 버티다가 결국 전 직장에서 받던 돈의 65퍼센트 정도밖에 받지 못하는 일을 하기로 했다. 그 정도 돈으로는 집 살 돈을 마련할 수 없었다. 샤론이 노년에 그런 지경에 이른 것은 평생 자기 자신은 돌보지 않은 채 다른 사람들을 위해 살아왔기 때문이다. 어떤 조직에서든 순위 매기기는 중요한 부분을 차지한다. 특히 사업 경영에서는 더욱 그러하다. 높은 지위나 위치에 오르기 위해 노력하지 않는다면 고통을 겪게 된다.

» **경쟁에서 빠지기 신호**

무의식적 가정 "나는 아무 쓸모없는 존재야. 그러니 애초에 경쟁에 뛰어들지 않는 것이 현명해. 내가 상대에게 도전할 의사가 없다는 것을 분명히 보여주지 않으면 사람들은 나와 함께하려 들지 않을 거야."

일반적인 진술 "나는 그냥 다른 사람들을 행복하게 해주는 게 좋을 뿐이야." "남들이랑 비교하는 짓은 안 해." "이기지 못한대도 상관없어." "그쪽 마음에 드는 대로 무조건 따를게요."

그 밖의 신호들

- 친구의 어떤 점에 대해서든 절대로 비판하지 않는다는 불문율을 지키며, 친구가 자신을 비판하면 상처받는다.
- 잘못을 저지른 사람에게 굳이 그 점을 지적해주지 않더라도 언젠가는 스스로 깨달으리라고 믿는다.
- 다른 사람들이 자신을 어떻게 보는지는 신경 쓰지 않는다고 말한다.
- 지도자나 가까운 사람을 수년간 믿고 따른 후에야 비로소 그 사람이 자신에 대해 조금도 생각하지 않았음을 깨닫는다.
- 원치 않으면서도 상대방을 기쁘게 해주어야 한다는 생각에 잠자리를 함께 한다.

"살만 빼면 다 잘될 거 같아"
과도하게 성취하기
~~~~~

누군가에게 칭찬을 받으면 자신이 쓸모없는 존재라는 생각이 단번에 사라지는 느낌을 학습한 사람들은 '과도하게 성취하기' 방어기제를 사용하기 쉽다. 이 방어기제는 어린 시절에 습득되어 일시적으로만 지속되는 경우도 있으나 많은 경우 평생 이어진다. 애인에게 배신당하고 아직 다른 관계를 시작할 준비가 되지 않았는데도 자신이 매력적이라는 사실을 증명하기 위해 성급하게 새로운 사람을 사귀는 경우를 그 예로 들 수 있다.

'과도하게 성취하기' 방어기제는 어린 시절 부모나 교사의 영향으로 생성된다. 예를 들어 가정이나 학교에서 골칫덩이로 치부되는 아이들은 만성적인 좌절감, 우울증, 수치심에 사로잡히기 쉽다. 그런 아이들에게 상냥하고 온정적인 교사가 손을 뻗으면 아이들은 교사를 기쁘게 해주고자 '과도하게 성취하기' 방어기제를 키우기 쉽다. 교사들은 악영향의 가능성을 인지하지 못한 채 과도한 성취를 격려하고 조장하는 경우가 많다. '과도하게 성취하기' 방어기제를 사용하는 아이들은 있는 그대로의 자기 모습에는 결코 만족하지 못하고 늘 자신의 가치를 증명하고자 노력하는 사람으로 성장한다.

아이가 소수집단에 속하거나, 장애가 있거나, 자신에게 결점이 있다고 느끼는 경우에도 '과도하게 성취하기' 방어기제를 습득하는 경우가 있다. 아이들은 학업, 음악, 운동, 컴퓨터 등의 분야에서 훌륭한 성과를 냄으로써 결핍된 부분을 채우려 한다. 이러한 유형의 방어기제를 사용하는 사람은 스스로의 가치를 증명하면 힘을 되찾을 수 있다고 믿는다. 패배와 좌절 대신 승리를 얻을 수 있으리라 생각하는 것이다. 하지만 문제는 승리감이 일시적이라는 데 있다. 일시적인 도취는 스스로의 가치에 대해 올바르게 생각하거나 느끼도록 만들지 못한다. 무엇인가를 잘할 때에만 자신이 가치 있는 존재라고 느끼는 사람은 그 일을 할 수 없게 되는 순간 자신의 가치도 함께 잃는다. 그래서 몸과 마음을 혹사시키면서 스스로를 채찍질한다.

물론 일을 지나치게 많이 한다거나 성취를 즐긴다고 해서 곧 '과도하게 성취하기' 방어기제를 사용하는 것이라고는 할 수 없다. 일이 좋아서 열정을 바치는 경우도 있다. 스스로를 돌보면서 일하고, 일 이외의 여가도 즐기고, 사랑하는 주변 사람들과 친밀한 관계를 유지하고 있다면 방어기제를 사용하는 것은 아닐 수 있다. 그러나 이 세 가지 면에서 문제가 있다면 스스로를 돌아볼 필요가 있다.

» 쌍둥이 동생을 경쟁 상대로 본 캐머런

우리는 형제들 간의 경쟁심을 대수롭지 않은 것으로 생각하는 경향이 있다. 하지만 부모가 잘못 대처할 경우 형제들 사이의 경쟁의식은 아이에게 평생 이어지는 좌절감을 남길 수 있다.

이란성쌍둥이 첼시와 캐머런은 5남매의 막내들로 태어났다. 쌍둥이들은 복중에 있을 때부터 여러 면에서 서로 비교당할 수밖에 없다. 둘의 경우 첼시가 늘 비교 우위를 점했다. 첼시는 더 예쁘고, 발달도 빠르고, 활발했다. 반면 캐머런은 늘 조용했으며 첼시 뒤를 졸졸 따라다니며 놀았다. 사춘기가 되기 전까지는 살집도 있는 편이었다. 부모는 둘을 공평하게 대하고자 늘 노력했다. 하지만 첼시에 비해 자신이 못났다는 생각에 사로잡힌 캐머런에게는 공평한 대우 이상이 필요했다.

그렇게 둘이 중학교에 입학한 후 한 수학 교사가 캐머런의 수학적 재능을 알아보고 칭찬을 해주었다. 캐머런은 교사에게 인정받은 것이 무척 기뻤다. 그래서 교사의 마음에 들고자 밤낮으로 수학 공부에 매달렸다. 중학교를 졸업할 때는 그 교사를 더 이상 볼 수 없다는 생각에 눈물을 흘렸을 정도였다.

캐머런은 고등학교에 들어간 후 또래 친구들과 어울리는 데 어려움을 겪었다. '예쁘고, 유쾌하고, 활발한 첼시'와 항상 비교당하면서 성격은 점점 더 소심해졌다. 하지만 이번에도 기댈 수 있는 안식처를 찾았다. 과학과 수학 교사들이 캐머런에게 용기를 북돋아 주었다. 캐머런은 특히 화학을 잘했다. 그래서 대학에 가면 화학을 전공하리라 마음먹었다. 아무에게도 털어놓지는 않았지만 자신이 결혼을 못 할지도 모른다고 생각했기에 혼자 살아가기 위한 준비도 차곡차곡 해놓았다. 대학에서 화학공학을 공부해 교수의 자리까지 올랐다. 그동안 첼시는 인문학을 전공하고 졸업해 연기자로 일하다가 결혼했다.

첼시가 두 아이를 낳을 때까지 독신으로 지내던 캐머런은 마음속 깊이 첼시를 질투하고 있었다. 갑자기 화학 공부도, 자신을 단지 친구로만 여기는 주변 남자 동료들도 진저리 나게 싫어졌다. 그 무렵 한 학생이 수돗물에 함유된 독극물 검사를 도와달라고 청해 왔다. 캐머런은 그 일을 계기로 환경 운동가가 되기로 결심했다. 그 결심의 이면에는 건강한 환경을 위해 싸우는 것이 첼시가 하는 일, 즉 '단순히 두 아이의 어머니가 되는 일'보다 중요하다는 생각이 깔려 있었다. 몸을 사리지 않고 환경 운동에 열심인 캐머런을 보며 사람들은 존경의 박수를 보냈다. 캐머런은 잠까지 줄여가며 환경 운동에 헌신하는 자기 자신이 자랑스러웠다. 결국 캐머런은 환경 분야의 획기적인 업적을 기리는 상까지 타게 되었다. 하지만 상을 타기 전부터 만성 스트레스 질환이 캐머런을 괴롭히고 있었다.

그동안 첼시는 유명 동화 작가가 되었으며, 불우한 아이들을 위해 학교에 나가 자원봉사도 하고 있었다. 별안간 캐머런은 대기업들과 싸워온 자신의 경험을 책으로 내겠다고 했다. 첼시가 꾸준한 봉사 활동을 통해 아동교육 운동가로서 전국적인 유명 인사가 되자, 캐머런은 또 난데없이 공직에 출마했다. 하지만 첼시는 여러 활동을 하면서도 균형 잡히고 행복한 삶을 유지한 반면, 캐머런은 대외적으로 훌륭한 운동가라 칭송받을지언정 개인적으로는 온갖 질병에 시달리고 있었다. 사람들은 캐머런에 대해 이렇게 말했다. "캐머런은 모든 일에 어찌나 열정적인지." 그러나 캐머런과 첼시를 어린 시절부터 아는 사람이라면 캐머런이 첼시를 따라잡고 그 반이라도 인정받고자 하는 욕구 때문에 평생을 바쳐 힘겹게 살아왔다고 말할 것이다.

» 과도하게 성취하기 신호

무의식적 가정 "열심히 노력하면 누군가 나를 사랑해줄 거야. 누구도 내가 쓸모없는 존재라고 말하지 않게 되면, 내가 무가치하다는 생각에서 벗어날 수 있을 거야."

일반적인 진술 "어떤 수준의 성과를 원하든 제가 해 보이겠습니다. 반드시 할 수 있는 방법을 찾겠습니다." "나는 이 일에 평생을 헌신해왔어. 다른 어떤 것도 중요하지 않아." "성형수술만 하면(살만 빼면, 박사 학위만 받으면……) 자괴감이 사라질 거야." "사람들은 내가 많은 것을 이루었다고 말하지만 정작 나는 아무 감흥도 없어."

그 밖의 신호들

- 이유는 알 수 없지만, 아무리 성공하더라도 스스로에게 만족하지 못한다.
- 사람들은 자신을 전문가로 보지만 자신이 사기꾼인 듯 느껴진다.
- 누군가 자신을 비판하거나, 자신과 비슷한 일을 시작하면 자신도 모르게 그들과 그들이 하는 일에 대해 공격적인 말을 퍼붓게 된다.
- 일만 하느라 가족과 친구들은 뒷전이라는 불평을 듣는다.
- 일을 하지 않으면 안절부절못하며, 일을 할 때에만 행복감을 느낀다.

"내 수준에 맞는 사람이 없어"
부풀리기

~~~

'부풀리기' 방어기제를 사용하는 사람들은 '과도하게 성취하기' 방어기제를 사용하는 사람들과 달리 수치심을 극복하기 위해 불가능한 상태를 달성하려 노력하지는 않는다. 대신 언덕 위의 멋진 성으로 곧바로 가려 한다. 그 언덕 위에서는 자신이 남들보다 더 매력적이고, 똑똑하고, 좋은 학교를 나왔다. 자신이 역사상 최고의 영업사원이다. 어느 경쟁에서든 져본 일이 없으며 무가치하다는 느낌은 자신과 거리가 먼 이야기라고 말한다. 앞서 '외부 요인 탓하기' 방어기제에 대한 설명에서 등장했던 돈은 '부풀리기' 방어기제도 자주 사용했다. 교수가 자신의 창의성을 알아주지 않는다고 말했던 것이 그 예다.

살아오면서 한 번쯤은 뻔뻔하게 허풍 떠는 나르시시스트를 만나본 적이 있을 것이다. 하지만 그런 허풍선이들만 '부풀리기' 방어기제를 사용하는 것은 아니다. 우리 대부분은 스스로도 인지하지 못한 채 이따금 이 방어기제를 사용한다. 관련 연구들에 따르면 실패나 좌절 위기에 처한 사람들은 무의식적으로 자신의 가치를 상향 조정하는 경향이 있다고 한다.[4] 자신에 대한 회의가 들거나 자신의 가치가 하락할 조짐이 보이는 상황에 처한 적이 있을 것이다. 우리는 패배와 좌절, 그리고 그로 인한 수치심으로부터 스스로를 보호하기 위해 자신의 지위나 위치를 과대평가하고 그것을 믿어버린다.

　다른 방어기제를 사용하면 사람들 눈에 지나치게 방어적으로 비추어질까 봐 스스로를 부풀리는 경우도 있다. 예를 들어 직장 상사들과 카드 게임을 해서 크게 졌다고 가정해보자. 일진이 안 좋다거나, 고작 카드 게임에서 이기고 지는 데는 흥미가 없다거나, 온라인 포커 게임으로 훈련을 해서 다음번에는 꼭 이겨주겠다는 식의 일반적인 핑곗거리나 방어기제를 사용했다가는 더 망신만 당할 것 같다. 왠지 자신의 위치나 지위가 저 꼭대기에 있는 양 으스대는 말을 하고 싶은 충동이 든다. 그것이 사실이 아니라 할지라도 말이다. "뭐, 요새 영업 실적도 팍팍 오르고 있는데, 한 번쯤 지는 게 대수겠습니까."

　물론 그러한 진술이 반드시 '부풀리기' 방어기제라고는 할 수 없다. 때로는 자랑이 건강한 자신감의 표현일 수도, 자기 홍보 수단일 수도 있다. 아니면 단순히 자신의 성공담을 상사, 남자 친구, 부모에게 들려주고 싶은 것일 수도 있다. 하지만 순전히 방어적인 목적으로 그런 말을 하는 경우도 있다. "달랑 MBA 학위 하나 있다고 해서 30년 넘게 이 업계에서 한 우물만 파온 나를 따라올 수 있을 것 같아?" 이런 말이나 생각은 대학원을 나오지 못했다는 열등감과 수치심을 덮기 위한 방어기제의 소산일 가능성이 높다.

　'부풀리기' 방어기제를 통한 위로와 위안은 실제 성취나 점수에서는 나오지 않는다. 우리는 여전히 스스로의 본모습에 수치심을 느낀다. 그래서 쓸모없다고 느끼는 스스로의 모습을 감추고 사람들에게 호감 가는 인상을 줌으로써 고통을 희석시키려 시도한다. 우리는 부를 과시하고 아는 척해야만 직성이 풀린다. 단순히 돈이 있고 책을 많이 읽은 것만으로는 충분치 않다. 또 친구들에 비해 날씬한 것만으로는 충분치 않다. 중요한 행사 때 입을 멋진 드레스에 몸을 맞추기 위해 사흘 동안 급속 다이어트를 해야만 한다.

'부풀리기' 방어기제의 또 다른 양상은 전혀 관계없는 분위기나 맥락에서 자신의 지위를 언급하며 거들먹거리는 것이다. 열등감을 자극하는 사람 옆에 있을 때 대화 도중 슬쩍 자신이 어떤 위원회 회장이라든가 어떤 상을 수상했다든가 하는 말을 끼워 넣는 경우를 예로 들 수 있다. 또 특정 상황에서 스스로가 바보같이 느껴질 때 자신의 사회적 지위를 언급하는 경우도 있다. "그래, 나는 모국을 떠나와 이 나라에 익숙하지 않고, 자네와 같은 경험이 있는 것도 아니지. 하지만 나는 의사야. 그리고 이 병은 어느 나라에서나 똑같다고."

또 다른 예로는 타인에게 과시하기 위해 끊임없이 소비하는 경우를 들 수 있다. 이런 사람들은 값비싼 자동차를 구입하고, 멋진 집을 사고, 럭셔리한 휴가를 떠나고, 최고 품종의 개를 데리고 산책한다. 매력적인 외모를 유지하고 운동경기에서 이기기 위해 사력을 다한다. 뒤처지는 것은 곧 패배와 좌절을 의미하기 때문이다. 또 모두의 시선을 자신에게 붙잡아 두기 위해 과장된 행동을 하고 과격한 농담을 한다.

어떤 경우든 열등감을 피하기 위해 자신의 우수성을 과시한다는 점은 동일하다. 내면의 '못난 나'를 그대로 내버려 두었다가는 불안, 수치심, 우울증, 좌절감에 사로잡혀 꼼짝 못할 것이 빤하기 때문이다.

» 딸을 통해 보상받으려는 메릴린

타인을 도와주더라도 그것이 수치심으로부터 스스로를 보호하고 자신의 높은 지위나 위치를 유지하려는 무의식적 목적에서 비롯된 것이라면 장기적으로 상대에게 긍정적인 영향을 주지 못할 수도 있다. 예컨대 우월한 지위를 유지하기 위해 더 이상 도움이 필요하지 않은 사람에게도 계속 도움을 주려 할 때가 있다. 상대방의 작은 실수에도 고통스러워하며 완벽에서 한 치의 오차만 있어도 먼저 나서서 변명거리를 만들어준다. 스스로의 가치를 평가절하하는 경향이 있는 사람이 부모가 되었을 때 이런 일이 벌어지기 쉽다. 이런 사람들은 최고의 부모가 됨으로써 자신의 좌절감과 수치심을 피하려고 한다.

아들이 어린이 야구단에서 탈락했을 때, 딸이 SAT에서 낮은 점수를 받았을 때, 아이가 말을 또래들보다 더디게 배울 때 자신이 더 수치심을 느끼지는 않는지 돌아볼 필요가 있다. 좋은 부모가 되고자 노력하는 것은 결코 잘못이 아니다. 하지만 자녀를 모든 면에서 최고로 만들기 위해 헌신할 경우 문제가 발생할 수 있다. 아이의 내성적인 성향은 무시한 채 반에서 최고 인기 아이가 될 수 있도록 열과 성을 다하는 어머니를 예로 들 수 있다.

메릴린과 스티브는 같은 분야의 공부를 하다 대학원에서 만났다. 둘은 사귄 지 얼마 되지 않아 결혼했다. 그런데 딸 대런을 낳은 후 아이를 양육하면서 둘 모두 학업을 이어가기에는 역부족인 상황이 되었다. 둘 중 한쪽이 학업을 중단하고 양육과 가사에 전적으로 매달릴 필요가 있었다. 당시 스티브가 연구 분야에서 인정받고 있었기 때문에 메릴린이 양보해 박사과정 공부를 나중으로 미루기로 했다.

승부욕이 강했던 메릴린은 자신이 한 아이의 어머니로만 남게 되었으며, 여자라서 불이익을 받는다는 생각에 자괴감을 느꼈다. 스스로가 아무 쓸모없는 존재라는 느낌에 우울증에 빠지기도 했다. 하지만 메릴린은 강한 여성이었기에 곧 툭툭 털고 일어나 딸 아이 대런의 양육에 힘쓰기로 했다. 대런이 어느 분야에서든 최고가 되도록 키우겠다고 결심했다. 메릴린의 양육 방식 덕분인지 대런은 네 살 무렵 벌써 읽기, 체육, 노래, 수영에 탁월한 아이가 되었다. 행동 면에서도 흠잡을 곳이 없었다.

그런데 유치원에 들어간 후부터 문제가 생기기 시작했다. 유치원 교사와 다른 학부모들은 대런이 대장 노릇을 하며 다른 아이들을 자꾸 울린다고 불평했다. 그들의 불만을 듣게 된 메릴린은 또다시 우울증에 빠졌다. 비난을 퍼부은 사람들에게 자신이 패배했다는 느낌을 받은 것이다. 사실 메릴린의 딸에 대한 헌신은 원하는 공부를 계속하지 못한 보상 심리에서 비롯된 것이었다. 딸이 어느 누가 보더라도 높은 지위에 오르도록 함으로써 자신의 낮은 지위를 만회하려 했던 것이 문제의 시작이었다.

» 자신의 성과를 떠벌리는 레이

레이는 회사 내에서 높은 지위와 거대한 권력을 보장받는 최고의 자리에 있었다. 하지만 문제는 레이가 밑에서 치고 올라오는 젊은 직원들에게 밀릴지 모른다는 두려움에 시달리고 있었다는 점이다. 그런 상황에서 유능한 지도자라면 회사 전체의 이익을 위해 자신의 불안정한 마음을 다스리고 유망한 직원들을 잘 이끌어주었을 테지만 레이는 그 반대 방법을 택했다. 스스로의 능력을 떠벌리기 시작한 것이다.

권위를 내세우고 으스대는 레이의 모습이 도를 넘어서자 다른 직원들도 레이에게 문제가 생긴 것은 아닌지 의심하기 시작했다. 레이는 부하 직원이 낸 훌륭한 아이디어는 비판하고 존경받는 직원들에 대해서는 험담을 늘어놓았으며, 자기가 과거에 이룬 업적은 자랑하기 바빴다.

레이는 오랜 경험에서 나온 자신의 지혜를 신뢰할 필요가 있었다. 그랬더라면 스스로를 쓸데없이 부풀리지 않더라도 그토록 원했던 영향력을 계속 유지할 수 있었을 것이다.

» 부풀리기 신호

무의식적 가정 "내가 쓸모없는 존재라고 생각한다는 사실을 사람들이 알아채지 못하도록 내 능력과 자질을 사람들과 나 자신에게 증명해 보여야만 해."

일반적인 진술 "나와 비교했을 때 뒤처지지 않는 좋은 사람들을 찾기 힘들어." "나와 사귈 만한 따분하지 않은 사람들이 왜 이리 없는지." "난 다른 사람들에 비해 아는 게 많아." "누가 그러는데 나에게는 거부할 수 없는 매력이 있다나?" "최고를 원한다면 내 편이 되는 게 좋을걸."

그 밖의 신호들

- 날씬하고 탄탄한 몸매와 어려 보이는 외모를 유지하는 데 집착한다. 그리고 그 기준을 충족시키는 사람들하고만 어울리려 한다.
- 자신이 이룬 성취는 과장해 말하고 남들의 업적은 깎아내리는 경향이 있다.
- 누군가로부터 위협받을 때마다 자신의 높은 지위와 우월성을 들먹인다.
- 자신의 단점을 반영하는 실수를 상대가 저질렀을 경우 아무리 친했던 사람이라도 절교하고 싶어진다.
- 아무리 사랑하는 사람이라도 열등감이 느껴지면 그 사랑이 줄어든다.

"난 그 사람이 괜히 싫더라"
투사하기

~~~~

투사는 매우 극단적이면서도 흔하게 사용되는 방어기제다. 심리학
자들에 따르면 투사는 인지하기 어렵지만 일단 인지하고 나면 멈
추기 쉽다. 투사를 사용하는 사람들은 스스로를 쓸모없는 존재라
고 느끼도록 만드는 특징들을 다른 사람의 모습에서 찾는다. 우리
는 놀라울 정도로 능숙하게 이 교묘한 방어기제를 사용한다.

"돈만 밝히는 속물은 딱 질색이야"라는 말은 자기 자신이 속물이
라는 사실을 알려주는 신호일 수 있다. 그러한 자질을 싫어하는 이
유는 자신의 속물스러운 면을 마음속 깊이 수치스러워하기 때문일
수 있다. 수치심을 없애기 위해 속물적인 행동이 크나큰 잘못이라
고 여기고 자신은 결코 그렇게 하지 않으리라 믿는 것이다.

또 타인에게 비판적인 사람이 "그 여자는 너무 비판적인 성향이
있더라" 하는 말을 하기도 한다. 자신의 비판적인 면이 싫어서 거
기에 집착하다 보니 다른 사람에게서 그런 면을 더욱 잘 발견하게
되는 것이다. 스스로의 외모에 대해 끊임없이 신경 쓰고 걱정하면
서도 그래서는 안 된다고 생각하는 사람은 무의식적으로 이런 말
을 할 수 있다. "저 사람들은 허영이 너무 심해. 자기가 어떻게 보
일지에만 신경 쓴다니까."

자신이 투사를 사용하는지 확인하고 싶다면, 자신이 유달리(때
로는 비합리적일 정도로) 싫어하는 사람들이 어떤 유형인지 알아보

면 된다.(자신에게 부당한 대우를 했기 때문에 싫어하는 사람들은 예외로 한다.) 지금 자신이 가장 싫어하는 사람의 성격이나 행동을 떠올려보라. 오만하거나, 무기력하거나, 음흉하거나, 질투가 많거나, 지나치게 어수룩한 사람이 싫은가? 혐오하는 특징에 대해 정직하게 생각해보라. 자기 자신의 그런 면을 참지 못하고 수치스럽게 여기고 있지는 않은가? 사실 우리 자신을 포함해 그 누구도 그런 특징이나 행동에서 자유로울 수 없다. 그런데도 우리는 그런 식으로 행동할 때 스스로를 수치스럽게 느낀다.

» 로잔느가 연애를 못하는 이유

여섯 남매의 맏이인 로잔느는 강인하고 젊은 여성이었다. 로잔느가 다섯 살이 되었을 때 그녀의 아버지는 온 가족을 이끌고 개발도상국을 떠나 미국으로 건너왔다. 아버지는 온갖 고생 끝에 자수성가한 입지전적 인물이었다. 반면 로잔느의 어머니는 순종적이고 병약한 편이었다. 여섯 아이의 뒤치다꺼리를 하느라 늘 힘들어했으며 그다지 좋아하지 않는 미국에 적응하느라 우울증에 시달렸다. 그래서 로잔느는 이른 나이부터 책임감 있는 맏이 노릇을 톡톡히 했다. 늘 아버지의 명령에 복종했으며 맏이로서 자신의 역할을 자랑스러워했다.

그런데 로잔느가 고등학생이 되었을 때 아버지가 갑자기 모국으로 돌아가겠다고 선언했다. 온 가족이 함께 돌아가야 한다는 아버지의 설득에도 불구하고 로잔느는 계속 미국에 남아 공부하겠다고 고집을 피웠다. 그렇게 홀로 남은 로잔느는 외로움과 싸우며 지내야 했다. 가족을 그리워하면서도 자신에게 드는 학비와 생활비를 다른 가족들이 못마땅해한다는 생각에 괴로워했다. 시간이 흘러 로잔느가 고등학교 3학년이 되자 상황은 더욱 안 좋아졌다. 고국에 있는 가족에게 대학 학비까지 내달라고 손을 벌릴 수는 없었다. 장학금을 받고 낯선 도시에 있는 이름 없는 대학에 들어가든지 모국으로 돌아가든지 양자택일을 해야 했다.

로잔느는 장학금을 받고 대학에 들어가는 쪽을 선택했다. 대학을 졸업한 후에는 시민권을 얻고 훌륭한 직장도 구했다. 열심히 일한 덕에 회사에서 인정받는 직원이 되었다. 승진도 빨랐다. 마치 젊은 날의 아버지를 보는 듯했다. 그런데 이 시점에 다른 문제가 불거져 나왔다. 이제 한 남자에게 정착하고 싶었지만 어찌된 일인지 만나는 남자마다 제대로 된 사람이 없었다. 그래서 내게 상담을 받기 시작했다. 이제껏 사귄 남자들은 모두 자기에게 빈대 붙어 사는 게 으름뱅이 아니면 무서운 집착을 보이는 사람들뿐이었다고 했다.

상담을 받던 어느 날 로잔느는 고등학교 때 사귀다가 위와 같은 이유로 헤어진 한 남자에 대한 꿈 이야기를 불쑥 꺼냈다. 간밤 꿈에서 고등학교 때로 돌아가 그 남자를 만났다고 했다. 꿈 이야기를 털어놓은 것이 계기가 되어 고등학교 때 자신이 얼마나 외롭고, 불안하고, 슬펐는지 처음으로 돌아볼 수 있었다. 가족과 떨어져 매일밤 홀로 외로움과 두려움에 떨면서 자신이 얼마나 다른 사람의 보살핌을 받고 싶어 하는지 새삼 깨달았다는 것이다.

하지만 누군가의 보살핌을 받는다는 것은 자기 어머니와 같은 사람이 된다는 것을 의미했다. 로잔느의 아버지는 다른 사람에게 기대는 나약한 사람이 되어서는 안 된다고 딸을 가르쳤다. 그래서 로잔느는 자신의 바람을 사귀는 남자들에게 투사하면서 그들이 자신에게 기대려 하는 것은 아닌지 늘 의심했던 것이다. 로잔느와 마찬가지로, 우리는 부모가 싫어하는 자신의 자질이나 특성 혹은 자신이 싫어하는 부모의 자질이나 특성을 다른 사람에게 투사하고 싶어하는 경우가 많다. 로잔느는 나약한 어머니의 모습을 싫어했으며, 무의식적으로 자신이 그런 모습을 보이면 아버지가 싫어할지 모른다고 믿었다.

» 열심히 일하는 직원을 무시하는 버트

버트는 가난한 가정에서 자랐다. 늘 지저분하고 후줄근하게 하고 다니는 버트를 교사들이 좋게 볼 리 없었다. 교사들은 버트가 공부 못하는 멍청한 아이일 것이라 단정해버리고 대학 입시를 치르는 데 필수인 과목을 들어보라는 권유조차 하지 않았다. 늘 소외당하는 데 익숙했던 버트는 자신의 열정을 자동차 수리에 쏟았다. 버트는 기계를 다루는 데 뛰어났다. 한번은 브레이크를 수리할 때 사용하는 도구를 직접 개발하기까지 했다. 버트의 재능을 눈여겨보던 한 사서의 도움으로 특허도 신청했다. 그 일을 계기로 한 여류 사업가가 자본을 대주어 그 도구를 대량생산할 설비를 갖추게 되었다. 그 이후 수년간의 노력 끝에 버트는 수백 명의 직원을 거느린

어엿한 사업체의 사장이 되었다.

버트는 불공평한 상황을 몹시 싫어했으며 직원을 채용할 때도 평범한 이들에게 기회를 주고자 했다. 그는 자신의 채용철학을 무척 자랑스럽게 여겼다. 하지만 직원들이 보는 버트의 모습은 사뭇 달랐다. 버트는 '평범한 사람들'을 채용하기는 했지만 그 후 아무리 열심히 하더라도 승진에서 누락시켰다. '추진력 있게 열심히 일하는 직원'일수록 경계하고 무시했다.

사실 버트의 인생은 최고의 자리에 오르기 위해 앞만 보고 달려온 시간들이라고 해도 과언이 아니었다. 그는 불공평한 대접을 참아가며 자신의 진가를 알아봐 주는 이 하나 없는 세상에서 고군분투하며 살아왔다. 하지만 냉철하고 야심에 찬 자신의 모습을 인정하고 싶어 하지 않았다. 그래서 직원들에게 그런 모습이 보일 때마다 무시하고 깎아내렸던 것이다.

» 투사하기 방어기제 신호

무의식적 가정 "나 자신이 무가치하고 수치스럽게 느껴지는 기분을 감당할 수 없어. 나의 나쁜 점을 없애야 해. 그런데 자꾸 싫어하는 내 성격이나 자질이 다른 사람들 모습에서 보여."

일반적인 진술 "난 그 사람이 괜히 싫더라.""네가 한 말 때문에 화난 거 아니야. 난 전혀 화 안 났어. 네가 화난 거지.""원래 그렇게까지 하려던 생각은 없었어.(무의식적으로는 그렇게 하고 싶었으면서도) 그런데 걔들이 하는 걸 보자니 착한 척하면서 모든 걸 자기 마음대로 좌지우지하려 들 것 같더라고."

그 밖의 신호들

- 도저히 이해되지 않는, 용납하기 힘든 행동을 하는 사람들이 있다.
- 다른 사람들은 모두 괜찮게만 보이고 자신은 부정적으로만 보인다.(자신의 장점을 다른 사람들에게서 찾는다.)
- 비판적인 사람들을 비판한다.(비판적인 사람들을 비판하면서 스스로 똑같은 행동을 하고 있다는 사실을 깨닫지 못한다.)
- 어떤 사람이 부정직하거나 이기적이라고 생각하지만 그에 대한 타당한 근거는 전혀 대지 못한다.
- 자신은 전혀 그렇지 않은데 상대방에게만 악의가 있다고 생각한다.

지금까지 우리가 사용하기 쉬운 방어기제 유형 여섯 가지를 알아보았다. 앞서 했던 방어기제 진단 연습 문제로 돌아가 새로 알게 된 내용을 근거로 '아니다' 대신 '그렇다'고 답변해야 할 항목이 있지는 않은지 확인해보라.

이제 우리는 어떤 상황에서 방어기제를 사용하는지, 앞으로 방어기제 사용을 피하려면 어떻게 해야 하는지 알았다. 하지만 단순히 아는 것만으로 행동이 갑자기 바뀌기는 어렵다. 지금 당장 스스로에게 너무 많은 것을 기대하지 않길 바란다. 앞으로 책을 읽어나가면서 내면의 '못난 나'를 약화시키다 보면 굳이 방어기제를 사용하지 않아도 될 상태로 변화될 것이다.

물론 방어기제 사용을 줄여나가는 연습을 하는 것도 좋다. 방어기제를 벗어던지고 나면 순위 매기기에는 덜 치중하고 관계 맺기에 더욱 신경 쓰는 자신의 모습을 발견할 수 있다. 그 첫걸음은 자신의 내면과 행동을 객관적으로 관찰하고 어떻게 하면 다른 방식으로 대응할 수 있는지 생각해보는 것이다.

» 나의 방어기제 살피기

연습용 노트를 꺼내 여섯 가지 방어기제(최소화하기, 외부 요인 탓하기, 경쟁에서 빠지기, 과도하게 성취하기, 부풀리기, 투사하기)를 한 쪽에 하나씩 적으라. 이제 1장에서 적었던 '나를 기분 좋게 만드는 사람'

목록과 '나를 기분 나쁘게 만드는 사람' 목록의 이름을 보면서, 지난주 이 목록에 있는 사람들을 대상으로 각 방어기제를 사용한 적이 있는지 생각해보라. 그중 인상적이었던 상황 세 가지씩을 골라 어떤 일이 있었는지 구체적으로 적어보라.(한 가지 방어기제당 세 가지씩, 총 18가지 상황을 적는다.) 감정을 회피하려 했던 순간이나 수치심을 느꼈던 순간을 다시 기억해내기란 쉽지 않은 일이다.(망각 또한 우리가 흔히 사용하는 편리한 방어기제다. 하지만 괴로운 순간을 다시 떠올리지 않고서는 앞으로 나아갈 수 없다.) 지난주에 특별한 일이 없었던 것 같다면 그 이전으로 돌아가 보는 것도 괜찮다.

중요한 점은 실제로 방어기제를 사용한 순간을 떠올려야 한다는 것이다. 그 일이 정말 사소한 일이었기 때문에 대수롭지 않게 넘어갔다든가, 자신이 정말 부당한 대우를 받았기 때문에 상대를 탓했다든가, 두려워서 경쟁을 회피한 것이 아니라 경쟁이 싫어서 그런 상황을 무시한 것일 뿐이라든가, 무리가 되지 않을 정도로만 열심히 했다든가, 열등감 때문에 허세를 부린 것이 아니라 있는 그대로의 자기 능력을 사람들에게 알린 것일 뿐이라든가, 자신의 결점을 투사한 것이 아니라 정말 상대에게 문제가 있었다든가 하는 상황을 적어서는 안 된다.

» 방어기제 버리기 연습

이 연습은 무척 중요하다. 우리는 이 연습을 통해 주변 사람들과의 관계에서 자신이 어떤 식으로 방어기제를 사용해왔는지 직시하게 될 것이다. 그리고 방어기제를 놓아버릴 때 어떤 긍정적인 기분을 느낄지 상상해볼 수 있다. 연습 노트에 적어놓은 18가지 상황을 하나하나 곱씹어 보면서 방어기제를 사용하는 대신 다른 식으로 대응했더라면 결과가 어떻게 달라졌을지 생각해보라. 다음 질문에 답해보는 것이 도움이 될 것이다.

- 당신의 방어기제에 상대방은 어떤 식으로 대응했나?
- 대신 어떤 말을 했더라면 더 좋았을까? 실패할지 모른다거나 자신이 나쁜 사람으로 비춰질지 모른다는 두려움을 솔직하게 표현했더라면 어땠을까?
- 당신이 솔직히 말했더라면 상대방은 어떤 반응을 보였을까?

예를 들어, 동료와 함께 추진하기로 했던 프로젝트를 당신 혼자 몰래 진척시키다 동료에게 들켰다고 가정해보자. 애초에 그런 일을 벌인 것은 동료가 당신의 능력을 과소평가한다는 생각에 혼자서도 할 수 있다는 것을 보여주기 위해서였다. 하지만 동료가 싫은 기색을 내비칠 것이 분명했기 때문에 당신은 잘못을 저지르다 걸린 사람처럼 수치심을 느꼈다. 동료가 화를 내기 전에, 혹은 당신이 수치심을 느끼기도 전에 당신은 방어기제를 사용해 다음과 같이 말한다. "별일 아니야. 고작 이런 일에 신경 쓰고 그래." 방금 당신은 벌어진 일을 부정하는 '최소화하기' 방어기제를 사용했다. 신경 쓸 필요 없는 일에 민감하게 굴고 있다며 상대를 힐난하는 의미도 함축하고 있다면 '외부요인 탓하기' 방어기제도 사용한 것이라 볼 수 있다.

이제 위에 나온 세 가지 질문에 답해보라. 방어기제를 사용하는 대신 조금 더 솔직했더라면 당신의 기분이 어땠을지 상상해보라.

- 상대방은 방어적인 말을 어떻게 받아들였나?

  애써 부인하려고 했지만 동료는 그 말을 믿지 않았다.

- 대신 어떤 말을 했더라면 좋았을까?

  "미안해, 상사에게 좋은 인상을 주고 싶은 마음에 너의 신의를 저버렸어. 진심으로 사과할게."

- 위와 같이 솔직히 말했더라면 상대방은 어떤 반응을 보였을까?

  불편한 순간에도 솔직하게 잘못을 인정하는 나의 태도에 동료는 화를 가라앉히려고 했다. 물론 그렇다고 해서 분노가 금세 가라앉지는 않을 것이다. 동료에게는 화낼 권리가 있다. 하지만 내가 순순히 잘못을 인정하고 사과했기 때문에 그 분노가 오래가지는 않을 것이다. 그리고 적어도 나는 자책할 만한 또 다른 이유를 만들지 않았다.(실수를 덮기 위해 거짓말을 하지 않았다.)

이 장에서는 어떻게 하면 방어기제를 덜 사용할 수 있는지 알아보았다. 하지만 우리의 가장 큰 목표는 스스로 어떤 방어기제를 사용해왔는지 확인함으로써 내면의 '못난 나'에 어떻게 지배받아왔는지 통찰하는 것이다. 자신이 지금껏 얼마나 '못난 나'에 휘둘려왔는지 돌아보고 그 내용을 연습용 노트에 적어보라. 방어기제를 얼마나 자주 사용해왔는가? 좌절감이나 수치심을 피하기 위해 얼마나 순위 매기기에 치중한 채 살아왔는가? 아직 잘 모르겠더라도 걱정하지 말라. 치유는 이제부터 시작이다.

지금까지 우리는 '못난 나'의 시각으로 세상을 바라보며 살아왔다. 과거에 우리는 스스로가 변변치 않은 존재라고 생각했다. 스스로에게 이런 말을 하면서 말이다. "나는 패배자야. 나는 아무짝에도 쓸모없는 존재야. 사람들이 나를 좋아하지 않는 건 당연해." 하지만 이제 우리는 그 모든 생각이 불합리하고 틀렸다는 것을 안다. 그리고 각자 사용하는 방어기제가 무엇인지 꿰뚫어 볼 수 있게 되었다.

때로 내면의 '못난 나'는 우리를 어두컴컴한 혼란 속에서 빠져나오지 못하도록 만든다. 그러다가 우연한 외부 사건을 계기로 스스로를 얼마나 평가절하해 왔는지 깨닫기도 한다. 예를 들어, 이성과 함께 점심을 하면서 상대가 지루하고 따분해하는 것처럼 보였다고 해보자. 우리는 상대가 다시는 연락하지 않으리라고 믿는다. 그런데 다음 날 상대에게 또 만나고 싶다는 전화를 받는다. 예상치 못한 연락에 우리는 깜짝 놀란다. 이런 외부 사건들은 스스로의 가치를 다시 생각해보게 하는 기회를 준다.

하지만 그런 행운이 생길 때까지 손 놓고 앉아 기다리기만 할 수는 없다. 우리가 스스로의 가치를 평가절하하게 된 원인이 무엇인지 과거를 돌아보고 파헤쳐야 한다. 자신이 하잘것없는 존재라는 생각과 수치심의 원인이 무엇인지 확인하고 나면 어떤 식으로 부정적인 감정에 사로잡히게 되는지 더욱 분명하게 이해할 수 있다. 그리고 내면의 '못난 나'를 치유할 수 있다. 또한 과거의 특정 경험을 돌아봄으로써 자책감을 덜 수 있다.

패배자라고 느꼈던 시간

내면의 '못난 나'를 부추기는 첫 번째 요인은 1장에서 알아보았다. 스스로의 가치에 대해 종합적인 판단을 내리려는 경향과 타고난 좌절 반응은 패배하거나 수치심을 느끼게 될지도 모르는 상황을 피하도록 만든다. 하지만 이러한 선천적인 성향이 활성화되도록 만드는 것은 직접적인 좌절의 경험이다. 우리가 논의할 두 번째 요인이 바로 이 '좌절 경험'이다. 패배하거나 좌절한 경험이 많은 사람일수록, 이 책을 통해 더욱 많은 것을 얻어 갈 것이다. 이제 어떻게 과거를 돌아보아야 하는지 알아보자.

모든 유형의 트라우마는 내면의 '못난 나'에 막대한 영향을 끼친다. 트라우마는 스스로의 지위나 위치를 낮게 평가하려는 선천적인 성향을 더욱 강화해 '못난 나'의 힘을 키운다. 그래서 '못난 나'는 만성적인 문제가 된다. 과거의 좌절 경험 때문에 자신이 다른 사람보다 못났다는 생각에 사로잡혀 어느 자리에서든 자신의 의견을 당당히 펼치지 못하는 사람을 그 예로 들 수 있다. 이런 사람들은 애초에 자신이 낸 기발한 아이디어를 다른 사람이 빼앗아 가더라도 입을 다문 채 아무 대응도 하지 못한다.

작은 실수를 저지르거나 조금만 말대답해도 윽박지르거나 벌주는 권위적인 아버지 밑에서 자란 사람도 평생 '못난 나'에 사로잡혀 살기 쉽다. 부모에게 기댈 수밖에 없는 어린아이에게 아버지의 분노는 견딜 수 없는 고통이다. 어린 시절의 고통스러운 경험 때문에 소심한 성격이 된 이런 사람들은 완벽한 아이디어를 내놓지 못하면 상사가 화낼지도 모른다고 진심으로 두려워한다. 상사를 아버지와 같은 존재로 여기는 것이다. 그래서 어떤 아이디어가 떠오르더라도 입 밖으로 내지 않은 채 잠자코 있다. 그리고 다른 사람이 자신보다 못한 아이디어를 내고도 칭찬받는 것을 조용히 지켜본다.

선천적인 성향과 과거 경험이라는 두 요인은 우리를 반복적으로 때리고 멍들게 한다. 예를 들어 멋진 남자와 데이트하게 되더라도 너무 수줍어 관계를 진전시키지 못한다. '못난 나'의 지배를 받는 당신은 상대가 당신에게 전혀 매력을 느끼지 못하리라 생각한다. 전에 사귀던 남자 친구도 배신하고 다른 여자에게 가버리지 않았던가. 그래서 데이트를 하는 동안 단답식의 대답만 할 뿐 거의 입을 열지 않는다. 상대방이 자신을 마음에 들어 하지 않으리라고 굳게 믿는다. 하지만 남자를 소개시켜준 친구에게 이런 말을 전해 듣는다. "그 남자는 네가 좋았다는데, 네 쪽에서 별 마음이 없는 것 같아서 단념했대."

'못난 나'는 직장 생활에도 악영향을 끼친다. 어느 날 상사가 프로젝트 보고서에서 고쳤으면 하는 부분을 조언해준다. 상사는 그저 부하 직원의 업무에 대해 평가를 내린 것에 불과하다. 즉 당신에 대해 평가한 것이 아니다. 당신의 전반적인 가치나 능력에 대해 평가한 것이 아니므로 지적해준 부분을 간단히 수정만 하면 된다. 그런데 갑자기 초등학교 6학년 때 제출한 과제물을 반 아이들이 보는 앞에서 갈기갈기 찢어버렸던 선생님이 떠오른다. 지금까지 해놓은 일이 모두 엉망진창이라는 생각이 든다. 그래서 작성해놓은 프로젝트 보고서를 몽땅 쓰레기통에 버리고 처음부터 다시한다.

새로 쓴 보고서를 다시 제출하지만 상사는 못마땅해한다. 처음에 썼던 보고서가 훨씬 나았기 때문이다. 상사는 다음 분기 직무 능력 평가서에 이렇게 적는다. "비판에 지나치게 민감한 반응을 보이는 경향이 있음." 그리고 그 일 때문에 당신은 승진에서 보류된다. '못난 나'를 부추기는 요인 두 가지가 결합되면(타고난 성향에 좌절 경험이 더해지면) 우리는 만성적으로 스스로의 가치를 평가절하하게 되며, 찾아오는 어떤 좋은 기회나 관계도 붙잡지 못한다. 결과적으로 우리는 다시 불안과 우울증에 빠진다. 스스로의 가치를 깎아내린 결과는 자기 충족적 예언이 된다. 어떤 기회도 잡지 않고 지나쳐 보내다 보면 자신감은 점점 낮아지고 능력은 녹슬어 간다. 우리의 상태를 알아본 다른 사람들은 우리의 지위와 위치를 낮게 평가한다. 그렇게 우리의 낮은 가치는 현실이 된다.

이러한 상황을 피하고 치유를 시작하려면 내면의 '못난 나'를 키운 과거의 트라우마가 무엇인지 파헤쳐 보아야 한다.

아물지 않는 마음의 상처

외상을 입었다는 말은 신체에 어떤 식으로든 상처나 흠이 생겼다는 것을 의미한다. 칼로 크게 베었다거나, 장기가 손상당했다거나 하는 것처럼 말이다. 그런데 신체뿐 아니라 마음에도 외상이 생길 수 있다. 강렬하거나 당황스러운 기분 이상의, 도저히 감당할 수 없는 감정에 압도당할 때 우리 마음에 생기는 외상을 트라우마라고 부른다.

지나친 스트레스와 무기력은 정신적 건강을 손상시킨다. 마음은 말 그대로 '산산조각 나고', '고장 나고', '갈기갈기 찢어진다'. 이러한 변화를 겪는 동안 우리의 뇌에는 신체적 손상과 맞먹는 충격이 남는다. 트라우마는 살을 에는 듯한 급성적인 고통을 불러일으키기도, 오랜 기간에 걸쳐 정신 건강을 조금씩 좀먹는 만성적인 고통을 야기하기도 한다.

트라우마는 사람과 관련된 문제에서 비롯되는 경우가 많다. 누군가에게 버림받거나, 좌절당하거나, 상처받거나, 거부당한 경험은 트라우마를 낳는다. 또 신체적 외상을 겪으면서 가까운 주변인에게 충분한 도움을 받지 못한 경우에도 트라우마가 생긴다. 요컨대 트라우마는 선천적인 좌절 반응과 수치심, 우울증, 스스로의 가치에 대한 낮은 평가로 우리를 이끈다.

트라우마를 유발하는 경험들은 매우 고통스럽기 때문에 우리는 스스로의 내면에서 어떤 일이 벌어지는지 알아차리기 힘들다. 우리의 정신은 고통에서 스스로를 구하고자 고통스러운 사건과 의식을 서로 분리시키는 해리 상태를 일으킨다. 그리하여 사건에 대한 기억이 의식에서 깡그리 사라져버린다. 어떤 경우에는 감정과 기억을 서로 분리시키기도 한다. 하지만 기억 억제 혹은 기억과 감정의 분리는 문제에 대한 근본적인 해결책이 될 수 없다. 그래서 과거의 트라우마를 연상시키거나 자극하는 일을 겪을 때마다 '아무런 이유 없이' 만성적인 불안과 우울증을 겪게 된다. 현재 벌어지는 일과 과거의 트라우마가 서로 연관된다는 사실을 알지 못하기에 괴로운 기분이 들 때마다 그 영문을 알 수 없어 답답해한다.

트라우마를 겪을 당시 우리 내면의 어떤 부분은 떨어져 나갔지만, 시련을 겪고도 남아 있는 일부는 미래에 그와 같은 일을 또다시 겪을까 봐 노심초사한다. 이 남아 있는 '일부'가 바로 우리를 수치심과 우울증에 사로잡히도록 만드는 내면의 '못난 나'다. '못난 나'는 자신의 과거가 미래에 대한 최고의 예언가라 믿게 만든다. '못난 나'의 지배를 받는 우리는 또 다른 사회적 트라우마를 피하고자 방어기제를 사용하고, 우울증에 빠지며, 의식적으로든 무의식적으로든 스스로의 위치를 낮게 평가한다.

트라우마 때문에 낮은 지위나 위치를 수용하는 결정은 대개 무의식적으로 일어난다. 우리는 자기 자신이 모든 인간관계에서 패배와 좌절만을 기대하고 있다는 사실을 인식하지 못한다. 패배주의적 반응과 행동을 야기한 과거의 기억을 의식의 수면 위로 끌어올리는 것이 너무나도 고통스럽기 때문이다. 이것이 과거의 트라우마 때문에 의식의 분열이 벌어졌다는 사실을 자각해야만 하는 이유다.

이제 트라우마에 대한 자각을 했다면, 내면의 '못난 나'를 치유하기 위한 다음 단계로 우리 인생에 어느 정도의, 또 어떤 유형의 트라우마가 있었는지 살펴보아야 한다.

어린 시절의 트라우마

충분한 보살핌과 보호를 받지 못하는 어린아이들은 비슷한 상황에 놓인 어른들에 비해 훨씬 더 큰 트라우마에 노출될 수 있다. 이유는 단순하다. 물리적으로 더 작기 때문이다. 어린 시절의 우리는 불쾌하거나 힘든 상황이 닥쳐도 지금처럼 쉽게 탈출할 수 없었다. 또 우리보다 더 권력 있고 더 큰 사람들에 둘러싸여 있었다. 그래서 자주 좌절감이나 두려움을 느꼈다. 또한 새로운 경험을 할 때마다 겁을 먹기도 했다.

게다가 어리고 여린 우리의 마음은 고통스러운 사건에 직면했을 때 분열되기 쉬웠다. 우리의 자아가 아직 완전하게 성장하지 못한 상태였기 때문이다. 어린 나이일수록 괴로운 사건과 그로 인한 트라우마에 대한 방어와 대처 능력이 떨어진다. 예를 들어 지금의 우리라면 잔혹하거나 냉정하게 구는 사람을 간단히 무시해버릴 수 있지만, 어린 시절의 우리는 무력감, 좌절감, 자책감을 느끼기 쉽다.

대부분의 가정에서 어린아이는 높은 위치를 차지한다. 가족 모두가 새로 태어난 아기를 중심으로 생활하며, 특히 어머니의 첫 번째 관심사는 갓난아기다. 하지만 어린아이의 입장에서 보는 세상은 다를 수 있다. 아무리 헌신적인 부모라 해도 아이의 의사와 상관없이 강제로 백신주사를 맞힌다. 그 경험이 아이에게 유발하는 트라우마는 어느 정도일까? 어린 시절 강제로 주사를 맞았던 경험 때문에 아직까지도 병원을 싫어하는 남자를 알고 있다. 그는 아이를 무척 싫어하는 성난 소아과 의사에게 자신을 내맡긴 채 옆에 가만히 서 있기만 하던 어머니에 대한 기억이 지워지지 않는다고 했다.

어린 시절에 학대당한 경험은 트라우마를 남긴다. 그런데 아이를 돌보아야 할 책임 있는 어른이 힘없는 아이에게 휘두르는 권력은 그 의도나 크기와 상관없이 학대나 남용으로 경험되기 쉽다는 점이 문제다. 예를 들어 다섯 살 때 집이 모두 불타버렸다고 해보자. 당신은 바로 어제까지만 해도 멀쩡했던 모든 것들이 재가 되어버렸다는 사실에 겁먹고 당황할 것이다. 이때 부모가 신속히 보듬어주지 않는다면, 당신은 버려졌다는 느낌을 받게 될 것이며 그 감정은 트라우마로 남게 된다. 물론 불타버린 집 때문에 부모도 당혹스럽기는 마찬가지일 것이며, 일부러 달래주지 않은 것도 아니다. 하지만 어린아이에 불과한 당신은 어른들의 사정을 이해하지 못하며 당장 옆에 있어주지 않았다는 사실만을 기억한다.

아이들이 겪기 쉬운 또 다른 트라우마는 자신을 보살펴 주는 대상과의 분리와 관련된다. 아이들은 자신을 보살펴 주는 주된 인물(주로 어머니)과 떨어져야만 할 때, 처음에는 큰 울음을 터트리며 저항의 뜻을 표한다. 그래도 안 되면 몸을 웅크리고 훌쩍거리며 좌절한다. 그러다 마지막에는 저항을 포기하고 순순히 분리를 받아들인다. 아이들은 겉보기에 우울한 기색을 약간 비치는 것 외에는 아무 문제가 없는 듯 보인다.[1] 그러나 아이들은 좌절한 것이다. 좌절 반응은 에너지를 절약해주지만 우울증과 수치심이라는 흔적을 남긴다.

거기에 부모가 분리에 대해 어떤 아쉬움도 표현하지 않아서 아이가 둘 사이에 어떤 친밀한 관계도 없다고 느낄 경우, 아이는 좌절이나 패배에 늘 함께 따라오는 간헐적인 수치심 이외에도 자신이 사랑받을 만한 존재가 아니라는 생각을 품게 된다. 그런데 비난받아 마땅한 책임이 있는 외부 대상(즉 어른)이 아니라 자기 자신을 책망하는 타고난 성향은 우리가 필요한 보살핌을 받을 방법을 찾을 때까지 계속해서 자신의 행동을 변화시키도록 만든다.

어린아이는 분리를 비롯한 여러 가지 트라우마에 무척 취약하다. 예를 들어 부모가 일정 기간 동안 외출하지 못하도록 하는 벌을 내렸다고 해보자. 사회적 고립을 무척 두려워하는 아이에게 이는 감옥에 갇힌 것이나 다름없는 상황으로 느껴진다. 아이에게는 그 상황을 타개할 힘이나 권력이 전혀 없다. 아이의 지위와 위치는 너무 낮다.

부모들은 또한 자신도 모르는 사이 아이를 놀리고 비웃거나 아이에게 수치심을 유발할 수 있다. 특히 자기 자신이 어린 시절 그런 일을 겪으며 자란 부모들의 경우 그럴 가능성이 더 높다. 어떤 부모들은 아이에게 경쟁에서 늘 이기기를 강요하기도 한다. 그런 부모 밑에서 자라는 아이들은 경쟁에서 지거나 실패하면 버림받을지도 모른다는 두려움과 불안에 시달리기 쉽다. 심한 경우 아이를 방치하거나 신체적으로 학대하는 부모도 있을 수 있다.

자신의 어린 시절이 어디에 해당하는지 돌아보는 동안, 트라우마가 여린 아이의 마음속에서 벌어지는 일이라는 사실을 기억하라. 예를 들어 당신이 두 살 때 어머니가 병원에 다니느라 2주 동안 돌보아주지 못했던 적이 있다고 해보자. 지금 생각하면 별일 아닌 것처럼 여겨질 수 있다. 하지만 당시 두 살인 어린 당신에게는 결코 작은 일이 아니었다. 어떤 사건이 트라우마로 남느냐 그렇지 않느냐는 얼마나 안전하다고 느꼈느냐에 달려 있다. 집이 불에 타

없어지는 것 같은 큰 사건이 벌어졌더라도 필요한 도움과 지지를 받았다면 문제가 되지 않을 수 있다. 하지만 마음을 알아주는 보호자가 없다면 풍선 터지는 소리에 놀란 것만으로도 경기를 일으키고 며칠간 악몽에 시달릴 수 있다.

더 어린 시절로 돌아갈수록 조그만 사건이나 고통도 트라우마로 남기 쉽다. 특히 4세 이전의 아이들은 무척 취약하다. 신체적으로 미성숙한 데다 자아도 확립되지 않은 상태이기 때문이다. 4세에서 12세 사이라 해도 여전히 성인에 비해 주위 환경과 경험의 영향에 쉽사리 휘둘린다. 또래 친구들이나 형제로부터 보호해줄 만한 어른이 항상 옆에 있는 것도 아니다.

나이를 막론하고 아이가 스트레스 받는 상황에서 부모를 비롯한 보호자들이 얼마나 지지와 사랑을 아끼지 않았는지도 무척 중요하다. 어머니가 병원에 입원하고 아버지가 어머니를 간호하느라 돌보아 줄 수 없었다 해도 사랑하는 할머니가 함께 있어주었다면 별다른 문제가 되지 않았을 가능성이 높다.

고통스러운 첫 번째 사건 이후 얼마 지나지 않아 또 다른 고통이 이어질 때 트라우마는 몇 배나 크게 남을 수 있다. 첫 번째 사건의 여파로 심신이 이미 취약해진 상태일 것이기 때문이다. 예컨대 어머니가 병원에 입원하고 얼마 지나지 않아 아버지마저 어머니를 간호하기 위해 떠났을 경우, 어린 당신은 어디에서도 도움받을 수 없다는 절망감에 사로잡힐 가능성이 있다. 이후 이 경험은 마음속에 커다란 트라우마로 남기 쉽다.

마지막으로, 강렬하고 생생한 한 사건에 대한 트라우마가 다른 모든 고통이나 상처를 압도하는 경우도 있다. 예를 들어 어머니가 병원에 입원한 후 그대로 사망했다면, 그 고통은 수십 가지 다른 고통을 무색하게 만들 만큼 클 수 있다. 고통이 너무 큰 나머지 당신은 완전히 다른 사람이 될 수도 있다. 여기서 과거를 돌아보는 연습을 하는 동안 어린 시절의 경험이나 트라우마를 지나치게 확대해석하거나 과장하고 싶지는 않다고 생각하는 사람이 있을지 모르겠다. 하지만 우리의 문제는 대부분 과거를 지나치게 과장하는 것보다 지나치게 과소평가하는 데서 나온다는 사실을 잊지 말라.

또 부모나 환경을 탓하는 듯한 느낌에 이 연습을 불편하게 느끼는 사람이 있을지도 모르겠다. 하지만 이 연습은 누군가를 비난하거나 책임을 전가하기 위해서 하는 것이 아니다. 물론 과거에 우리에게 벌어졌던 일은 우리 책임이 아니다. 하지만 내면의 '못난 나'를 치유하는 것은 우리 스스로 책임져야 할 몫이다. 그러기 위해 과거 트라우마를 기억해야 할 필요가 있을 뿐이다. 그 목적은 과거를 탓하거나 스스로를 안쓰럽거나 처량하게 여기는 것과 거리가 멀다. 우리의 목적은 현재의 문제를 수정하는 것이다.

다음 목록에 있는 여러 사건 중 자신에게 벌어졌던 일이 있는지 훑어보라. 목록에 없는 경험을 한 적이 있다면 추가해 적으라. 그리고 당시 나이, 보살핌과 지원 수준, 스트레스 수준을 생각해본다. 목록에 있는 사건이라고 해서 반드시 모든 사람에게 트라우마로 남는 것은 아니다. 또한 목록에 없거나 사소해 보이는 사건이라고 해도 어떤 사람에게는 큰 트라우마로 남을 수 있다. 각 사건이 자신에게 얼마만큼의 영향을 미쳤는지 각자 생각해보라.

| 어린아이들이 겪는 일반적인 트라우마 |

- 무리에서 빈번하게 따돌림과 괴롭힘을 당하면서 공포와 무력감을 느낀 경험.
- 반 아이들이 모두 보는 앞에서 망신이나 모욕당한 경험.
- 친하게 지내고 싶은 아이들에게 거절당하거나 배제당한 경험.
- 유급한 경험.
- 며칠 이상 친구를 사귀지 못한 경험.
- 함께 있기 부끄러운 사람들만이 유일한 '친구'였던 경험.
- 형제 혹은 자매에게 휘둘리며 쥐여살았던 경험.
- 터무니없이 엄격한 부모 밑에서 훈육된 경험.
- 부모에게 모질게 비판받은 경험.
- 버려질 것이라는 위협을 받은 경험. "울음 안 그치면, 고아원에 보내버릴 거야."
- 과체중, 저체중, 여드름 등의 외모에 대한 불만 때문에 괴로워했던 경험.
- 누구에게도 털어놓지 못할 비밀 때문에 죄책감을 느낀 경험.
- 10대 때 이성과 사귀면서 겪은 문제.

| 흔치 않지만 악영향을 끼칠 수 있는 어린아이들의 트라우마 |

- 부모나 형제의 죽음이나 심각한 상해.
- 자신이나 가족의 심각한 질병.
- 가족의 정신병, 알코올 의존증, 마약 중독.
- 극심한 가난 속에 보낸 불우한 어린 시절.
- 퇴거 명령, 화재, 천재지변으로 인한 거처 상실. 빈번한 이사.
- 자신이나 가족의 범죄 피해.
- 공공연하거나 교묘한 차별.
- 가족에 의한 방치, 신체적 학대, 언어적 학대, 성적 학대.
- 부모의 이혼 혹은 보호자 부재.
- 자신이 원치 않은 자식이었다는 사실 확인.
- 부모가 자신의 성격(과도하게 활동적이라든가 지나치게 소심하다는 점) 때문에 자신을 좋아하지 않는다는 사실을 알게 된 경험.
- 부모를 끊임없이 정서적으로 배려하고 돌보아야만 했던 경험.
- 아이다운 정상적인 행동이나 외모에 대해 가족에게 빈번하게 지적받은 경험.
- 10대 때 마약 중독, 알코올 의존증, 자살 충동 등으로 문제를 일으킨 경험.

» 어린 시절의 트라우마 차트 만들기

앞 목록에 나온 사건들 중 자신에게 해당되는 것이 있는지, 목록에 없더라도 트라우마로 남았다고 생각되는 경험이 있는지 주의 깊게 생각해보라. 따돌림당하거나, 집이 불타 없어졌더라도 상황에 따라 트라우마로 남지 않을 수도 있다는 사실을 잊지 말아야 한다. 예를 들어, 오드리는 다섯 살 때 크리스마스트리에서 시작된 불로 집이 불타 없어진 사건을 겪었지만 그 일로 크게 상처받거나 괴로워하지 않았다. 화재 당시 학교에 가 있던 오드리가 놀라거나 상심하지 않도록 부모가 세심하게 신경 써준 덕이었다. 오드리 가족은 집을 복구할 때까지 바로 길 건너에 살던 할아버지 집에서 지냈다. 오드리는 그때 일을 신 나는 모험으로 기억하고 있다. 잿더미 위에 새로 집 짓는 모습을 구경하며 즐거워했으며, 예전 집과 똑같은 모습으로 복구된 새 집을 훨씬 더 마음에 들어 했다.

반면 멜의 집도 오드리네와 똑같이 불타 없어졌지만 멜의 기억 속에 그 경험은 오드리와 전혀 다르게 남았다. 멜은 그 사건을 겪은 후 전과 완전히 다른 사람이 되었다. 화재로 인한 트라우마는 또 다른 트라우마를 낳았으며 멜은 평생 우울증과 수치심에 사로잡혀 살았다. 1954년에 흑인 참정권 운동을 하던 멜의 아버지를 위협하기 위해 백인 우월주의 테러 단체인 KKK단이 집에 불을 질렀다. 이후 멜의 아버지는 KKK단을 피해 숨어 지내야 했고, 멜의 어머니는 직장에서 해고되었다. 멜의 나이 고작 열한 살 때였다. 멜은 어린 동생들을 위해 학교를 그만두고 가족의 생활비를 벌어야 하는 신세가 되었다. KKK단에게 해코지 당할까 두려웠던 마을 주민들은 모두 멜의 가족을 외면했다. 멜의 행색은 점점 남루해져 갔고 한때 친하게 지냈던 다른 아이들과의 거리는 점점 멀어졌다.

학교에 다니는 다른 아이들을 볼 때마다 자기 자신이 그렇게 초라하게 느껴질 수 없었다. 이제 어엿한 성인이 된 멜은 늦게나마 대학도 졸업했고 아버지가 얼마나 용감한 사람이었는지 머리로는 이해하고 있지만 과거에 느꼈던 수치심과 자신이 초라하다는 생각에서 벗어나지 못하고 있었다.

멜의 차트를 참고해 이 책 뒤편 부록에 있는 '어린 시절의 트라우마 차트'를 각자 채워보라. 1열에는 트라우마로 남은 사건을 적으면 된다. 사건이 4세 이전에 벌어진 일이라면 2열에 ∨표시한다. 사건이 12세 이전에 벌어졌다면 3열에 ∨표시한다.(사건이 2세 때 벌어졌다면 2열과 3열 모두에 ∨표시한다. 어린 나이에 벌어진 일일수록 더 큰 트라우마로 남았을 가능성이 높으므로 가중치를 두기 위해서다.)

고통스러운 사건을 극복하는 데 도움 되는 보살핌을 거의 받지 못했다면 4열에 ∨표시한다. 트라우마가 두 차례 이상 반복되었다면 5열에 ∨표시한다. 여러 가지 충격적인 사건이 동시에 발생했다면 6열에 ∨표시한다. 사건이 생을 뒤흔들 정도의 큰 영향을 끼쳤다면 7열에 ∨표시한다. 고통이 정말 컸다면 ∨표시를 두 번 하는 것도 괜찮다. '일반적인' 트라우마 목록에 있는 사건이라고 해도 그로 인해 느끼는 고통의 크기는 사람에 따라 다르므로 7열에 표시하는 데 주저하지 않아도 된다. 해당 사건 때문에 며칠 동안 계속 우울증이나 수치심에 빠져 있었다면 8열에 ∨표시한다.

멜의 차트

1	2	3	4	5	6	7	8
어린 시절의 트라우마	4세 이전	12세 이전	도움을 거의 혹은 전혀 받지 못함	트라우마가 두 차례 이상 반복적으로 발생	동시에 여러 가지 사건이 발생	인생에 막대한 부정적인 영향을 끼침	우울증이나 수치심에 사로잡힘
화재로 집을 송두리째 잃음		∨	∨			∨	∨
아버지가 행방을 감춤		∨	∨		∨	∨	∨
어머니가 직장에서 해고당함		∨	∨		∨	∨	∨
어쩔 수 없이 학교를 그만둠		∨	∨	∨	∨	∨	∨
주변 사람의 외면과 냉대		∨	∨	∨	∨	∨	∨

어른이 되어도 트라우마가 생긴다

~~~~~

어린 시절에만 트라우마가 발생하는 것은 아니다. 당연히 어른들도 수많은 트라우마를 겪을 수 있으며, 그중 대다수는 '순위 매기기'와 연관 있다. 예를 들어 어떤 회사는 경쟁을 지나칠 정도로 강조하며, 그 결과 한 사람을 왕따 시키거나 괴롭히기 쉬운 분위기를 조장한다. 이미 그런 직장 분위기에 익숙해졌기 때문에 괜찮다고 생각할지 모르나 지속적으로 권력 남용에 노출될 때 그 경험은 자신도 모르는 사이 트라우마로 남을 수 있다. 그 악영향을 느끼지 못한다면 이미 감정과 자아를 분리시킨 심각한 상태에 접어든 것일지 모른다. 좁은 우리에 서열이 비슷한 동물 두 마리를 함께 넣어놓으면 싸움 끝에 패배한 쪽은 당연히 엄청난 스트레스와 우울을 경험한다.[2] 권력 남용을 당하는 상황에서 피할 수도 없고 상대를 꺾을 수도 없다면 인간도 우리에 갇힌 동물과 다름없는 고통을 받는다.

성인이 겪는 고통스러운 상황이 트라우마로 이어지느냐 그렇지 않느냐를 좌우하는 요소는 어린 시절과 다름없다. 성인들도 '어린 시절의 트라우마에 영향을 미치는 요인들'인 연령, 트라우마의 반복 여부, 보살핌과 지지 수준에 의해 영향을 받는다. 단, 성인의 경우 절대적인 나이 대신 '순진성level of innocence'이 더 크게 영향을 준다는 점이 다르다. 예컨대 어린 시절에 순위 매기기에 시달리는 일 없이 충분한 사랑을 받으며 온실 속 화초처럼 곱게만 자란 사람은, 사회에 나와 처음 권력 남용을 경험했을 때 남들에 비해 훨씬 더 큰 충격을 받을 수 있다.

성인의 경우에도 똑같은 고통스러운 상황이 여러 차례 반복되는지, 여러 고통스러운 사건이 동시에 일어나는지가 충격의 강도에 영향을 미친다. 차이가 있다면 어린아이에 비해 어른의 삶이 훨씬 복잡하기 때문에 충격이 트라우마로 남을 경우 파급효과가 더 클 수 있다. 예를 들어 배우자와 사별하거나 이혼한 후 슬픔과 우울증을 '홀홀 털고 일어나지 못하는' 우리를 주변 사람들이 이해해주지 않을 경우 심적 괴로움은 더욱 커질 수 있다. 또 괴로운 마음에 일까지 제대로 못하게 되면 자책과 자학이 더욱 심해지기도 한다. 심할 경우 직장까지 잃고 경제적 위기를 겪게 될 수 있으며, 이는 또다시 자신이 인생도 제대로 꾸리지 못하는 존재라는 수치심을 유발할 것이다.

사회적 지지와 보살핌은 고통스러운 사건이 트라우마로 이어지느냐 그렇지 않느냐를 결정한다. 때로 실패나 불행은 주변 사람들이 자신을 얼마나 사랑하는지 깨닫는 계기가 되기도 한다. 하지만 절망 속에 헤매는 시간이 길어질수록 보살핌과 지원의 손길은 점차 멀어지는 경향이 있다. 그래서 막상 도움이 가장 절실한 순간 곁에 아무도 없는 경우가 있다. 모든 사람에게 버려졌다는 기분은 애초의 좌절보다 더욱 고통스럽게 만든다. 우리는 수치심과 우울증에 사로잡힌 채 미래를 두려워하게 된다.

| 성인기에 겪는 일반적인 트라우마 |

- 가까운 친구나 애인에게 배신당한 경험.
- 가장 친하게 지내던 사람이 멀리 이사 간 경험.
- 이성에게 번번이 거절당하거나 입사 시험에서 번번이 떨어진 경험(반복적으로 거부당한 경험).
- 이혼.
- 만성질환 또는 심각한 질병을 앓은 경험.
- 실직 또는 해고당한 경험.
- 법원의 퇴거 명령으로 집에서 쫓겨나거나 장기간 머무르던

보호시설에서 퇴소당한 경험.
- 파산 또는 수년간 빚에 시달린 경험.
- 직업적 실패, 개인적 좌절, 신용이나 평판 하락.
- 심각한 질병이 있다는 진단을 받은 경험.
- 부모나 형제에게 지속적으로 놀림당하거나 거부당한 경험.
- 본인이나 사랑하는 사람의 중독 문제로(마약 중독, 알코올 의존 증, 약물 중독 등으로) 고통받은 경험.
- 언어적, 신체적, 성적 학대나 추행을 당한 경험.
- 가까운 인물의 심각한 질병 또는 죽음.

| 흔치 않지만 악영향을 끼칠 수 있는 성인기의 트라우마 |

- 테러리즘의 피해를 입거나 정치범으로 수감 생활한 경험.
- 교전 지역에서 살았던 경험.
- 본인이나 주변인이 범죄의 피해자가 된 경험.
- 타인의 죽음을 목격하거나 본인이 죽기 직전까지 갔던 경험.
- 체포당하거나 감금당했던 경험.
- 법정에서 피고로 섰던 경험.
- 중상모략 당하거나 괴소문의 주인공이 되었던 경험.
- 신체장애를 입거나 외모가 심하게 망가진 경험.
- 심각한 사고를 내거나, 불을 지르거나, 끔찍한 사건을 저지른 경험.
- 타인의 실수로 심각한 상처를 입은 경험.

» 성인기의 트라우마 차트 만들기

성인이 되어 겪은 트라우마라 해도 스스로의 가치를 평가절하하도록 만들 수 있다. 성인기에 겪는 트라우마가 어린 시절과 다른 점은 고통스러운 사건이 인생의 다른 면에도 영향 끼치기 쉽다는 점이다. 예컨대, 어떤 사건 때문에 아이를 잃은 부부는 슬픔을 견디지 못해 이혼하는 경우가 많다. 고통과 좌절이 견디기 힘들 정도의 넓이까지 퍼져나가는 것이다.

샘은 소프트웨어 회사에서 계약직으로 일하고 있었다. 그는 자신의 일을 좋아했으며, 자신의 능력에 대한 자신감도 있었다. 스물네 살 때 고모에게 물려받은 유산으로 아파트도 마련하고 그 이후 결혼까지 생각하는 아름다운 여성과 사귀면서 행복한 나날이 이어졌다.

평소 샘은 직속상관에게 업무에 대한 질문을 자주 하는 편이었다. 상사도 더 나은 성과를 위해 질문과 토론을 장려했다. 그런데 직속 상사가 병가를 내면서 마감 기한 맞추기가 촉박해졌다. 그래서 더 높은 직급의 테드에게 전화를 걸어 사정을 설명했다. 늘 자신에게 우호적이었던 테드가 이번에도 친절하게 답변해주었기에 샘은 아무런 걱정도 하지 않았다. 하지만 나중에 이 일 때문에 자신에 대한 평가가 나빠졌다는 사실을 알게 되었다. 혼자서는 업무 처리도 못하는 무능력한 사람으로 낙인찍힌 것이다.

이후 샘이 오매불망 기다리던 인사이동 철이 되었다. 이번에는 반드시 정규직으로 전환되리라 기대하던 터였다. 그런데 막상 발표 내용을 보니 정규직 전환은커녕 계약직에서도 해고되고 말았다. 당연히 자신의 차지가 될 것이라 생각했던 정규직에는 테드의 친구 이름이 적혀 있었다. 테드가 권력을 이용해 아무 실적도 없는 자신의 친구를 그 자리에 앉힌 것이 분명했다. 회사의 불공정한 처사에 샘은 충격을 받았다. 하지만 그 일이 자신의 탓은 아니라고 되뇌며 스스로의 가치를 깎아내리지 않기 위해 노력했다. 하지만 곧 두 번째 충격이 찾아왔다. 직속상관만은 자신을 변호해주었으리라 생각했는데, 그도 테드와 한통속이 되어 자신을 밀어내는 데 한몫했다는 사실을 알게 된 것이다.

샘은 배신감에 절망의 나락으로 떨어지는 듯한 기분을 느꼈다. 자신이 무엇을 잘못했는지 수십, 수백 번 곱씹으며 괴로워했다. 이제 샘은 실업자 신세가 되었다. 게다가 갚아야 할 주택 융자도 남아 있었다. 엎친 데 덮친 격으로 여자 친구도 샘에게서 멀어져갔다. 불안과 초조에 시달리던 샘은 빨간 신호등을 보지 못하고 달리다 자동차 사고까지 냈다.

부상에서 회복되기까지 꽤 오랜 시간이 걸렸다. 훌훌 털고 일어나 다시 시작하기 위해 여러 회사에 지원했지만 번번이 불합격 소식만을 들었다. 융자금 납부일이 다가오고 있었지만 수중에는 돈 한 푼 없었다. 내키지 않지만 부모님께 부탁해보기로 했다. 하지만 무신경한 아버지는 샘의 사정을 듣고도 속 긁는 소리만 해댔다. "내 그럴 줄 알았다. 애초에 계약직으로 시작하니 이용당하고 버림받는 게지. 일하던 회사에서 내쳐졌는데 다른 회사라고 널 받아주겠냐? 당연히 너한테 하자가 있다고 생각하겠지."

샘은 결국 새로운 일자리를 구했다. 하지만 이미 여자 친구와 헤어지고, 집도 날아간 후였다. 그때 겪은 좌절과 패배감의 후유증은 그 후로도 수년 동안 가시지 않았다. 겉으로는 아무렇지 않은 듯 보였지만 샘은 그 일 이후 깊은 수치심에 시달렸으며 결국 내게 상담을 청하러 왔다. 샘은 그사이 괜찮은 여자와 사귀거나 직업적으로 발전할 기회가 여러 차례 찾아왔지만 모두 잡지 못했다고 털어놓았다.

이제 각자 '성인기의 트라우마 차트'를 채워보라. 방식은 '어린 시절의 트라우마 차트'를 만들었을 때와 동일하다. 앞에서도 설명했듯이 차트를 만드는 목적은 누군가를 탓하거나 책임을 전가하기 위해서가 아니다. 내면의 '못난 나'를 치유할 책임은 자기 자신에게 있다.

앞에 나온 성인기의 트라우마 목록을 훑어보면서 그중 경험한 일이 있는지 과거를 돌아보라. 목록에 없는 고통스러운 사건을 경험했다면 추가해서 적으라. 이제 부록에 나온 '성인기의 트라우마 차트'를 각자 채워보라. 1열에는 트라우마로 남은 사건들을 적는다. 자신이 비교적 순진했던 성인 초기에 사건이 벌어졌다면 2열에 ∨ 표시한다. 트라우마가 두 차례 이상 반복되었다면 3열에 ∨표시한다. 여러 충격적인 사건이 동시에 발생했다면 4열에 ∨표시한다.

고통스러운 사건을 극복하는 데 도움 되는 사회적 지지를 거의 받지 못했다거나 누구에게도 괴로움을 토로하지 못한 채 혼자만 끙끙 앓았다면 5열에 3표시한다. 해당 사건 때문에 스스로의 가치를 심각하게 깎아내린 결과 또 다른 트라우마가 유발되었다면 6열에 ∨표시한다. 해당 사건 때문에 우울증이나 수치심에 시달렸다면 7열에 ∨표시한다.

마지막으로, '흔치 않지만 심각한 악영향을 끼칠 수 있는 성인기의 트라우마' 목록에 있는 사건과 따로 추가한 항목에는 ∨표시를 한 번씩 더 한다. 어떤 트라우마가 더 심각한 상처와 고통을 남겼는지 판단한다. 이때 주어진 목록을 참고하되 주관적인 느낌과 판단이 가장 중요하다는 사실을 명심한다. 다음에 샘이 작성한 차트가 있다. 실직당한 일은 자동차 사고를 비롯한 여러 트라우마를 연쇄적으로 일으킨 근본 원인이었다. 샘의 경우 자동차 사고가 인생에 막대한 영향을 끼쳤다고 표시했다.

샘의 차트

1 성인기의 트라우마	2 비교적 '순진했던' 성인 초기에 발생	3 트라우마가 두 차례 이상 반복적으로 발생	4 동시에 여러 가지 사건이 발생	5 도움을 거의 혹은 전혀 받지 못함	6 인생에 막대한 부정적인 영향을 끼침	7 우울증이나 수치심에 사로잡힘
아버지에게 비웃음 당함		∨	∨	∨		∨
해고를 당함	∨			∨	∨∨	∨
여자 친구가 떠남	∨		∨	∨		∨
집을 잃음	∨	∨	∨	∨		∨
교통사고를 냄	∨		∨	∨	∨∨	∨

우리를 더 힘들게 하는 것들

~~~~~

좌절이나 패배로 인한 트라우마가 자신의 가치를 낮게 평가하게 할 수 있듯이 학대받거나 능욕당하는 경험도 대부분 그런 결과를 낳는다. 물론 문제가 있는 것은 피해자가 아닌 가해자 쪽이다. 하지만 손쓸 여력도 없이 피해를 입는 동안 느낀 무기력은 좌절 반응과 우울증, 수치심을 유발한다. 무기력을 경험하고 나면 아무 대처도 하지 못한 자신을 탓하게 된다. 그러한 감정은 이후 더 신중하게 대처할 수 있는 밑거름이 되기도 하지만, 동시에 내면의 '못난 나'를 야기하는 뿌리가 되기도 한다.

홍수, 사고, 질병처럼 인간이 어찌할 수 없는 일들조차도 무기력과 좌절 반응을 낳을 수 있다. 그리고 무기력과 좌절 반응은 다시 우울증과 수치심, 그리고 자아 가치 하락을 유발한다. 자책은 미래에 대한 통제권을 되찾기 위한 노력의 발판이 되기도 한다. 이를테면 보험에 가입하거나 건강하게 살기 위해 운동을 시작하는 등의 바람직한 변화를 꾀할 수 있다.[3] 하지만 그 전에 크나큰 대가를 치러야만 한다. 스스로에게 끔찍한 일이 벌어지도록 '내버려' 두었다는 수치심이 마음속에 남는다. 그 누구라도 도저히 손쓸 수 없는 상황이었다고 자위한다 해도 스스로의 '불운'이나 '악업'에 대한 수치심은 여전히 남는다. 사람들이 '불운한' 사람에게 보이는 동정마저도 괴로움과 고통으로 느껴질 수 있다.

사람에 따라 특별한 이유로 트라우마에 취약할 수 있다. 차트에

∨표시가 가득하다면 이미 과거의 트라우마 때문에 '못난 나'에 크게 휘둘리고 있는 상태일 가능성이 높다. 특히 어린 시절 경험한 차별과 편견, 민감성, 불안 또한 취약성에 영향을 미친다.

» 편견과 차별

인종차별을 비롯한 모든 종류의 편견과 차별은 우리의 자아 가치에 막대한 영향을 준다. 어린 나이에 편견과 차별을 겪을 경우 그 영향력은 더욱 커진다. 특히 차별하는 부모는 아이에게 악영향을 줄 수 있다. 인간은 본능적으로 집단에서 배제되지 않기 위해 노력하며 집단에서 배제될 경우 수치심을 느낀다. 그렇기 때문에 권력을 이용해 누군가를 차별하는 것은 정말 교활하고 음흉한 행위라 할 수 있다.

편견과 차별은 분노 이외에도 슬픔, 불안, 우울 같은 부정적인 감정들을 자아낸다. 소수집단에 속한 사람은 자신의 집단을 긍정적인 특성과 연관시킬 가능성이 낮으며, 이는 자신의 전반적인 가치에도 영향을 준다.[4] 편견과 차별은 당하는 사람의 수명을 단축시킬 정도로 한 영혼에 복잡하고 뿌리 깊은 영향을 미친다.[5] 앞에 나온 멜의 사례를 떠올려 보라. 어린 시절 멜의 집은 인종차별 단체인 KKK단의 방화로 불타 없어졌다. 멜은 단지 흑인이라는 이유로 집을 잃고 아버지와 헤어진 채 경제적 고통에 시달리며 어린 시절을 불우하게 보내야 했다.

그 트라우마의 영향력은 너무나 뿌리 깊어서 성인이 되어 인종이나 능력과 아무 관계없는 사건에 대해서도 무력감, 우울증, 수치심을 느끼며 살아가게 되었다. 예를 들어 멜은 부러진 나뭇가지 때문에 지붕이 무너지면서 팔을 다친 일이 있었다. 응급실에 가서 치료를 기다리면서도 자신의 계속되는 불운 때문에 팔을 다쳤다는 생각에 수치심을 느꼈다. 자신이 필요한 치료를 받을 만한 자격이 있는 존재가 아니라는 생각이 멜의 머릿속을 떠나지 않았다.

또 어머니가 돌아가셨을 때는 어렸을 때 느꼈던 것과 같은 무력감, 우울증, 수치심에 사로잡혔다. 어머니를 좀 더 잘 돌보았어야만 했다는 생각, 자신에게는 슬퍼하거나 애도할 자격도 없다는 생각이 멜을 괴롭혔다.

어린 시절에 편견이나 차별을 경험한 적이 있다면 '어린 시절의 트라우마 차트'와 '성인기의 트라우마 차트'의 ∨표시 옆에 기호 하나씩을 모두 더하라. 편견이나 차별이 우리 삶에 미치는 영향은 그만큼 대단하다.

» 타고난 민감성

트라우마의 효과를 배가하는 또 다른 요인은 타고난 민감성이다. 내가 사랑과 권력이라는 주제에 집중하기 전 연구했던 분야가 바로 타고난 민감성이었다. 불과 얼마 전까지만 해도 민감한 성향을 타고난 사람들은 소심하다거나, 내향적이라거나, 신경질적이라는 오명을 뒤집어쓴 채 살아야 했다. 민감성은 사람들이 흔히 생각하는 자질과 완전히 다르다. 전체 인구의 20퍼센트가량이 민감한 성향인 것으로 추산된다.[6] 여성뿐 아니라 남성도 민감한 성향을 타고 날 수 있으며, 그 자질은 갓난아기 때부터 발현된다. 인간뿐 아니라 동물들에게서도 이 성향을 관찰할 수 있다.[7]

민감한 성향을 타고난 사람들은 환경의 미묘한 변화를 민감하게 포착한다든가, 확고한 자기만의 내면세계에 빠져 산다든가, 다른 사람들에 비해 홀로 충전하는 시간을 많이 보내야 한다. 또한 카페인이나 고통에 매우 민감하다든가, 쉽게 깜짝 놀란다든가, 소음이나 무질서한 환경이나 삶의 변화를 잘 견디지 못하는 편이다. 또한 일반적으로 보통 사람들에 비해 더 창의적이고, 세심하며, 협력적이고, 인과관계를 잘 파악한다. 예컨대, 기후변화를 감지하고 다른 누구보다 앞서 그에 대해 걱정하는 사람이 있다면 민감한 성향을 타고났을 가능성이 높다. 민감한 성향의 사람들은 모험을 싫어하기 때문에 위험을 포착하면 보험에 가입하고 자기 자신과 사랑하는 주변 사람들의 건강에 신경 쓰기도 한다.

이러한 성향은 훌륭한 자산이기는 하지만 스스로에 대한 부정적인 생각이나 느낌에 사로잡히기 쉽다는 단점이 있다. 그 이유는 무엇일까. 첫 번째 이유는 주변에서 벌어지는 일을 빠르고 정확하게 인지하다 보니 지나친 자극을 받을 수 있다는 점이다. 지나친 자극을 받은 상태에서 훌륭한 성과를 내거나 스스로에 대해 좋은 기분을 느끼기는 쉽지 않은 일일 것이다. 그래서 민감한 성향의 사람들은 시험을 보거나 누군가에게 관찰당하고 있을 때 평소에 비해 형편없는 성과를 내곤 한다. 자신이 민감한 성향을 타고났다는 사실을 이해하지 못한다면, 그러한 결과를 '실패'로 받아들일 가능성이 높다.

게다가 민감한 성향의 사람들은 피드백에 무척 큰 영향을 받는다. 잘못한 일을 깊이 관찰하고 반성함으로써 두 번 다시 같은 실수를 저지르지 않는다는 점은 긍정적으로 작용하기도 하지만 다른 사람들에 비해 실수에 지나치게 신경 쓰다 보니 자신의 가치를 평가절하하게 되는 단점으로 작용하기도 한다.

이러한 성향을 타고난 사람들은 소수에 불과하기 때문에 편견과 차별의 대상이 될 수 있다. 사람들이 아무 생각 없이 던지는 말도 이들에게는 상처가 된다. "너는 매사에 어쩜 그렇게 예민하고 유난하게 구니?" 양육자가 아이들의 민감성을 재능으로 인정해주고 키우지 않는 한, 이러한 사람들은 사회의 부정적 시각을 그대로 흡수한 채 성장한다.

그래서 민감한 성향의 사람들은 정서적으로 동요를 일으키는 사건들을 겪을 때마다 큰 상처를 받게 되며, 결국 이는 모두 트라우마로 남는다. '별일 아닌' 사건에 크게 흔들린다는 점은 또 다른 상처의 원인이 된다. 민감한 성향의 사람들은 흔히 이런 말을 듣는다. "너는 왜 그깟 일을 아직도 못 잊고 괴로워하는 거야? 그냥 툭툭 털고 일어나." 하지만 민감한 성향을 타고난 사람들에게 그것은 말처럼 쉬운 일이 아니다.

자신이 민감한 성향을 타고났다고 생각된다면 '어린 시절의 트라우마 차트'와 '성인기의 트라우마 차트'의 ∨표시 옆에 기호 하나씩을 모두 더하라. 편견이나 차별과 마찬가지로 민감한 성향은 트라우마의 영향력을 더 크게 만든다.

» 불안정한 관계

우리가 세상에 처음 나와 애착을 형성하는 대상은 어머니와 아버지다. 애착에 대한 연구에 따르면 부모와 얼마나 안정적인 관계를 형성했는지가 평생 동안의 인간관계에 영향을 미친다고 한다.[8] 어린 시절에 부모와 안정적인 애착 관계를 형성하지 못했다면 성인이 되어서도 불안정한 생활을 할 가능성이 높다. 조사에 따르면 성인의 약 40퍼센트가 친밀한 관계에서 불안감을 느낀다고 한다.

불안정한 인간관계는 스스로의 가치를 깎아내리게 만드는 원인이 되는 경우가 많다. 반면 안정적인 인간관계는 세상을 '관계 맺기'의 시각으로 바라볼 수 있게 해준다. 상대방이 당연히 자신을 좋아하리라 믿으며, 힘들면 언제든 도움을 청하고 상대에게 기댈수 있다고 믿는 사람은 세상을 안전한 곳으로 여길 것이다. 반대로 불안정한 인간관계는 세상을 '순위 매기기'의 시각으로 바라보게 만든다. 상대방이 자신을 싫어하리라 믿으며, 자신의 지위와 위치를 낮게 평가하고, 힘든 상황에 처했을 때 상대가 자기편이 되어주지 않으리라 믿는 것이다.

불안은 어린 시절 부모와의 애착 관계가 순위 매기기에 치중되었을 경우 생겨난다. 어린아이는 어른에 비해 낮은 지위일 수밖에 없으며 아이의 인생은 어른에 의해 좌우된다. 하지만 현명한 부모는 그 권력을 자식에 대한 사랑을 표현하기 위해 이용한다. 아이는 부모의 그런 마음을 느낄 수 있으며 그것이 모든 차이를 만든다. 사랑이 전제되지 않은 권력을 휘두르는 부모는 아이와 안정적인 애착 관계를 형성하지 못하며, 아이도 그것을 알아챈다. 그래서 자신의 낮은 지위와 무력감, 지속적인 좌절감을 습득한다. 어린 시절 부모와 안정적인 애착 관계를 형성하지 못한 사람 중 평생 만성적인 우울증에 시달리는 사람이 많다는 사실은 그다지 놀라운 일도 아니다. 어린아이의 욕구와 필요가 충족되지 못할 때 유발되는 좌절감은 우울증과 좌절 반응을 유발하며, 아이의 마음속에 평생토록 씻기지 않는 앙금으로 남는다.

갓난아기 때 부모와의 애착 관계가 어떠했는지 잘 기억나지 않는다고 해도 걱정할 필요는 없다. 현재 자신의 성향과 행동을 관찰하면 금세 답이 나온다. 다시 한 번 말하건대, 우리는 누군가를 탓하기 위해 이 작업을 하는 것이 아니다. 과거를 돌아보는 것은 우리 내면의 '못난 나'가 어떻게 형성되었는지 이해하고 치유하기 위해서다. 우리 부모는 너무 바쁘고 힘들다 보니 우리에게 세심하게 신경 써줄 여력이 없었던 것일 뿐인지도 모른다. 또는 부모 자신도 조부모에게 따뜻한 보살핌을 받지 못해 어떻게 사랑을 주어야 할지 몰랐던 것인지도 모른다.[9]

내가 불안한 이유

불안정의 유형은 불안과 회피로 나뉜다. 자신이 어느 유형에 속하는지 스스로 판단하기는 어려울 수 있다. 사람에 따라 자신이 낮은 지위라고 느낄 때 불안을 느끼고, 높은 지위라고 느낄 때 회피 반응을 보이기도 한다. 하지만 대개 두 유형이 동시에 나타나기보다는 둘 중 한 유형이 성격 전반을 지배한다. 다음 설명을 통해 자신의 전반적인 유형이 무엇인지 알아보도록 하자.

정서가 안정적인 사람은 타인과 비교적 쉽게 친해진다. 타인에게 의지하거나 타인을 도와줄 때 편안하게 느낀다. 자신을 사랑한다고 말하는 사람에게 버려지거나 조종당할지 모른다는 걱정은 하지 않는다. 자신을 보호해야만 하는 상황이라도 상대방을 괴롭게 만들 수 있는 외부 요인 탓하기, 투사하기, 부풀리기 등의 방어기제를 사용하지 않는다.

» 불안 유형

불안 유형으로 분류되는 사람들은 관계 맺고 있는 상대를 이상화하는 경향이 있으며 상대가 자신에 대한 흥미를 잃을까 두려워한다. 변덕스럽거나 조건적인 사랑을 주는 부모 밑에서 스스로의 가치를 깎아내리거나 부모의 마음에 들기 위에 애쓰며 자란 경우 이러한 유형이 되기 쉽다. 이들은 성인이 되어서도 타인과 관계 맺을 때 '순위 매기기'의 관점에서 스스로를 바라보며 관계를 지속시킬지 여부를 결정하는 데 자신이 발휘할 영향력이 거의 없다고 생각한다.

　또한 사랑하는 사람과 잠시라도 떨어져야만 할 때 고통을 느낀다. 금세 그 사람과 다시 만나리라는 것을 아는 경우에도 말이다. 이는 무의식적으로든 의식적으로든 상대가 자신을 버릴지도 모르며 이별이 닥쳤을 때 자신이 할 수 있는 일이 아무것도 없다고 믿기 때문이다. 불안 유형과 회피 유형 모두 정서가 안정적인 사람들에 비해 방어기제에 더 많이 의존하는 편이지만, 불안 유형은 특히 '경쟁에서 빠지기' 방어기제를 자주 사용한다. 불안 유형에 속하는 사람들은 자신도 모르게 순위 매기기 상황과 그로 인한 위험을 피하려 하기 때문이다.

》 회피 유형

회피 유형에 속하는 사람들은 자신의 불안정을 인정하지 않으려 한다. 타인과 우호적인 관계를 맺을 필요가 있다는 사실을 부정하고 무시하는 것이 이 전략의 핵심이기 때문이다. 이 유형의 사람들은 타인과의 우호적인 관계가 그다지 중요하지 않다고 항변할지 모른다. 이들은 어떤 사람이 자신에게 중요한 존재가 되면 관계를 통제하려 든다.

　예를 들어, 친구가 만나고 싶다는 전화 메시지를 남기면 이들은 바로 전화해 답변을 주지 않는다. 그 이유는 자신도 모른다. 그저 그런 방식을 좋아할 뿐이다. 이들은 남들만큼 관계에 신경 쓰지 않는 듯 보인다. 하지만 사실은 관계에 무척 신경 쓰며, 친구가 한동안 자신에게 전화하지 않으면 참지 못하고 먼저 수화기를 든다. 그러나 친구가 약속 시간을 정하자고 하면 또다시 한발 뒤로 물러선다. 관계에서 권력을 얻기 위해 무의식적으로 이런 행동을 하는 것이다.

이들은 높은 지위를 확보하기 위해 친밀한 관계를 회피하거나, 타인을 필요로 하지 않는 듯 행동하는 것 외에도 다양한 방법을 이용한다. 회피 유형의 사람들은 '순위 매기기'에 치중하는 부모 밑에서 성장했을 가능성이 높다. 아이에게 사랑은 거의 주지 않은 채 권력만 휘두르거나 신체적·정서적으로 학대하는 부모 밑에서 자라면 회피 유형이 되기 쉽다. 회피 유형의 사람들은 성인이 되어서도 어린 시절에 느꼈던 수치심에서 벗어나지 못한 채 '과도하게 성취하기'나 '부풀리기' 방어기제를 사용한다. 이들은 높은 지위에 오름으로써 다른 사람을 필요로 하는 상황을 만들지 않으려 노력한다. 이들에게 타인은 믿을 수 없는 존재다.

변덕스럽거나 조건적인 사랑만을 주었던 부모, 또는 권력을 휘두르며 방치나 학대까지도 서슴지 않았던 부모 밑에서 성장했다 해도 이제 성인이 된 이상 정서적으로 안정된 삶을 살아갈 수 있다. 물론 불우한 어린 시절을 극복하기까지는 시간이 걸릴 수도 있다. 이 책의 목표는 '정서적으로 안정된 성인'이 되는 방법을 제시하는 것이다. 자신이 불안 유형과 회피 유형 중 한쪽 또는 양쪽 모두에 해당된다고 생각될 경우 '어린 시절의 트라우마 차트'와 '성인기의 트라우마 차트'의 ∨표시 옆에 기호 하나씩을 모두 더하라.

가까운 사람에게 느끼는 불안감

~~~~~

29세 여성 킷은 우울증으로 정신과를 찾았다. 의사는 약물치료 외에도 상담을 병행하면 좋겠다며 나를 소개해주었다. 킷의 가장 큰 문제는 스무 살 때부터 동거한 남자 친구 데니스와 관련 있었다. 데니스는 킷과 결혼할 생각이 없는 것은 아닌 듯했지만 도통 프러포즈할 기미를 보이지 않았다.

킷은 유치원 때부터 끊임없이 쉽게 사랑에 빠지는 스타일이었다. 교사, 캠프 훈련 교관, 의사에 이르기까지 약간만 자신에게 친절한 모습을 보이면 바로 반해버렸다. 그렇게 짝사랑에 빠지고 나면 상대가 자신에게 주목할지, 상대도 자신을 사랑할지에 대한 흥분과 불안 속에 온갖 상상의 나래를 펼치곤 했다.

한데 현재 데니스와 함께하는 생활은 전혀 기쁘거나 행복하지 않았다. 처음에는 데니스도 킷에게 친절했지만 이제는 실망만 잔뜩 안겨줄 뿐이었다. 데니스는 친구들과 어울려 다니거나 운동경기를 보러 가길 즐겼다. 킷은 운동경기에 전혀 관심이 없었기에 데니스와 함께 다니는 것이 고역이었다. 데니스에게 불만이 점점 쌓여갔지만 그렇다고 헤어질 생각까지는 없었다.

처음 상담을 시작했을 때 킷은 자신이 행복한 어린 시절을 보냈으며 어머니와도 쭉 친밀한 관계를 유지하고 있다고 말했다. 하지만 얼마 지나지 않아, 사실 어머니가 자신을 임신했을 때 부모님 사이가 좋지 않았으며 이혼까지 생각했지만 임신 때문에 어쩔 수 없이 헤어지지 못했다고 털어놓았다. 하지만 억지로 결혼을 유지하던 것도 잠시, 자기가 두 살이 되었을 때 부모는 이혼했다고 했다. 킷의 어머니는 생활비를 벌기 위해 낮에는 노점상 일을 했고 저녁에는 간호조무사가 되기 위해 공부했다. 그동안 킷은 할머니 손에 길러졌다. 그런데 킷이 9개월도 채 되지 않았을 때 할머니가 암 진단을 받았다.

그때부터 킷은 어머니가 일하는 낮 시간 동안 이모들 집을 전전해야 했다. 이모들이라고 자기 일과 가족이 없을 리 없었다. 어린 킷이 살아남을 수 있는 방법은 '조용하고 말 잘 듣는' 아이가 되는 것뿐이었다. 그즈음부터 킷은 악몽을 꾸기 시작했다.

킷은 친척들 집에서 벗어나 어머니와 단둘이 오붓하게 지내기를 소망했다. 하지만 어머니는 킷에게 많은 시간을 할애해주지 않았다. 사실 당시 킷의 어머니는 재혼을 꿈꾸며 남자들과 데이트하느라 정신없었다. 그리하여 킷이 다섯 살이 되었을 때 어머니가 재혼했다. 그리고 얼마 지나지 않아 쌍둥이 남동생이 생겼다.

보통의 아이라면 동생이 생긴 것을 무척 기뻐했겠지만 킷은 그렇지 않았다. 정확히 말하자면 킷에게 쌍둥이 동생들은 재앙이었다. 킷은 예전보다 더 자주 악몽에 시달렸다. 그리고 이유 없이 얼빠진 표정으로 우두커니 앉아 있거나 불안해하는 일이 잦아졌다.

하지만 자신이 고통받고 있다는 사실을 표현하거나 인정할 수도 없었다. 킷은 어머니가 쌍둥이 동생들에게 자신이 결코 받아본 적 없는 애정을 쏟아붓는 모습을 지켜보며 괴로움을 삼켜야 했다. 킷에게 주어진 역할은 말 잘 듣는 착한 딸이 되는 것이었다. 킷은 그렇게 과거를 돌아보면서 자신이 마냥 행복하기만 한 어린 시절을 보낸 것은 아니라는 사실을 깨달았다. 킷에게 가장 보살핌의 손길이 필요했던 순간에 어머니를 비롯한 보호자들은 옆에 있어주지 않았다.

생애 초기의 불안정했던 경험은 킷에게 트라우마를 남겼다. 킷은 친밀한 관계를 맺고 있는 대상에게 늘 불안을 느꼈다. 어머니의 사랑에 굶주렸던 킷은 쉽게 누군가에게 빠져들고 사랑에 대한 환상을 키우기 일쑤였다. 하지만 킷이 꿈꾸는 사랑은 비현실적이었기에 관계가 제대로 진전될 리 없었다. 데니스에 대한 실망과 불만도 모두 거기에서 비롯된 것이었다.

그러면서도 동시에 실망의 대상이 사라지는 것, 즉 데니스와의 이별을 두려워했다. 킷은 처음과 달리 데니스와의 관계에서 '순위 매기기'에 치중하고 있었다. 그 순위 매기기에서 낮은 위치를 차지하는 쪽은 당연히 킷 자신이었다. 킷 내면의 '못난 나'는 킷의 인생 전체를 지배했다. 킷은 자신을 좋아해주는 사람이 없을까 봐 겁먹은 나약한 어린아이 시절에 머물러 있었다.

스스로의 가치를 평가절하하는 사람은 타인에게도 똑같은 대접을 받게 마련이다. 데니스가 킷을 홀대한 것은 사실이었지만 그 원인은 킷 자신에게 있었다. 하지만 그렇다고 해서 사랑과 위로를 갈망하는 킷 내면의 어린아이가 잘못된 것은 아니었다. 킷과 나는 오랫동안 고통받아온 킷 내면의 어린아이를 다독이고 치유해나갔다. 이를 통해 킷은 객관적인 시각으로 데니스를 볼 수 있게 되었다. 킷은 예전과 다른 사람이 되었다. 잔소리는 덜 늘어놓았고, 더 자신감 있는 모습을 보였다. 데니스가 결혼할 생각이 없다면 이별을 받아들일 준비가 되어 있다는 말까지 했다.

그런데 킷의 태도가 바뀌자 데니스도 달라졌다. 사실 데니스도 안정적인 관계에 정착하고 싶어 했던 것이다. 그 이후 둘은 결혼해 두 아이의 부모가 되어 다복한 가정을 꾸리고 있다. 킷에게 우울증은 과거의 희미한 추억이 되었다. "이제야 모든 게 제자리를 찾은 것 같아요."

블랙홀 같은 정서적 도식

지금까지 알아본 모든 내용을 어떻게 종합해야 할까? 스스로의 가치를 평가절하하려는 선천적인 성향, 과거의 트라우마, 타고난 민감성, 편견과 차별에 시달린 경험, 불안정한 정서의 영향을 어떻게 한데 묶을 수 있을까? 우리가 경험한 과거의 모든 트라우마는 정서적 도식emotional schema을 만들어낸다.[10] 정서적 도식이란 사고, 감정, 기억, 감각, 사회적 정서, 방어기제, 선천적인 성향 등을 한데 모은 꾸러미라 할 수 있다. 우리가 트라우마와 관련된 기억, 상황, 대화 등을 접할 때마다 정서적 도식이 우리의 반응과 행동을 지배한다.

정서적 도식은 트라우마와 관련된 응급 상황이 닥쳤을 때 재빠르게 대처하도록 도와주는 역할을 한다. 우리는 내면의 '못난 나'를 야기할 수 있는 우울증과 수치심을 피하기 위해 상당한 시간을 허비하며 인생을 살아왔다. 정서적 도식은 반복되는 트라우마 때문에 우리가 겪게 될지도 모르는 신체적·심리적 고통을 피하도록 돕기 위해 만반의 태세를 하고 있다. 그래서 예전에 겪은 트라우마와 유사해 보이는 상황이나 사건을 접하면 곧바로 경계경보를 울린다. 말하자면, 정서적 도식은 거대한 보호막과도 같다.

정서적 도식에 저장된 기억과 감정은 너무 고통스럽기 때문에 평소에는 늘 깊숙이 숨겨져 있다. 그런데 문제는 보이지 않는 그곳에서 고통스러운 기억과 감정이 마치 블랙홀처럼 점점 자라난다는 것이다. 블랙홀은 부지불식간에 우리 자신도 집어삼킨다. 예전의 트라우마와 조금이라도 닮은 경험은 방어 본능을 불러일으키며 블랙홀에 흡수되어버린다. 또 다른 상처와 피해를 막아주는 것은 고마운 일이다. 하지만 방어가 지나쳐 우리 인생에 다른 종류의 피해를 끼칠 수 있다는 점이 문제다. 트라우마는 대개 권력 있는 사람들이 우리에게 주었던 무력감, 굴욕, 학대 등에서 비롯된다. 그래서 정서적 도식은 늘 내면의 '못난 나'와 순위 매기기, 방어기제 등에 신경 쓰도록 만든다. 결국 우리는 그 도식의 일부가 된다.

어떤 트라우마를 경험했는지는 정서적 도식의 특성을 결정한다.

배신은 질투를, 학대는 불신을, 이별이나 분리는 상실에 대한 깊은 두려움을 낳는다. 정서적 도식의 구체적인 내용은 어떤 방어기제를 주로 사용하게 될지, 어떤 반응을 이끌어낼지를 결정한다. 예를 들어 어린 시절 항상 몰려다니던 친구 두 명에게 배신당하고 상처받은 기억이 있는 사람은 여성 두 명과 함께 있을 때마다 또 배신당할지 모른다는 두려움을 느낄지 모른다. 그런 사람은 '최소화하기' '경쟁에서 빠지기' '투사하기' 등의 방어기제를 사용할 것이다. 또 어린 시절 자주 집에 혼자 남겨졌던 사람은 성인이 되어서도 이별과 분리를 감당하지 못할지 모른다. 그런 사람은 '과도하게 성취하기' '부풀리기' 등의 방어기제를 사용할 것이다. 이 밖에도 불안정한 애착, 편견과 차별을 당한 경험, 선천적인 민감성 성향은 각기 다른 정서적 도식을 낳는다.

우리 내면에 단단히 뿌리박은 정서적 도식을 완전히 없애기란 거의 불가능에 가깝다. 정서적 도식이 덜 활성화되기를 바라거나, 만약 활성화되더라도 그 영향력이 오래가지 않도록 노력하는 것만이 최선이다. 사실 정서적 도식은 우리의 성격을 형성하고 있는 벽돌 하나하나라고 해도 과언이 아니다. 정서적 도식 덕분에 현재의 우리 모습이 있는지도 모른다. 하지만 정서적 도식은 '관계 맺기'를 크게 해친다. 트라우마는 사람 사이의 문제에서 비롯되는 경우가 많으며, 정서적 도식 또한 우리의 인간관계, 특히 가까운 주변인들과의 관계에서 유발된다. 과거 경험에서 비롯된 정서적 도식이 현재의 인간관계에 어떤 부정적인 영향을 끼칠 수 있는지 다음에 정리해놓았다.

- 질투 당신이 가깝다고 여기는 상대가 다른 사람에 대해 우호적으로 언급하는 말을 듣거나, 상대가 당신을 빼놓고 다른 사람과 어울릴 것이라는 사실을 알게 되었을 때 질투가 유발된다.
- 분리에 대한 두려움 사랑하는 사람이 작별 인사를 하거나, 짐 싸는 모습을 보는 것만으로도 분리 공포가 일기도 한다.
- 신체적, 성적, 언어적 학대에 대한 두려움 상대가 목소리를 조금 높이거나, 성적 제안을 하거나, 갑자기 당신 쪽으로 몸을 트는 것만으로도 학대에 대한 두려움을 느낀다.
- 지배당하거나 착취당하고 있다는 느낌 누군가 당신에게 지시 사항을 전달하거나, 당신 소유물을 빌려 갔다가 깜빡 잊고 돌려주지 않거나, 당신이 낸 아이디어를 자기 것인 양 말할 때 당신은 상대에게 지배당하거나 착취당하고 있다는 느낌을 받을 수 있다.
- 상대가 당신 꿈을 실현하지 못하도록 가로막을 것이라는 두려움 이러한 두려움은 주로 친밀한 관계에서 발생한다. 예를 들어 특정한 목표를 위해 저축을 해야 한다는 당신의 생각과 당장 돈을 쓰고 싶어 하는 상대의 생각이 충돌할 때 이러한 두려움이 발생할 수 있다.
- 절대적으로 상대에게 복종하고 상대를 기쁘게 해주어야 한다는 강박 상대가 단순히 당신에게 짜증 낸다거나, 당신 욕구와 상

반되는 욕구를 내세우는 상황만으로도 이러한 강박관념이 유발될 수 있다.

정서적 도식이 우리에게 어디까지 해를 끼칠 수 있을까? 고백건대, 나도 과거에 학대받았던 경험 때문에 사랑하는 남편에게 "악마의 화신"이라는 무시무시한 말을 순간적으로 내뱉은 적이 있다. 그 일로 남편과의 관계가 끝나지 않은 것이 천만다행이었다. 내 경우처럼 정서적 도식은 현재 벌어지는 사건과 과거의 경험을 서로 뒤엉키게 만들곤 한다.

잘못된 각본 밖으로

~~~~

우리는 대개 정서적 도식에 따라 말하고 행동하면서도 그 사실을 인식하거나 깨닫지 못한다. 정서적 도식은 트라우마에서 비롯되었기 때문에, 어떤 자극으로 인해 우리 안에서 깨어나기 전까지는 의식 위로 떠오르지 않는다. 보통 때는 마음속 깊은 곳에 잠자고 있다가 예상치 못했던 순간에 작동해 우리를 놀라게 만든다. "내가 질투하고 있다고? 아니야." 하지만 시간이 흐른 후 우리가 얼마나 '어이없는' 말과 행동을 했으며, 스스로의 가치를 깎아내렸는지 깨닫고 얼굴이 화끈거리는 기분을 느낀다.

다음 사례를 보자. 스캇은 어릴 때 왕따를 당했다. 그때 느낀 무력감, 좌절, 굴욕은 스캇에게 씻을 수 없는 트라우마를 남겼다. 사회적으로 거부당하거나 배제당할지 모른다는 두려움은 스캇의 내면에 정서적 도식이라는 불안의 씨앗을 남겼다.

학교에서 스캇은 늘 주눅 든 채 자신감 없이 행동하는 학생이었다. 그런 그가 친구들에게 인기 있을 리 없었다. 게다가 스캇의 가족은 이사를 자주 다녔다. 보통 아이들이라면 새로운 환경에 적응하는 데 별다른 무리가 없었겠지만, 스캇은 그렇지 못했다. 낯선 환경은 사회적 거부에 대한 스캇의 정서적 도식을 더욱 강화시키는 요인이 되었다.

이제 성인이 된 스캇은 훌륭한 직장에 다니고 있으며, 가족과 친구라는 든든한 울타리도 생겼다. 스캇은 지금 행복하다. 그런데 딱 하나, 낯선 사람들로 가득한 모임에 가야 할 일이 있을 때마다 온몸이 뻣뻣하게 굳고 머릿속에 아무 말도 떠오르지 않는다. 어느 모임에서건 유쾌하게 즐기는 사람들 사이에 홀로 동상처럼 서 있다 오곤 한다. 그런 모임에 가지 않으면 될 것 아니냐고 생각하는 사람이 있을지 모른다. 하지만 스캇은 사회적으로 성공한 데다 더할 나위 없이 행복한 자신이 그런 자리를 마다할 이유가 없다고 생각한다. 하지만 납득할 만한 이유도 없는데 낯선 이들 사이에서 몸이 굳어버릴 때마다 스캇 자신도 놀란다. 모임에서 돌아오고 나면 어째서 그렇게 바보같이 굴었는지 창피하고 괴로울 뿐이다.

스캇의 예에서 볼 수 있듯, 정서적 도식은 사람에 따라 다양한 양상의 실질적인 문제를 야기할 수 있다. 그런데 다양한 양상 가운

데 찾아볼 수 있는 공통점이 하나 있다. 어떤 형태로 유발되거나 표출되건 정서적 도식은 '관계 맺기'를 파괴할 수 있다. 우리는 옆에 있는 사람과 함께 있기를 거부하고 트라우마가 반복되는 세상으로 자진해서 걸어 들어간다.

왕따 당한 기억에서 시작된 상처는 다른 곳에서도 좌절과 거부를 두려워하는 트라우마로 확산된다. 그래서 방에 들어서는 순간 왕따 당하던 꼬마로 돌아가 소심하고 자신감 없는 모습이 된다.

고통스러운 드라마 속에서 당신은 오히려 안도와 평안을 느낀다. "나랑 친해지고 싶어 하는 사람은 하나도 없어." 당신이 쓰는 '순위 매기기' 각본 속에서 사람들은 모두 당신을 좋아하지 않는다. 그것이 사실이 아닐지라도 말이다. 각본 속 당신의 역할은 그 누가 친절하고 상냥하게 접근하더라도 조용히 입 다물고 있는 것이다. 다른 사람들은 모조리 당신을 거부해야 하는 역할을 맡았다. 그들이 당신에 대해 실제로 어떻게 느끼고 생각하는지는 중요치 않다.

정서적 도식은 '관계 맺기'를 방해할 뿐 아니라 가까운 이들이 서로 반목하게 만들 수 있다. 예를 들어, 배신당했던 경험 때문에 '질투 도식'이 유발된 사람은 상대의 일거수일투족을 통제하려 들 수 있다. 정서적 도식은 놀라울 정도로 우리를 철두철미하게 지배한다. 하지만 정서적 도식이 우리 내면에 자리 잡은 목적이 무엇이었는지 이해하고 나면 트라우마를 더욱 키우는 일을 미연에 방지할 수 있다.

지금까지 우리가 얼마나 스스로의 가치를 평가절하해 왔는지, 과거에 어떤 트라우마를 경험했는지, 그 결과 어떤 정서적 도식을 만들어왔는지 알아보았다. 트라우마와 정서적 도식은 좌절감이나 무력감과 연관되며, 우울증 및 수치심을 수반한다. 그 밖에 편견과 차별, 민감한 성향, 어린 시절의 불안정한 애착도 트라우마에 막대한 영향을 미친다.

» **트라우마가 '못난 나'에 끼치는 영향 인식하기**

이제, 이제껏 자신에 대해 배운 내용들을 돌아보도록 하자. 이번 연습은 시간이 조금 많이 들 수도 있다. 다음 글을 읽고 충분한 시간을 들여 천천히 생각한 후 떠오르는 내용들을 노트에 적어보라.

1. '우리는 자신의 가치를 얼마나 평가절하하고 있나?' 14페이지에 있는 연습 문제로 돌아가 자신이 몇 점을 받았는지 확인해보라. 그동안 내면의 '못난 나' 때문에 얼마나 고통받고, 얼마나 많은 기회를 놓쳤는지 생각해보라. 아주 어린 시절부터 하나하나 차근차근 생각해보라. 예를 들면 사회적 자신감 부족이 신체 발달을 저해하지는 않았는가? 서투르고 어색해 보일지 모른다는 두려움에 운동하기를 꺼리지는 않았는가? 교사가 질문을 던지면 두려움 때문에 몸이 굳어 생각한 대로

답하지 못하거나, 시험 때마다 긴장해서 형편없는 점수를 받지는 않았는가? 타인에 대한 적개심이나 부끄럼 타는 성격 때문에 사회성 발달이 저해되지는 않았는가? 가능한 한 구체적으로 생각해보라.

이제 고등학교 때로 가보자. 남자 친구나 여자 친구와의 관계, 진로 결정, 친구들과의 우정 중 부정적인 영향을 받은 부분이 있는가? 내면의 '못난 나' 때문에 하고 싶은데도 하지 못했던 일이 있는가?

2. '어린 시절의 트라우마 차트'와 '성인기의 트라우마 차트'를 다시 꺼내보라. 차트에 표시된 ∨표시와 내면의 '못난 나' 사이에는 어떤 관계가 있다고 생각되는가? 보통 차트에 ∨표시가 많을수록 '못난 나'의 지배를 더 받고 있다고 보면 된다.

» 정서적 도식 길들이기

정서적 도식은 성격을 형성하고 있는 기본 토대이기 때문에 완전히 없앨 수는 없지만 작동 빈도를 줄일 수는 있다. 또 도식이 작동할 때마다 그 사실을 신속히 인지하는 것도 도움 된다. 그러기 위해서는 먼저 어떤 정서적 도식이 자신을 지배하고 있는지 파악해야 한다. 다음 방법에 따라 자신의 내면에 어떤 도식이 자리 잡고 있는지 알아보자.

1. 자신에게 어떤 트라우마가 있는지 돌아보고, 그 트라우마가 어떤 도식들을 낳았는지 생각해본다. 예를 들어 늘 업무 평가를 좋게 받다가

아무런 사전 통지도 없이 해고당한 경험이 있다면, 다른 직장에 들어간 후에도 회사란 직원들 생각은 조금도 하지 않는 냉혹하고 가차 없는 곳이라는 생각에 사로잡혀 있기 쉽다. 정서적 도식은 그럴 만한 이유가 전혀 없음에도 의심하고 경계하게 만들 수 있다. 심한 경우, 피고용자로서 늘 불안한 환경에 놓이느니 자기 사업을 시작하는 게 낫다는 생각이 들도록 유도할 수도 있다.

2. 각 트라우마와 관련된 상황들을 구체적으로 떠올려 보라. 특정한 상황에 놓일 때마다 특정한 도식이 유발되지는 않는가? 앞의 예에서 사업을 시작함으로써 원래의 트라우마는 벗어났지만 거래처에서 예고 없이 거래를 중단할까 봐 두려워하게 되었다고 해보자. 정서적 도식이 사라지기는커녕 유사한 상황으로 확대되었다.

3. 정서적 도식의 작용으로 평소의 자기 모습과 전혀 다른 행동을 했던 적이 있는지 생각해보라. 평소와 달리 말수가 적어지거나 혹은 반대로 지나치게 소리 높여 따지고 흥분한 적이 있는가? 어떤 상황에서 자신도 모르게 '절대' '항상' 같은 단정적 어휘를 사용하거나 흑백논리에 빠지는가? 어떤 상황에 처했을 때 분노, 두려움, 슬픔 등에 휘둘려 지나치게 감정적이 되는가? 이상할 정도로 타인에게 부당한 언사를 하거나, 누군가를 의심하거나, 두려워하거나, 그리워하거나, 애정을 표현한 적이 있는가?

4. 가까운 사람들에게 정서적 도식을 파악할 수 있도록 도와달라고 청해보라. 주변 사람들은 모두 알고 있는데 정작 자신은 잘 보지 못하는

것이 있을지 모른다. 가까운 이들에게 정서적 도식에 대해 설명해준후 당신이 어떤 상황에서, 어떤 도식을 활성화하는 것 같은지 물어보라. 이때 가능한 부드럽고 순화된 방식으로 표현해달라고 부탁하라. 비판은 정서적 도식을 자극하고 유발할 수 있기 때문이다. 양쪽 모두문제에 대한 해답을 구하는 과학자처럼 객관적인 태도를 유지하라.

어떤 상황에서, 어떤 식으로 정서적 도식이 유발되는지 감지할수 있게 되면, 무의식의 영향력에 의식적으로 맞설 수 있다. 내면에서 어떤 일이 벌어지고 있는지 아는 것은 우리에게 힘을 준다. 정서적 도식이 우리 내면에 살고 있는 자율적인 존재라고 생각하는 것도 도움이 된다. 우리 안의 정서적 도식에 '침묵의 동상', '질투의 화신' 같은 이름을 붙이는 것도 괜찮다. 우리는 정서적 도식이 통제 불능으로 활성화되기 전에 만나서 진정시켜야 한다. 분명나중에 후회하게 될 말이나 행동을 하라고 종용하는 정서적 도식을 설득하고, 포섭하고, 애원하고, 달래야 한다.

예컨대, 애인이 바람을 피우고 있다는 근거 없는 의심 때문에 괴로운 상황이라고 해보자. '질투의 화신'은 애인의 이메일을 몰래훔쳐보라고 우리를 부추길지 모른다. 하지만 우리는 이메일을 훔쳐보는 것은 옳은 일이 아니며, 들키기라도 하면 정말 애인과 헤어지게 될지 모른다고 '질투의 화신'을 설득해야 한다. 다음에 애인을 만나면 상황을 물어보고 그 반응을 신중하게 관찰하겠다고 진정시키는 것도 좋은 방법이다.

» '못난 나'의 내력

1~2쪽 분량으로 '못난 나'의 내력을 요약해 적어보라. 지금까지 스스로의 가치를 얼마나 평가절하하면서 살아왔는지, 어떤 종류의 트라우마를 겪었는지, 어떤 편견이나 차별을 경험했는지, 타고난 민감성의 영향은 얼마나 큰지, 어린 시절 부모와의 애착 형성은 어떠했는지 모두 적는다. 그 결과 어떤 종류의 정서적 도식이 생겨났는가? 여기서 적은 내용들은 차차 더욱 심도 있게 다룰 것이다.

4장

/

늘 상처받는 사람들을 위한 관계 스위치

이제 우리는 내면의 '못난 나'가 생기게 된 까닭을 알고 있다. 스스로의 가치를 평가절하할 때 좌절감, 우울증, 수치심 등의 부정적인 감정이 유발된다는 사실도 안다. 또한 고통을 회피하기 위해 사용해온 여섯 가지 방어기제에 대해서도 이제는 잘 이해한다. '못난 나'를 더욱 강화시키는 트라우마와 정서적 도식에 대해서도 알아보았다. 요컨대 우리는 내면의 '못난 나'를 직시할 수 있다. 내면의 '못난 나'를 치유하기에 앞서 필요한 모든 것을 익힌 셈이다.

지금까지 사람들은 낮은 자존감을 끌어올리면 문제를 해결할 수 있다고 보통 생각해왔다. 그러나 '낮은' 자존감이라는 표현에는 비교의 개념이 함축되어 있다. 스스로의 가치를 평가할 때조차도 '순위 매기기'를 통해 자신과 타인을 비교하는 것이다. 내면의 '못난 나' 때문에 고통받는 주된 이유는 우리가 '순위 매기기'에 지나치게 의존하며 살아가고 있기 때문이다. 따라서 '순위 매기기'에 초점 맞추는 것은 올바른 해결책이 아니다.

답은 '관계 맺기'에서 찾아야 한다. 순위 매기기의 해독제인 '관계 맺기'는 우리가 태어날 때부터 머릿속에 장착되어 있었다. 이제 우리가 할 일은 '순위 매기기'에서 '관계 맺기'로 스위치를 순간적으로 전환하는 법을 배우는 것이다. 물론 배우는 과정이 쉽지는 않을 것이다. 하지만 시작이 반이다.

물론 순위 매기기는 우리가 살아가는 데 필수적인 기술이다. 하지만 우리 내면의 '못난 나'를 치유해주지는 못한다. 치유의 법칙은 다음과 같다. "순위 매기기를 관계 맺기로 대체한다."

관계 스위치의 전환

순위 매기기에서 관계 맺기로 스위치를 전환하면 '못난 나'를 전혀 다른 시각으로 보게 된다. 내면의 '못난 나'는 우리가 자신의 가치를 타인과 비교해 낮게 평가하기 때문에 생겨났다. 그런데 '관계 맺기'에 초점을 맞추는 순간 우리는 상호 동등하게 서로를 신경 쓰고 보살피게 된다.

때로는 '순위 매기기'를 그만둘 수 없거나, 그만두기 싫은 상황도 있을지 모른다. 하지만 '순위 매기기' 상황에서도 '관계 맺기'를 얼마든지 강화할 수 있다. 예를 들어 테니스 시합을 하면서 상대선수와 친구가 될 수도 있고, 오디션을 기다리며 경쟁자와 즐거운 대화를 나눌 수도 있다. 그런 경우 약간의 '관계 맺기'를 양념처럼 추가하는 것만으로도 내면의 '못난 나'에 커다란 영향을 줄 수 있다.

'관계 맺기'로 스위치를 전환하는 순간 실패할지 모른다는 두려움은 저 뒤편으로 물러선다. 평가받는다는 꺼림칙한 느낌에서 벗어나 상대와 연결되어 있다는 기분 좋은 감정을 느끼기 때문이다. 순간적으로 승리나 패배에 대한 생각을 저 멀리 떨쳐버림으로써 자신도 모르게 빠져들던 좌절 반응이나 수치심을 막을 수 있다. 한 실험에 따르면 순위 매기기에서 관계 맺기로 스위치를 전환하면 다음과 같은 효과를 볼 수 있다고 한다.

- 자존감이 향상된다.[1]
- 열린 마음과 태도로 상황과 사람을 받아들일 수 있게 된다.[2]
- 편견과 차별을 줄여준다. 열등감이나 우월감을 느끼도록 설계된 상황에 놓인 피험자 집단은 평균보다 높은 편견을 보였다.(즉 순위 매기기에 초점을 맞추도록 한 경우 편견 수치가 올라갔다.) 반면 관계 맺기에 집중하도록 유도된 피험자들은 평균보다 낮은 편견을 보였다.[3]
- 관계 맺기에 초점을 맞추도록 유도된 피험자들은 스트레스를 받는 상황에서 스스로를 탓하는 대신 다른 사람들에게 도움을 청하는 경향이 높았다.[4]

- 관계 맺기에 초점을 맞추도록 유도된 사람들은 낯선 이들을 도와주는 경향이 높았다.[5]

내향적인 사람, 외향적인 사람

일반적으로 외향적인 사람들이 관계 맺기에 더 치중하며, 더 뛰어나다는 생각이 널리 퍼져 있다. 하지만 오히려 내향적인 사람들에게 관계 맺기가 더 중요한 역할을 한다. 내향적인 사람들은 타인과 관계 맺을 때 양보다 질에 집중하는 경향이 있기 때문이다.[6] 이들은 낯선 이들을 만나거나, 대규모 모임에 참석해 시간을 보내거나, 많은 친구들과 얕은 관계를 유지하기보다는 잘 아는 소수의 사람들과 일대일로 만나 속 깊은 대화를 나누는 것을 더 좋아한다.

그런데 문제는 낯선 사람과 함께하거나 집단에 참여해야만 하는 상황에 처했을 때다. 그런 상황에서 내향적인 사람들은 스스로가 무능력하거나 쓸모없는 존재라고 느낄 수 있다. 외향적인 사람들은 적극적으로 관계 맺기에 돌입하는 반면, 내향적인 사람들은 입을 다문 채 방관하는 경우가 많다. 스스로 수동적인 태도를 선택했다 하더라도 주류에 가담하지 못하는 상황은 타인에게 거부당했다는 느낌과 지위가 낮다는 생각을 유발할 수 있다. 또한 그런 일이 자주 벌어질 경우 내향적인 사람들의 대인 관계 기술은 점점 녹슬고, 그 결과 대규모 모임에 참여하거나 낯선 이들과 처음 만날 때마다 좌절감을 느낄지 모른다. 점점 '못난 나'의 지배하에 있게 되는 것이다. 따라서 내향적인 사람들은 관계 맺기 기술을 배워야 할 필요가 있다. 설사 그런 상황을 즐기지 않더라도 의식적으로 노력한다면 충분히 배울 수 있다.

　외향적인 성격이라고 해서 문제가 없는 것은 아니다. 외향적인 사람들은 조용하고 현명해 보이는 내향적인 이들을 내심 부러워하기도 한다. 멀찍이 떨어져 서 있는 내향적인 사람들은 왠지 자신감 넘쳐 보이는 반면, 안에서 피상적인 관계 맺기에 열중하는 자신은 열등하다고 생각하는 것이다. 이는 곧 내향적인 사람들과 비교해 자기 자신의 지위나 위치를 낮게 평가하고 있음을 의미한다. 외향적인 사람들은 자신이 쓸데없는 말을 많이 하거나, 과도하게 친한 척하거나, 피상적인 이야기만 한 것은 아닌지 걱정하곤 한다. 이런 생각이 든다는 것은 '관계 맺기'를 하는 듯 보이지만 사실 '순위 매기기'에 치중하고 있음을 나타낸다.

우아하고 솜씨 좋게 관계 맺는 법

〜〜〜

'관계 맺기'는 인간의 타고난 성향이기는 하지만 스스로의 '관계 맺기' 능력에 대한 확신이 없을 때는 주요 내용을 의식적으로 기억해두면 도움이 된다. 낯선 이와 대화하든, 조금 알고는 있으나 아직 완전히 친하지는 않은 사람에게 접근하든 '관계 맺기' 과정은 시작과 강화의 두 단계로 나눌 수 있다. 각 단계별로 몇 가지 핵심적인 내용만 기억해두면 된다.

가장 보편적인 관계 맺기 방법은 상대에게 음식, 음료, 선물을 주는 것이다. 이 방법은 관계를 시작하거나 유지하는 데 도움이 된다. 적절한 신체적 접촉 또한 관계 맺기에 유용하다. 다음과 같은 인사말을 건네며 따뜻한 악수를 권해보는 것은 어떨까. "만나서 반갑습니다." "이렇게 또 만나 뵐 수 있어서 기쁘네요." 또는 힘들어하는 친구를 위해 어깨나 팔을 툭툭 치며 격려하고 공감해주는 것은 어떨까.

오늘날 우리가 가장 흔하게 쓰는 '관계 맺기' 방법은 바로 '언어'를 이용하는 것이다. 이를테면 칭찬은 매우 효과적인 도구다. 칭찬만큼 좋은 방법은 상대방의 사적인 정보나 속 이야기를 이끌어내는 것이다. 예를 들어 동료가 사춘기 아들에 대한 걱정을 지나가듯 말했다고 해보자. 다음번에 그 동료를 만났을 때 "아들은 어때요? 아직도 그 일 때문에 걱정이에요?"라고 물어보는 것이다.

단, 이때 질문의 내용에 신경 써야 한다. 그리고 상대가 사적인 내용이 담긴 대답을 할 경우 당신도 사적인 내용을 담아 답해야 한다. 당신에게도 사춘기 아이가 있고 상대가 동일한 질문을 던졌다면 다음과 같이 대답하는 것이 좋다. "좀 나아졌어요. 아들 생일이 얼마 안 남았는데 중간은 다 생략하고 열여섯 살에서 바로 서른이 되어 있으면 좋겠다니까요." 이런 식으로 속마음을 점차 드러내고 서로의 '관계 맺기' 행위를 촉진시켜가면서 친구가 되어가는 것이다.

적절한 처신 또한 '관계 맺기'의 한 부분이다. 대화를 나눌 때는 상대의 욕구에 신경 써야 한다. 상대방이 서두르거나 그럴 만한 기분이 아닌 듯 보일 때는 속 이야기를 꺼내서는 안 된다. 상대가 거절하거나 꺼리는데도 선물을 주거나, 호의를 베풀거나, 껴안거나, 도와주겠다고 고집 피워서는 안 된다. 적절한 처신은 그 자체로 상대를 존중하고 있다는 신호를 보내준다.

역설적으로 들릴지 모르지만, 취미나 관심사가 상대와 동일하거나, 모든 일에 대해 의견을 같이한다고 해서 '관계 맺기'가 촉진되거나 발전되는 것은 아니다. 우리는 자신과 아주 잘 맞는다고 생각했던 사람과 의견이 다를 때 충격을 받기도 한다. "네가 이걸 좋아하지 않다니 믿을 수 없어. 난 이게 정말 좋단 말이야!" 이런 태도는 관계 맺기에 도움이 되지 않는다. 그렇다고 "네가 뭘 좋아하든 난 상관없어"라는 식의 태도도 좋지 않다. 관계 맺기는 두 사람이 서로 분리된 인격체라는 사실을 인정할 때 발전할 수 있다.

미소 짓고, 눈을 마주치고, 공감하라

자신의 가치를 평가절하해 왔다면, '관계 맺기'의 첫걸음을 떼는 것이 어렵게 느껴질 수 있다. 거절을 두려워하는 마음 때문이다. 하지만 주위를 둘러보면 자신과 관계 맺고 싶어 하는 사람들이 많다는 사실을 발견하게 될 것이다.

　다음 네 가지를 기억해두었다가 '순위 매기기' 성향이 자신을 지배하려 할 때마다 떠올려 보라. '미소 짓고, 눈을 마주치고, 공감하고, 상냥한 태도를 취한다.' 미소는 상대와 우호적인 관계를 맺고자 할 때 사용되는 보편적인 신호다. 시선을 맞추는 것은 동등한 관계임을 나타내는 신호다. 전화상으로 대화를 나누는 상황이라면 활기찬 목소리로 이야기를 시작하고, 상대의 어조와 음색에 따라 자신의 목소리를 조정하는 것으로 미소와 시선 맞추기를 대신할 수 있다. 이 두 단계는 간단해 보이지만 '순위 매기기' 성향의 지배를 받고 있거나 자신이 무가치하다는 생각에 사로잡혀 있다면 쉽게 떠오르지 않는다.

　대화를 하는 동안에는 상대의 감정에 공감을 표하라. 예를 들어 상대방이 "더워 죽겠어"라고 말하면 시원하게 만들어줄 만한 해결책을 찾기에 앞서 "땡볕에서 오래 기다리느라 더웠지?"라고 동조하는 말을 해주는 것이 좋다.

　"나도 더워" "그럼 겉옷을 벗지 그래?" 같은 말은 금물이다. 이런 말은 공감 표현과는 거리가 멀다. "나도 더워" 같은 말은 관심을 우리 자신에게 돌리는 결과를 초래하며, "겉옷을 벗지 그래?" 같은 말은 문제를 상대방만의 것으로 한정시킨다. 그런 반응을 보일 바에는 "어떻게 해줄까?"라고 묻는 편이 훨씬 낫다.

　관계 맺기를 시작하는 데 도움 되는 마지막 방법은 상냥한 태도를 보이는 것이다. 상대방의 욕구가 무엇인지 파악하고 그것을 충족시켜주기 위해 노력하는 것은 '관계 맺기'의 중요한 부분을 차지한다. 따라서 상대방이 무엇을 원하는지 질문하고 거기에 맞춰주어야 한다. 상대가 무엇을 원하는지 모두 알고 있다고 가정한 채 상대를 통제하거나 부적절한 행동을 하는 우를 범해서는 안 된다. 그런 행동은 '순위 매기기'를 초래할 수 있다. 대신 "물 한 잔 마실래?"라고 물어보라. 상냥한 태도를 취하는 것 또한 간단해 보이지만 실제로 상냥함을 발휘할 기회를 포착하기란 쉬운 일이 아니다.

　단순히 인사를 나누는 데서 그치지 않고 진실한 관계를 시작하고 싶다면, 대화를 이어가야 한다. '순위 매기기'와 관련된 주제만 아니라면 어떤 내용이든 괜찮지만, 관계를 더 단단하게 이어줄 주제들이 몇 가지 있다. 사람들은 보통 자신의 자녀, 배우자, 직업, 어린 시절 등에 대해 이야기하기 좋아한다. 상대가 자신에 대해 이야기할 때는 진심으로 관심을 표현하며 들어주는 것이 중요하다. 꼬리에 꼬리를 문 질문을 던지는 것 또한 관심을 표현하는 좋은 방법이다. 상대의 답에 무관심하거나 대수롭지 않다는 듯한 반응을 보인다면, 상대방은 우리가 순위 매기기를 위해 관심을 보이는 척하고 있다는 사실을 알아차릴 것이다.

사려 깊게 주는 법

~~~~

관계 맺기는 주고받는 행위를 통해 더욱 강화된다. 한쪽이 말하면 다른 한쪽은 들어준다. 한쪽이 음식을 권하면 다른 한쪽은 먹는다. 한쪽이 칭찬을 하면 다른 한쪽은 기분 좋게 받아들인다. 그 순간에는 받는 쪽이 더 중요한 위치인 것처럼 보일 수도 있지만 두 사람의 역할은 '순위 매기기'와 다르다. 어느 쪽이 주고 어느 쪽이 받느냐는 지위나 순위가 아닌 당장 누구에게 도움이 필요한지에 따라 결정된다. 그리고 길게 보았을 때 두 사람은 번갈아 주거니 받거니 한다. '관계 맺기'의 핵심은 상대방을 기쁘게 해주거나 상대의 욕구를 충족시켜주는 것을 베푸는 것이다. 물론 우리는 때로 '순위 매기기'와 관련된 이유로 상대에게 무엇인가를 내주기도 한다. 이를테면 높은 자리에 있는 사람 눈에 들기 위해 붙임성 있게 행동할 때이다. 하지만 '관계 맺기'를 위해 베푸는 행위는 그와 다르다.

예를 들어 당신이 동료와 토요일에 함께 나와 일하게 되었다고 해보자. 당신은 미소 지으며 시선을 맞추려 시도한다. 동료는 기분이 언짢아 보인다. 이유를 물어보니 아들이 축구 경기를 하는데 가보지 못해 속상하다는 대답이 돌아온다. 아들 경기를 못 봐서 섭섭하겠다며 공감을 표하고 동료가 평소 마시던 대로 커피 한 잔을 타서 권한다.

이런 방식으로 관계 맺기를 시작하는 데 성공했다면, 이제 다음 방법을 통해 관계를 더욱 깊이 있게 만들어야 한다. 감정적으로 동조하고, 통찰력을 발휘하고, 그것을 말로 표현하고, 감정이입을 통해 공감을 표한다. 이 경우 첫 번째 단계는, 동료의 입장이라면 어떤 기분이 들지 곰곰이 생각해보는 것이다. '아이가 경기하는 모습을 보지 못하다니 아이 생각이 머릿속에서 떠나지 않겠지. 나도 출장 다니느라 아이들을 보지 못하면 정말 보고 싶은데. 어떤 기분일지 알 것 같아' 다음 단계는 통찰력을 발휘하는 것이다. '축구 선수인 아들에 대해 이야기하고 싶을 것이 분명해.'

앞의 두 단계는 모두 머릿속에서 벌어진다. 이 두 단계를 잘하는 사람들은 '사려 깊다'는 말을 듣는다. 이제 다음은 상대에게 벌어지는 일에 대한 느낌을 말로 표현해야 한다. "아이 경기를 못 보다니 속상하겠어요. 아들이 축구한 지는 얼마나 됐어요? 소속 팀 성적은 어때요?" 상대가 어떤 말을 하고 싶어 하는지 파악해 말하는 다음 단계는 매우 중요한 역할을 한다. 그런데 감정적으로 동조하고, 통찰력을 발휘하고, 진심으로 공감한다 해도 이를 말과 행동으로 표현하지 않으면 관계를 진전시킬 기회를 놓치게 된다. 내향적인 사람들의 경우 이 단계에서 특히 어려움을 느낀다.

관계 맺기를 강화해주는 '내주기'

- 감정적으로 동조한다. 우선 상대방에게 어떤 일이 벌어지고 있는지 생각한 후 그 기분이 어떨지 헤아린다.
- 통찰력을 발휘한다. 상대방이 무엇을 원하거나 필요로 할지 생각해본다.
- 말로 표현한다. 상대방에게 감정적으로 동조하고 있다는 점을 말로 분명히 표현한다. 상대를 위해 호의를 베풀어도 될지 물어본다.
- 감정이입한다. 이 모든 단계를 행하는 동안 상대의 입장이 되어 자신의 행동이 상대에게 어떻게 느껴질지 가늠한다.

마지막 단계는 상대방에게 감정이입해 공감을 표하는 것이다. 상대방의 입장이 되어 똑같은 일을 겪었다면 어떤 기분이 들지 생각해보되, 관심을 당신 자신에게 돌리지 않도록 유의해야 한다. 간단히 말해 감정이입이란 상대방의 느낌을 이해하는 것을 의미한다. 감정이입은 타인을 돕고자 하는 성향처럼 우리가 타고난 능력이기 때문에 어렵지 않다. 관계 맺기를 할 때 감정이입은 아무리 지나쳐도 과하지 않다. 앞서 나온 사례에서라면 동료에게 다음과 같이 말하는 것이다. "그렇군요. 주말에 나와 일하느라 아이 경기를 못 보다니 정말 최악이네요. 경기 시작 시간이 되면 더 괴로울 것 같아요."

잘 받는 법

관계 맺기는 보통 적극적인 행동이라 생각하기 쉽다. 그래서 '관계 맺기'라고 하면 대개 상대방을 좋아하고, 상대에 대한 정보를 수집하고, 상대를 돕는 것을 떠올린다. 하지만 관계 맺기에 더욱 능숙해지려면 상대방의 호감과 이해, 도움을 받아들일 수도 있어야 한다. 상대방이 우리의 욕구와 필요를 충족시켜주는 것을 기쁘게 받아들일 줄 알아야 하는 것이다.

주는 대로 받는 것이 뭐 어렵겠느냐고 생각하는 사람이 많을 것이다. 하지만 내면의 '못난 나'에 사로잡혀 스스로의 가치를 깎아

내리며 살아온 사람들은 타인의 상냥하고 따뜻한 관심을 오히려 불편하게 여기는 경향이 있다. 자신이 그런 배려를 받을 가치가 없다고 생각하는 것이다. 또한 '순위 매기기'를 강조하는 문화에 길들여진 사람은 도움과 호의를 받아들이는 행위를 '어린아이처럼 의존적으로 구는 태도'라고 여겨 부정적으로 생각하기도 한다. 실제로 영미 문화권에서는 주는 행위를 긍정적으로 표현한 단어가 받는 행위를 표현한 단어에 비해 훨씬 더 많다. 친절한being kind, 이타적인altrutistic, 헌신적인devoted, 관대한generous, 관심 있는concerned, 애정 어린loving 등. 그러나 받는 행위를 긍정적으로 표현한 단어는 찾아보기 힘들다. 일본에는 '어리광'이나 '응석'을 긍정적인 의미로 사용하는 '아마에あまえ'라는 단어가 있다.7

자기 자신의 가치에 의문을 품는 사람에게는 '아마에'가 주는 것에 비해 훨씬 더 어렵게 느껴질 수 있다. 그래서 역설적으로 들릴지 모르지만 우리는 수동적으로 받아들이는 법을 능동적으로 배워야만 한다. 물론 누군가에게 무엇을 받을 때에는 신중하고 조심스러워야 할 것이다. 하지만 약간의 어리광이나 응석은 우리 내면의 '못난 나'라는 문제에 신통한 효험을 발휘할 수도 있다.

우리는 누군가 따뜻하고 친절한 태도로 대접할 때 그것을 있는 그대로 받아들이기만 하면 된다. 하지만 그렇게 하기 어색하고 불편하다면 속으로 다음 세 가지 질문에 답해보는 것도 도움 될 수 있다. 각 질문에 대한 답을 찾다 보면 도움을 받거나 도움을 청해도 될지 명확하게 알 수 있을 것이다.

- 상대의 제안이 정확히 나를 위한 것인가? '내 욕구를 충족시키기에 적절한 장소, 시간, 사람인가?' 예를 들어 당신이 이사를 하느라 도와줄 사람이 필요하다고 가정해보자. 누군가가 머릿속에 떠오른다. 그는 짐을 옮기는 데 큰 도움이 될 것이다. 하지만 그와 함께 있으면 왠지 마음이 불편하다. 그렇다면 마음도 편하고 짐을 옮기는 데 도움도 될 다른 사람에게 도움을 청하는 것이 좋다.
- 상대에게 도움을 청해도 될까? 이를테면 친구가 오늘 다른 일 때문에 바쁘지는 않은가?
- 내가 도움을 청해도 될 차례인가? 물론 얼마나 주고받았는지 계산하는 것은 금물이지만, 한쪽이 계속 주기만 하고 한쪽은 계속 받기만 하는 일방적인 관계는 오래가지 못하는 법이다. 주고받는 것에도 리듬이 있다. 자신이 도움을 청해도 될 차례라면 더욱 편안하게 상대의 호의를 받아들일 수 있다.

친구와 저녁 약속을 했다고 상상해보자. 약속 장소에 도착해보니 친구가 먼저 와 있다. 자리로 가는데 친구가 콧노래 부르는 소리가 들린다. 친구가 얼마나 밝고, 명랑하며, 긍정적인 성격인지 새삼 떠오른다. 그 순간을 놓치지 않고 당신 내면의 '못난 나'가 이런 말을 한다. "너와는 완전 딴판이지." 안 그래도 피곤하고 짜증 나는데다 우울하던 터였다. 이대로는 친구 기분까지 축 처지게 만들 것 같다는 생각이 든다.

친구가 묻는다. "안녕! 오늘 기분이 어때?" 이때 "괜찮아"라고 대답하기보다는 솔직하게 안 좋은 기분을 표현하는 것이 어떨까. "피곤해." 그러면 친구는 걱정과 공감을 표현할 것이다. 당신은 우울한 기분을 조금 더 털어놓는다. "며칠째 기분이 별로야." 이때 갑자기 기분이 축 처진 이유가 무엇이었는지 떠오른다. "그러고 보니, 아버지 때문인지도 모르겠어."

친구가 어서 자리에 앉으라고 권한 후 무슨 일이 있었는지 더 묻는다. "아버지께 무슨 일이 있었어?"

"수요일에 전화를 하셨더라고. 좀처럼 앓는 소리를 하는 분이 아닌데 그날은 기침이 안 떨어진다고 하시는 거야. 감기가 걸린 것도 아닌데 계속 기침이 난다니 걱정이야."

이제 친구는 당신 이야기에 계속 공감을 표할지 아니면 화제를 전환할지 선택해야 한다. 친구가 당신 이야기를 계속 들어주기로 결정한다. "연세도 있으신데 걱정이겠다. 일단 식사 주문하고 계속 이야기하자."

친구 말대로 음식을 주문하는데 식당에 들어섰을 때에 비해 기분이 한결 나아졌다는 사실을 깨닫는다.

당신이 한 일을 간단히 요약해보면 다음과 같다.

- 당신 자신의 기분을 받아들였다.
- 기분을 표현했다.
- 친구가 당신에게 적절한 도움을 주리라 믿었다.

- 속마음을 털어놓고 위로받음으로써 기분이 나아졌다.

　내면의 '못난 나'가 우리를 지배하려 할 때 진실하며 긍정적인 친구에게 속마음으로 털어놓는 것만으로도 '관계 맺기'의 스위치를 올리는 데 도움 되는 경우도 있다. 우리가 처한 상황을 친구들은 어떤 시각으로 보는지 들어보는 것만으로도 기분이 나아질 때가 있지 않은가. 예를 들어 함께 일하는 동료와 카풀을 하면서 친해졌다고 해보자. 약사인 당신은 까다로운 고객 두 명과 날카로운 거래처 직원 때문에 기분이 엉망이 되었다. 집으로 가는 차 안에서 스스로가 최악의 약사인 듯한 기분이 자꾸 든다. 이때 당신의 기분을 받아들이고, 동료에게 털어놓아 보는 것이다. 그러면 동료는 당신이 일을 매우 잘하고 있다고 이야기해줄 것이다. 그리고 고객 두 명은 오래 기다리느라 이미 얼굴이 붉으락푸르락해 있었으며, 거래처 직원은 안 좋은 일이 있었던 것이 분명하다고 덧붙여 말한다. 그 말을 듣고 나니 기분이 훨씬 나아진다.

　때로는 제삼자를 통해 우리의 욕구와 필요를 알릴 수도 있다. 예를 들어 필리스는 자꾸 자신이 무가치하고 못난 존재인 것처럼 느껴진다. 특히 직장에서 일을 제대로 못하고 있다는 회의가 든다. 상사인 휴스턴도 자신을 좋아하지 않는 것 같다. 자신의 두려움이 얼토당토않다는 것을 알지만 자꾸 그런 마음이 드는 것을 막을 수 없다. 필리스의 생일이 얼마 안 남은 어느 날 휴스턴의 친구인 존이 필리스 자리에 들른다. "며칠 뒤가 생일이지 않나? 휴스턴이 점심이라도 사준다던가?" 평소 필리스와 존은 우호적인 관계다. 필리스는 자신이 한 말이 휴스턴의 귀에 들어가리라는 사실을 알지만, 솔직히 속마음을 털어놓기로 결심하고 농담처럼 이렇게 대답한다. "아니요, 그런 일은 없을 거예요. 저를 별로 좋아하지 않으실걸요."

그러자 존이 의외의 대답을 한다. "내가 보기엔 전혀 그렇지 않은데. 자네에 대해 칭찬을 얼마나 많이 하는데."

그날 오후 휴스턴은 필리스의 생일날 같이 점심 식사를 하자고 제안했을 뿐 아니라, 주말에 자기 집에서 열리는 파티에도 초대했다. 그 이후 필리스는 오랫동안 상사와 원만한 관계를 유지했다.

얼마 되지 않은 새로운 관계에서는 상대와 번갈아 주고받는 것이 중요하다. 그 균형이 깨질 경우 한쪽이 그 관계를 '순위 매기기'로 느낄 수 있기 때문이다. 하지만 관계가 안정기에 접어든 이후라면 둘 중 어느 쪽의 욕구나 필요가 더 큰지에 따라 주고받기를 결정하면 된다. 상대방이 무엇을 내주었을 때 즉시 그것에 보답하려 서두르는 것은 좋지 않다. 이를 테면 상대가 "오늘 정말 힘들었겠다"라고 말했다고 해서 바로 "너도 오늘 힘들었지"라고 답할 필요는 없다. 우리가 주는 입장이라고 해도 마찬가지다. 상대에게 무엇인가 내준 후 즉시 우리에게도 같은 문제가 있다고 말하는 것은 좋지 않다. 그런 태도는 받으려고만 하는 것으로 여겨질 수 있다.

왜 그 사람과는 친해지지 못할까

~~~~~

잘 알지 못하는 사람과 관계 맺기를 시도하는 것은 위험한 일이다. 특히 우리 자신의 욕구나 필요를 드러낼 경우 위험도는 더 증가한다. 상대방에게 무엇인가를 주었는데 상대가 거절하거나 아무 반응을 보이지 않을 경우 우리는 수치심을 느끼게 될지도 모른다.

당신이 친구에게 아버지 때문에 걱정이라며 고민을 털어놓았다고 해보자. 그런데 친구가 다음과 같은 반응을 보인다면 어떨까. "음, 음식을 먹으면 힘이 좀 날 거야." 더 최악은 다음과 같은 답을 하는 것이다. "너는 늘 그렇게 우는 소리만 하더라." 또는 저녁 식사를 잘 먹고 곧 만나자며 친구가 먼저 전화하겠다는 인사를 하고 헤어졌는데 한 달 넘게 아무 연락도 없다고 해보자. 당신은 그것이 공감 부족 때문인지 아니면 거절의 표현인지 알아내야 할 필요가 있다. 물론 현실적인 이유로 연락을 못 한 것일 수도 있다. 이를테면 친구는 정말 연락을 못 할 정도로 바빴을지도 모른다. 그렇다면 '관계 맺기'를 계속 유지해야 한다.

때로는 상대방이 어떤 이유 때문에 그런 행동을 하는지 도저히 상상할 수 없는 경우도 있을 것이다. 거부당한 정서적 도식이 있을 경우 '못난 나'의 지배를 막기 힘들 수 있다. 우리는 상대방이 우리에게 상처를 주거나 수치심을 느끼게 만들 때 상대의 마음속에서 어떤 일이 벌어지고 있는지 파악해야만 한다. 가능성은 네 가지다. 첫 번째로 우리가 '순위 매기기'에 치중하는 환경에 놓여 있는 것일 수 있다. 두 번째로 상대방이 스스로를 방어하기 위해 그런 태도를 보이는 것일 수도 있다. 세 번째로 상대가 회피성 애착을 보이는 것일 수도 있다. 마지막으로 우리가 상대방의 정서적 도식을 유발한 것일 수도 있다.

» '순위 매기기'에 치중하는 환경

관계 맺기를 시도했는데 거절당했다든가, 싸늘한 대접을 받았다든가, 의혹의 눈초리를 샀다든가, 순전히 능력으로만 평가당했다면 당신이 '순위 매기기' 환경에 놓여 있는 것은 아닌지 생각해보아야 한다. 상대가 '순위 매기기'에 집중한 나머지 당신이 '관계 맺기'를 시도하고 있다는 사실을 알아차리지 못한 것일 수도 있다. 국가, 가족, 기업, 조직, 학교 등에는 각자 고유의 문화가 있다. 그중 어떤 곳에서는 친절한 태도, 협동심, 예의 바름, 팀워크, 화해, 지식 공유 등의 '관계 맺기' 기술로 성공을 평가하기도 한다. 또 어떤 곳에서는 반대로 경쟁, 효율성, 능률, 자존심, 승리 등의 '순위 매기기' 기술을 장려하기도 한다. 물론 두 성향의 조화를 추구하는 곳도 많다.

그런데 '순위 매기기'를 과도하게 강조하는 문화에 길들여진 사람들은 당신이 '관계 맺기'를 시도하더라도 숨겨진 동기가 있을 것이라 의심할 수 있다. 예를 들어 파티에서 사람들과 우호적인 관계를 맺기 위해 노력했지만, 사람들은 당신을 '인맥 관리에 뛰어난 사람'으로만 여길 수 있다. 즉 '관계 맺기' 기술에 대한 순위를 평가하는 것이다. 또 그들은 순위 매기기의 목적으로만 관계를 맺고 있는 것일지 모른다.

최악의 상황은 선물을 주거나 칭찬을 해주는 등의 '관계 맺기' 행위가 상대에게 낮은 지위나 굴복의 신호로 잘못 받아들여지는 것이다. 당신의 목소리나 자세에 자신감이 부족할 경우 이런 일이 벌어질 가능성은 더욱 높아진다. 지금까지 '관계 맺기'를 위해 들여온 노력이 다른 사람들에게 하찮은 존재로 평가되는 결과만 낳았다면, 이제 그런 행동을 멈추고 당신 자신의 가치와 주변 사람들의 가치를 재평가해야 한다. 물론 타인과 관계 맺고자 하는 욕구가 당신을 열등하게 만드는 것은 아니다. 하지만 일단 끝없이 호의를 베풀기만 하던 것을 멈추라.

그동안 '순위 매기기'를 장려하는 환경에 놓여 있었음에도 그러한 문화를 거부하고 홀로 싸워왔다면 스스로의 노력을 칭찬해주라. 당신은 단지 환경과 맞지 않는 행동을 했을 뿐이다. 당신의 진가를 인정받을 수 있는 환경이 다른 곳에 분명 있다. 당신이 할 일은 그런 환경을 찾아가는 것이다.

» 상대방의 방어기제에 맞닥뜨렸을 때

관계 맺기를 위해 노력했는데 상대가 수치심에 사로잡혀 방어적인 태도를 보일 경우 당신은 거부당한 것 같은 기분을 느낄 수도 있다. 예를 들어 새로 사귄 친구와 쇼핑을 하기로 했는데 (당신 잘못이 아닌) 어쩔 수 없는 이유로 늦게 도착했다고 해보자. 친구는 당신의 사과와 사정을 들어보려고도 하지 않고 자신을 하찮게 여겨서 늦은 것이라 단정해버린다. 즉 '순위 매기기'에 사로잡힌다. 그러나 그러한 마음을 겉으로 드러내지는 않고 다음과 같이 말하며 성자같이 군다. "괜찮아, 난 그런 일에는 별로 신경 안 써." 하지만 그 말이 무색하게 함께 쇼핑하는 내내 당신에게 차가운 태도를 보인다. 당신은 거부당했다는 느낌을 받는다.

이제 친구와 당신 사이에는 수치심의 공이 오간다. 친구는 조금도 손해 보지 않겠다는 태세다. 자신은 어떤 굴욕감이나 수치심도 느끼지 않겠다는 것이다. 공이 당신에게 날아온다. 이때 당신은 어떻게 하면 좋을까? 뻔하고 단순한 답일지 모르지만, 당신은 친구의 태도에 휘말리기보다는 당신이 하던 방식대로 관계 맺기를 계속해야 한다. 친구가 '관계 맺기'와 거리가 먼 태도로 응수한다 해도 그것이 오해에서 비롯된 방어기제라는 점을 이해하면 기분 상하는 일을 막을 수 있다. 친구가 뾰로통한 채 아무 말도 하지 않는다면 10분 정도 기다렸다가 이렇게 말해보면 어떨까. "네가 화내는 이유가 내가 늦었기 때문인지 아니면 다른 이유가 있는 건지 궁금해. 단지 오늘 내가 조금 늦었다는 이유만으로 화내는 거라면 섭섭한걸. 하지만 네가 화내더라도 우리 우정에 금이 가지는 않을 거라고 생각해. 우리는 정말 친한 친구니까."

여섯 가지 방어기제는 순식간에 미묘하게 나타나기 때문에 대화에 큰 영향을 끼치지는 않지만 개운하지 않고 꺼림칙한 느낌을 남긴다. 예를 들어 당신이 친구에게 다음과 같은 축하 인사를 했다고 가정해보자. "상 받은 거 축하해." 그런데 친구는 우쭐대는 것처럼 보이지 않기 위해 '경쟁에서 빠지기' 방어기제를 사용한다. "주최 측에서 상을 주긴 줘야겠는데 마땅한 사람이 없어서 내게 준 게 분명해. 그냥 내 차례가 된 거지 뭐."

또 친구와 레스토랑에 들어가면서 다음과 같이 말했다고 해보자. "이 레스토랑 좀 시끄러운 것 같다." 그런데 친구는 당신이 자신을 비난한다고 생각하고 이렇게 응수한다. "이런 분위기가 좋다고 한 건 너였잖아!" 이런 경우 굳이 친구의 말을 지적하고 넘어갈 필요는 없다. 하지만 불쾌한 듯한 목소리 이면에 숨겨진 이유가 무엇인지 이해할 필요는 있다.

목소리 톤이 높아질 때 가장 좋은 대처법은 '관계 맺기'에 계속 열중함으로써 격앙된 태도 뒤에 있는 수치심을 해결하는 것이다. 다시 말해, 팔짱 끼고 앉아 상대를 판단하고 있지 않다는 메시지를 전하는 것이 중요하다. 상대방을 여전히 좋아하고 있다는 것을 보여주기 위해 높이 평가하는 상대의 자질이나 장점을 언급하는 것도 도움이 된다. 그렇게 하면서 둘의 오랜 관계를 넌지시 암시하는 것이다. "우리 서로 화내고 싸운 적도 많지만 지금까지 좋은 친구로 잘 지내왔잖아."

친구가 마땅한 사람이 없어 자신이 상을 받은 것이라고 말하면 이렇게 대답해보라. "무슨 소리야. 나한테는 마음껏 자랑해도 돼. 너는 그 상을 받을 자격이 있어. 내가 너였다면 신 나서 우쭐거렸을 거야."

레스토랑이 시끄럽다는 말에 친구가 당신을 탓한다면 똑같이 화

내며 대꾸하기보다는 다음과 같이 말해보라. "우리 둘 다 이 레스토랑이 이렇게 시끄러울 줄 몰랐잖아. 우리 둘 다 다른 곳으로 옮기는 게 좋겠다고 생각하는 것 같은데?"

우리가 친하게 지내는 사람 중에는 '과도하게 성취하기' '경쟁에서 빠지기' '부풀리기' 같은 방어기제를 매사에 사용하는 이가 있을지도 모른다. 인생 전체가 방어기제로 점철되어 있는 그런 사람들은 '못난 나'의 지배를 받으며 '순위 매기기' 관점으로만 세상을 바라본다. 그들은 자신의 가치를 평가절하할 뿐 아니라 가까운 모든 사람들의 가치도 깎아내리도록 만든다. 그런 이들을 상대할 때는 우리 자신과 상대에게 어떤 일이 벌어지고 있는지 명확히 인식하고 '관계 맺기' 사고방식을 계속 유지해야 한다. 상대의 그런 태도에 상처받거나 열등감을 느끼기보다는 '못난 나'의 지배를 받으며 살아가는 상대를 불쌍하게 여기는 것이다.

» 여섯 가지 방어기제를 사용한 이사벨

당신이 남편, 남편의 친구 커플(팻, 이사벨)과 함께 하이킹을 하고 있다고 가정해보자. 남편과 팻은 몇 년 동안 함께 소프트볼 경기를 하며 친해졌다. 둘은 지난 경기 이야기를 하며 뒤처져서 걸어오고 있다. 여자들끼리 조금 더 친해졌으면 하는 눈치다.

당신은 이사벨이 최근 힘든 일을 연달아 겪었다는 말을 얼핏 전해들었다. 올해 초 어머니가 갑자기 돌아가신 데다 엎친 데 덮친 격으로 심장병 진단을 받아 수술을 해야만 한다고 했다. 이사벨은 철인 3종 경기 선수이기 때문에 심장병 진단은 더 타격이 되었을 것이 분명하다. 이사벨이 힘든 일에 대해 이야기하기 꺼리지만 않는다면 기꺼이 공감하고 위로해주고 싶은 마음이다. 다시 말해 이사벨에게 감정적으로 동조하고, 관심을 표현하고, 이해하길 원한다. 또한 이사벨에게 무엇이 필요한지 알길 바라며, 당신이 이사벨에게 신경 쓰고 있다는 것을 말로 표현하고자 한다. 즉 당신은 이사벨의 입장이 되어 이야기를 들어줄 준비가 되어 있다.

그런데 당신이 미처 알지 못했던 사실이 있다. 이사벨은 어머니를 증오했으며, 철인 3종 경기 선수가 된 것은 '과도하게 성취하기' 방어기제의 일환이었다. 게다가 몇 년 동안 운동에 매진했던 것이 심장병의 원인이 되었고, 이사벨은 그 사실을 수치스럽게 여겼다. 이사벨이 어떻게 여섯 가지 방어기제를 사용하는지 다음 대화를 보자.

당신이 먼저 좋은 의도로 말한다. "올해 참 힘든 일이 많았다고 들었어요."

"아, 아니에요. 그다지 힘들진 않았어요."(최소화하기 방어기제.)

당신은 약간 당황한다. 하지만 이사벨이 어째서 이런 태도를 보이는지 생각해본다. '이사벨은 아직 친하지 않은 나에게 공연히 힘든 내색을 하고 싶지 않아서 그러는 걸지 몰라. 그냥 터놓고 말해도 된다고 이야기할까? 아니야, 아직 나와 그 정도까지 친하지는 않다고 생각할 거야.' 그래서 당신은 아주 부드럽고 친절한 태도로 다시 입을 뗀다.

"심장이 안 좋다고 들었어요. 익숙해지려면 시간이 좀 필요하겠어요."

"다들 그런 소릴 하더라고요. 언젠가는 심장 수술을 받아야 한다는 사실에 익숙해지려면 힘들겠다고요. 하지만 전 사람들의 그런 동정은 질색이에요."('사람들'에 빗대어 당신이 한 동정의 말을 비난하고 있다.)

당신은 계속 '관계 맺기'를 시도한다. "아마 친한 사람이 수술을 받아야 한다면 누구라도 그렇게 생각할 거예요. 그런데 철인 3종 경기에서 두 번이나 우승하셨다죠? 와, 대단해요."

"꼭 이기려고 운동하는 건 아니에요."(경쟁에서 빠지기 방어기제.)

당신은 이사벨의 냉담한 반응 뒤에 어떤 이유가 있을 것이라 생각하며 공감해주려 노력한다.

"철인 3종 경기 선수로서 자부심이 느껴지네요. 단순히 운동하는 것 이상의 의미가 있나 봐요."

"저는 제가 하는 모든 일에서 단순히 잘하는 것 이상을 해내려고 노력하는 편이에요."(과도하게 성취하기 방어기제.)

"최고가 되는 데서 긍지를 느끼시는군요."

"사실 긍지니 자부심이니 하는 건 다 지루하고 따분한 말이죠."(부풀리기 방어기제. 당신이 긍지와 자부심에 흥미를 보이자 자신의 우월함을 표현하기 위해 이런 말을 한 것이다.)

이제 할 말이 모두 떨어졌다. 당신은 마지막 비장의 카드를 꺼낸다.

"나랑 공통점이 하나 있는 거 알아요? 우리 엄마도 내가 대학 다닐 때 돌아가셨어요. 엄마가 하늘나라로 가기 전의 평소 내 모습으로 돌아오기까지 꼬박 3년이 걸렸어요."

"안됐네요. 사실 저는 잘 헤쳐나가고 있어요. 그쪽은 죽을 만큼 괴로웠나 봐요."(투사하기 방어기제.)

이쯤 되자 이사벨이 철옹성으로 방어막을 치고 있는 사람처럼 느껴진다. 이사벨이 사용한 방어기제들은 교묘했다. 당신은 이사벨과 대화를 나눌수록 기분이 점점 상한다. 이사벨의 최소화하기 방어기제에 별것 아닌 일에 호들갑 떨었다는 멋쩍은 기분이 든다. 당신의 '동정'을 탓하는 말은 뒤끝이 떨떠름하다. 이기려고 운동하지 않는다는 퉁명스러운 대답은 당신을 민망하고 어색하게 만든다. 모든 일에서 최고가 되려 한다는 말은 깊은 인상을 남긴다. 그러나 이어 긍지나 자부심이 따분하다는 말은 당신의 열등감을 자극한다. 어머니가 돌아가시고 죽을 만큼 괴로웠겠다는 마지막 일격은 당신을 어안이 벙벙하게 만든다. 이사벨은 당신에게 거대한 수치심의 공을 던졌고, 당신은 그것을 받았다.

이 상황에서 어떻게 하면 '관계 맺기'를 계속할 수 있을까? 다음에 도움 될 만한 대답을 적어놓았다. 물론 수치심 공이 두 사람 사이를 오가는 순간에는 이런 답을 떠올리기 어려울 테지만, 연습만 한다면 누구나 대화를 현명하게 이끌어갈 수 있다. 또 이사벨 같은 사람이라면 당신이 아무리 대화를 긍정적인 방향으로 전환시키려 노력해도 더 두터운 방어기제로 응대할지 모른다. 하지만 수치심에 맞서기 위한 최선의 방법은 계속해서 '관계 맺기' 모드를 이어가는 것뿐이다.

이사벨이 올해 별로 힘들지 않았다고 말하면 다음과 같이 말해 보라. "누구라도 그런 큰일을 겪고 나면 힘들 거예요. 슬프고 지칠 때는 좀 쉬어가는 것도 괜찮잖아요?" 이런 말은 괴로워하고 힘들어하는 것이 수치스러운 일이 아니라는 메시지를 전달한다.

수술받아야 한다는 사실에 대한 사람들의 동정이 싫다는 말에 대해서도 똑같이 대응하면 된다. "누구라도 동정받는 건 싫을 거예요." 또 부드럽게 상대의 태도를 지적해주는 것도 좋다. "사람들이 개인적인 일을 물어보거나 간섭하려 들면 당황하나 봐요."

이기려고 운동하는 것은 아니라는 말에 대해서는 다음과 같이 대응할 수 있다. "철인 3종 경기를 할 때 그런 태도가 도움 될 것 같아요. 최선을 다했지만 몸이 따라주지 않아서 1등을 못 하더라도 화나지 않을 테니까요."

이사벨이 어떤 일이든 잘하기 위해 노력한다고 말한다면 다음과 같이 대응할 수 있다. "참 긍정적인 인생관이네요. 물론 모든 일에 서투르다고 해도 당신 남자 친구는 분명 당신을 아끼고 사랑할 테지만요."

그리고 긍지나 자부심 같은 말이 따분하다는 가시 돋친 반응에 대해서는 다음과 같이 답할 수 있다. "자신감 넘치는 모습을 보이면 더 매력적일 것 같은데요."

그리고 마지막으로 이사벨이 자신은 잘해내고 있지만 당신은 죽을 만큼 힘들었던 모양이라고 말한 것에 대해서는 투사하기 방어기제를 무시하고 힘든 일을 겪으면 누구나 그럴 것이라 대답하면 된다. "뭐, 어떤 날은 저도 아무 일 없는 듯 잘 지내죠. 하지만 또 어떤 날은 견딜 수 없을 만큼 힘들고 괴로워요. 누구나 그런 것 아니겠어요?"

» 회피 애착을 보이는 사람

3장에서 알아보았듯 회피 애착 유형의 사람들은 세상 그 누구도 필요 없다는 태도를 보인다. 이들의 내면은 사랑받지 못했던 어린 시절의 상처에서 비롯된 수치심으로 가득하다. 이들은 그 누구보다도 사랑을 갈구하지만 자신이 그렇다는 사실을 인식하지는 못한다. 사랑을 청했다가 또다시 거절당하는 것은 이들에게 엄청난 고통이다. 그래서 자신을 사랑해주는 사람에게 냉담하게 굴거나 상대를 통제하려 든다. 이들은 사랑 따위는 필요 없다는 듯 군다. 이러한 사람들과 '관계 맺기'를 시도하는 것은 무의식 깊숙이 자리 잡은 사랑에 대한 갈망과 두려움을 한꺼번에 들쑤시는 것이나 다름없다. 당신이 손을 내밀면 그들은 이렇게 반응할지 모른다. "너는 사랑에 아주 목을 매는구나. 나는 아닌데."

스스로의 가치를 평가절하하는 경향이 있는 사람이라면 회피 애착 유형의 상대와는 관계 맺기를 포기하기 쉽다. 상대의 저항이 거절로 느껴질 것이기 때문이다.

그는 매력적이다. 당신은 그에게 빠져든다. 그를 좋아하게 된다. 그런데 돌연 그가 냉담하게 군다. 전화를 몇 번이나 했지만 받지 않는다. 메시지를 남겨놓았지만 아무 연락도 없다. 거절당한 것이다! 그런데 그와 끝났다고 생각하고 다 잊기로 결심한 날 그에게 전화가 온다. 그는 당신에게 그렇게 살갑게 굴 수가 없다. 그래서 카페에서 만나기로 약속한다. 그런데 그는 약속 장소에 나오지 않는다. 기다리다 전화를 걸자 약속을 깜빡 잊었다며 바로 오겠다고 한다. 어찌됐든 그렇게 그와 데이트를 한다. 하지만 카페에서 그의 친한 친구라는 여자를 우연히 마주친다. 그는 당신은 안중에도 없는 듯 그 여자와 신나게 수다를 떤다. 그와 다시는 만나지 않겠다고 결심한다. 하지만 그날 밤 그가 그렇게 멋져 보일 수 없다. 매력적인 그의 모습에 아까의 결심을 철회한다. 그는 작별 인사를 나누기 전, 금요일에 또 만나 데이트하자고 청한다. 이번에는 자기가 먼저 전화하겠단다. 하지만 금요일 밤, 아무리 기다려도 전화는 오지 않는다. 다음 날 그는 자신이 바빠서 연락하지 못했다며 미안하다는 이메일을 보낸다. 바쁘다는 핑계는 이제 신물이 난다. 그는 매력적이지만 치명적이다.

　회피 성향이 있는 사람이라도 '치유되는 단계'라면 누군가와 '관계 맺기'를 희망할 수 있다. 그런 상대에게 매력을 느껴 사귀고 싶다면(사실 회피 유형의 사람들은 대부분 매력적이다.), 상대와 한 팀이 되어 심리적 안정을 회복하기 위한 노력을 함께 하는 수밖에 없다. 물론 단 몇 마디 말로 상대를 변화시키기는 힘들다. 진심에서 우러난 사랑과 보살핌을 상당 기간 쏟아부어야 할 것이다. 하지만 회피 유형의 사람과 '관계 맺기'를 시작할 때는 조심해야 한다. 당신의 능력을 고려치 않고 줄 수 있는 것보다 더 많이 주었다가 나중에 발을 빼버리면 상대는 사랑에 대한 두려움만 더 키우게 될 것이다. 상대방은 마음속 깊이 안정적이고, 변함없으며, 무조건적인 사랑을 갈구하고 있다. 그런 사람을 사랑하는 것은 쉽지 않은 일이다. 상대는 당신을 끊임없이 시험할 것이다.

» 상대의 정서적 도식에 휘말리지 않으려면

친해진 지 얼마 안 된 사람과 큰 갈등을 겪고, 수치심을 느끼거나 자신이 멍청하고 잘못되었다는 느낌을 받아본 적이 있는가?

예를 들어 출장차 전문 분야의 컨벤션에 참여했다가 거기서 알게 된 사람 여러 명과 저녁을 먹으러 가게 되었다고 해보자. 전문가들이 참여한 모임이었기 때문에 분위기는 '순위 매기기'에 가까웠지만 용기를 내 옆자리에 앉은 사람에게 '관계 맺기'를 시도한다. 처음에는 모든 일이 순조롭게 잘 흘러가는 듯 보였다. 옆자리 남자는 자신이 결혼했으며 아이도 둘 있다고 했다. 당신은 그에게 아이들이 보고 싶겠다고 말하며 공감을 표한다. 그러자 그가 아이가 있냐고 물어 온다. 당신은 그와 조금 더 가까워지기 위해 개인적인 이야기를 조금 털어놓기로 한다. 그래서 반은 농담으로 아이는 없지만 집에 두고 온 강아지가 보고 싶다고 대답한다. 그러자 상대가 뜻밖의 반응을 보인다. "그쪽도 개를 자식처럼 여기는 부류인가 보죠?"

그 말을 듣자 불현듯 강아지에게 복종훈련을 시키던 때의 일이 머리를 스치고 지나간다. 이제껏 강아지를 사람처럼 여긴 적은 단한 번도 없었다. 하지만 강아지가 보고 싶다고 말한 것이 잘못되었다고는 생각하지 않는다. 그래서 옆자리 남자에게 차분히 그런 입장을 설명하려 해본다. "에이, 그렇다고 강아지를 자식처럼 생각하는 건 아니에요."

하지만 옆자리 남자는 당신 대답을 무시한다. "애 없는 여자들이애 대신 강아지한테 호들갑 떠는 꼴은 정말 못 봐주겠어요. 그깟개가 뭐라고."

당신은 옆자리 남자의 반응이 당황스럽고 어리둥절하다. 그저친해지려고 먼저 말을 건넸을 뿐인데 우스꽝스러운 말싸움을 하게생겼다. 공연한 말싸움에 동석한 사람들은 또 얼마나 불편해지겠는가. 꼴이 말이 아니다. 속에서는 당혹감과 수치심이 스멀스멀 피어오른다. '내가 강아지에게 너무 의존하고 있었나? 내가 정말 강아지를 자식처럼 생각했었나?' 내면의 '못난 나'가 주도권을 쥐려한다.

우리는 정서적 도식의 신호를 이미 잘 알고 있다. 감정적이 되어목소리 톤이 높아진다. 말하다가 목소리가 뒤집어지기도 한다. 단정적인 어투가 이어진다. '항상' '결단코' '절대'라는 수식어가 난무한다. 상대는 우리를 당황스러우리만큼 비난하거나, 위협하거나,탓하거나, 백안시한다. 상대가 이성적인 성격이라면 토론은 논쟁이 된다. 그러다가 우리가 틀렸다는 것을 증명하기 위한 상대의 독백이 이어진다. 때로 상대는 포착하기 힘든 방식으로 정서적 도식을 작동시키기도 한다. 영문은 모르겠는데 갑자기 자신이 멍청하다는 생각이 들거나 죄책감이 든다. 심장이 쿵쾅거리고 기분이 울컥한다.

일단 정서적 도식이 활성화되고 나면 '관계 맺기'는 더 이상 계속될 수 없다. 상대의 정서적 도식을 낳은 트라우마가 무엇인지 결코 알 수 없다. 따라서 논쟁을 합리적으로 풀어나가는 것은 불가능하다. 상대방을 다시 볼 일이 없다면, 가능한 한 말수를 줄인 후 기회를 봐서 잠시 다른 곳으로 피신해 '못난 나'를 진정시키는 것이 좋다. 할 수 있다면 친한 친구에게 어떤 일이 있었는지 다 이야기하고 속을 푸는 것도 괜찮다.

특정 주제에 대해 민감한 반응을 보임에도 여전히 상대가 좋다면, 자신에게 가해지는 피해를 최소화하면서 관계를 이어갈 방법을 찾아야 한다. 장기적으로 보았을 때, 상대의 정서적 도식에 섬세하게 대응하기만 한다면 더욱 깊고 의미 있는 우정을 쌓아나갈 수 있을지도 모른다. 그렇다면 상대의 정서적 도식에 어떻게 대응해야 할까?

- **논쟁을 피한다.** 상대의 말에 휘말려서는 안 된다. 계속 대화에 참여하되 머릿속으로는 한 발자국 떨어져서 어떤 일이 벌어지고 있는지 관찰한다. 할 수 있다면 부드럽게 대화를 다른 방향으로 유도한다.
- **관계 맺기를 계속한다.** 자신이 상대방을 좋아한다는 사실을 머

릿속으로 떠올린다. 정서적 도식은 그 사람의 여러 모습 중 하나일 뿐이다. 상대가 과거의 트라우마 때문에 순간적으로 통제력을 잃을 때마다 그 모습을 잘 관찰한다. 거기서 상대에 대해 더 많은 정보를 얻을 수 있으며, 둘의 관계를 더욱 돈독하게 만드는 데 그 정보를 활용할 수도 있다. 상대가 폭발할 때마다 다음과 같은 말을 통해 둘 사이에 공통점이 있다는 사실을 인식시킨다. "우리 둘 다 그 문제에 동의하는 것 같은데." "나도 너랑 똑같은 문제 때문에 골치 아팠던 적이 있었어."

• 우정을 위해서라는 명목으로 억지로 동조하지는 말라. 상대는 아무리 흥분한 상태라 해도 내심 당신이 이성적이고 합리적인 입장을 굽히지 않고 단단히 서 있어주기를 바라기도 한다. 특히 상대가 다음처럼 말한다면 거기에 동조해서는 안 된다. "나는 정말 멍청하고 무가치한 인간이야." 그런 말에는 이렇게 대답하라. "네 말에 동의하지는 않지만 하고 싶은 말이 있으면 들어줄게."

• 침묵은 금이 아니다. 침묵은 왜곡된 내용으로 해석되어 투사를 낳을 수 있다. 이를테면 당신이 말없이 있을 때 상대는 그것을 자신의 말에 동의하거나, 자신에게 반대하거나, 자신을 증오하거나, 자신을 사랑하거나, 자신을 속인다고 마음대로 해석할 수 있다. 상대가 상상의 나래를 펼치고 자신만의 세계에 빠져들지 않도록 충분히 대화할 필요가 있다. 말할 때는 되도록 부드럽고 따뜻한 관심을 표현하기 위해 노력하라.

- 상대의 말을 귀담아듣고 방어기제에 적절히 대응한다. 상대방뿐 아니라 당신 자신도 방어기제를 사용할 수 있다는 사실을 명심한다. 상대방이나 자기 자신이 내면의 수치심으로 인한 두려움이 있는지 명확히 인식하고 그것을 줄이기 위해 노력한다. "네가 나를 탓하고 싶은 마음은 알겠어. 네 말대로라면 둘 중 하나는 잘못을 한 거겠지. 하지만 누구에게 잘못이 있는지 굳이 따질 필요는 없는 것 같아. 자초지종을 밝히고 다시 이런 일이 없도록 하려면 어떻게 해야 할지 알아보는 게 지금은 더 중요하지 않을까?"

- 수치심의 중요성을 잊지 않는다. 수치심은 모든 정서적 도식의 뿌리라고 할 수 있다. 상대방이 수치심 때문에 통제력을 잃었다고 느껴지면 상대의 수치심을 줄여줄 수 있는 방법을 찾아야 한다.

- 나중에 이야기한다. 어떤 이야기를 꺼냈는데 상대의 정서적 도식이 활성화될 기미를 보인다면 상대를 다시 만날 때까지 기다린다. 정서적 도식이 활성화된 상태에서는 이야기를 나누어보았자 양쪽 모두 상처받을 뿐이다. 기다렸다가 이야기를 꺼낼 때에는 상대의 수치심을 자극하지 않도록 신중해야 한다. "어젯밤에 하려고 했던 이야기가 있었는데, 기억나?"

상대의 정서적 도식이 어디에서 비롯되었는지 알지 못하는 경우라면 부드럽게 그 원인을 살펴보는 것도 괜찮다. 장기적으로 보았을 때 정서적 도식을 해결할 수 있는 유일한 방법은 그 뿌리가 된 상처를 파헤쳐 그에 대해 대화를 나누는 것뿐이다.

상처 주지 않는 대화

조시와 폴은 2년 넘게 함께 일해 왔다. 결혼과 직업에 대해 서로 비슷한 생각을 하고 있다는 것을 알게 되면서 친해졌다. 그런데 조시는 어느 날 폴과 이야기 나누다 벽에 부딪힌 듯한 느낌을 받았다.

조시 일 잘돼가?

폴 뭐, 그럭저럭. 그런데 왜 이렇게 등이 아프지.

조시 이런 안됐네. 내가 뭐 도와줄 거 없어?

폴 아냐, 됐어.

조시 등이 아프다니 오늘은 물건 나르는 걸 내가 하고 서류 작성을 네가 하는 게 어때?

폴 아니야, 괜찮대도.

조시 그럼 무거운 짐 나르는 것만이라도 내가 도와줄게.

폴 괜찮대도 그러네. 저리 손 치워!

조시 알았어, 널 화나게 하려던 건 아니었어.

폴 나 화 안 났어.

조시 화난 목소리 같은데. 도와주겠다는데도 굳이 마다하고 말이야.

폴 도움은 필요 없어. 너 때문에 돌 것 같아. 너 지금 하는 짓이 빌어먹을 우리 엄마랑 똑같아.

조시는 폴에게 점점 상처받았다. 사실 폴의 정서적 도식은 '약한 남자'와 관련된 것이었다. 조시가 등이 아프면 물건 나르는 것을 도와주겠다는 말을 했을 때 그 정서적 도식이 활성화되기 시작했다. 처음에는 '최소화하기' 방어기제를 사용해 도와주겠다는 말을 거절했다.("괜찮대도" "나 화 안 났어.") 폴의 그런 반응에 조시는 도와주겠다는 말이 잘못된 것인지 어리둥절해하며 거절당했다는 기분을 느꼈다. 그래서 폴과 언쟁을 벌이기 시작했고, 결국 "너 때문에 돌 것 같아" "빌어먹을 우리 엄마랑 똑같아"라는 비난을 받게 되었다. 이 일이 있은 후 둘은 서로 아무 말도 하지 않은 채 문을 쾅쾅 닫아대며 남은 하루를 보냈다.

그 일은 조시의 머리에서 떠나지 않았다. 조시는 친구라고 생각했던 폴에게 받은 상처를 결코 잊을 수 없었다. 조시 내면의 '못난나'가 작동하기 시작했다. 조시는 폴의 눈에 비친 자신의 가치, 그리고 전반적인 자신의 가치에 대해 의심을 품게 되었다. 하지만 계속 그런 상태로 머무를 수는 없었다. 폴과 함께 일해야 했기에 언제까지고 서로 입을 꾹 다문 채 있을 수는 없었다. 그래서 다음날 폴에게 맥주 한잔 마시러 가자고 청했다.

조시 (장난스럽게) 이봐, 어제 내가 도와주겠다고 했을 때 대체 왜 그랬던 거야? 그 이야기 좀 하려고 술 마시자고 한 거야.

폴 (부끄러운 듯) 그래.

조시 우리는 둘 다 엄살 부리는 타입은 아니잖아. "무조건 참아, 넌 할 수 있어" 타입이지.

폴 맞아, 우리 둘 다 그렇지. 나는 그런 내가 자랑스러워.

조시 그래, 우리 아버지들처럼 말이야. 진짜 멋진 사나이들이셨지. 그런데 두 분 다 스스로의 문제를 인정하지 못해서 결국 돌아가시게 되었잖아. 너희 아버지는 전립선에 문제가 있는데도 병원에 가지 않겠다고 고집 부리다가 돌아가셨고.

폴 너희 아버지는 병원에서 술을 끊어야 한다고 했는데도 계속 술을 마시다가 돌아가셨고.

조시 그 누구의 도움도 받으려고 하지 않으셨지. '무조건 참는' 게 능사가 아닐 때도 있어.

폴 그래, 하지만 나는 약한 사람으로 취급받는 게 싫어.

조시 네가 약하다고? 이런, 나랑 농구할 때는 그렇게 쌩쌩 날아다니는 사람이. 오히려 내 쪽이 더 약해 보이지. 다음에 등이랑 어깨가 빠질 듯 아파서 일을 못 할 정도면 어떻게 할 건데? 내가 옆에 있다면 나는 어떻게 해야 할까?

폴 만약 다음에 또 그런 일이 생기면 잠깐 너에게 대신 해달라고 할게.

이번에 조시는 지난번과 약간 다르게 대처했다.

- 논쟁을 피했다.
- 폴의 수치심을 자극하지 않음으로써 폴의 최소화하기 방어기제에 신중하게 대응했다.
- 자신과 폴이 동의할 수 있는 사실에 입각해 대화를 풀어나갔다. 이것이 두 사람 간 '관계 맺기'의 핵심이라 할 수 있다.
- 폴의 속마음을 속속들이 알고 있다는 듯 행동하지 않았다. 이를테면, 아버지가 자신을 어떻게 여길지 두려워 그러는 것이 분명하다는 식으로 말하지 않았다. 대신 폴이 먼저 속마음을 털어놓도록 유도했다.
- 자신과 폴 모두에게 남의 도움을 받기를 주저하는 문제가 있다는 점을 지적함으로써 폴의 수치심을 줄여주었다.
- 폴의 정서적 도식을 야기했을 것으로 짐작되는 트라우마를 슬쩍 건드렸다.

여기서 주목해야 할 점은 조시가 지나치게 앞서 나가지 않기 위해 노력했다는 사실이다. 조시가 폴의 트라우마를 완전히 치유해줄 수는 없다. 또 폴의 정서적 도식을 완전히 없애줄 수도 없다. 하지만 폴의 등이 아프다고 해서 나약하게 여기거나 폴에게 우월감을 느끼지 않는다는 메시지를 분명히 전달함으로써 폴이 취하고 있는 '순위 매기기' 관점을 끝내고자 했다. 그러기 위해 둘 사이에 공통점이 많다는 사실을 알리고자 노력했다. 조시는 이 과정을 통해 폴과 더 친해진 느낌을 받았다.

마지막에는 정서적 도식이 또다시 활성화되었을 때 어떻게 대응하면 좋을지 폴에게 물어보았다. 조시는 그 과정 내내 두 사람 사이의 '관계 맺기'에만 초점을 맞추었기 때문에 스스로의 '못난 나'가 활성화되는 것을 막을 수 있었다.

지금까지 관계 맺기를 어떻게 시작하고, 어떻게 감정적으로 동조하고, 상대방의 입장이 되어 생각할 수 있는지 알아보았다. 다음 연습을 통해 새로운 기법들을 강화하면 더욱 쉽고 능숙하게 적용할 수 있을 것이다.

1. 연습 대상 두 명을 정한다. 한 명은 믿을 수 있는 친구, 나머지 한 명은 잘 알지 못하는 낯선 사람으로 정한다. 관계 맺기의 첫걸음은 미소 짓기, 시선 맞추기, 공감해주기, 상냥한 태도 보이기라는 점을 명심한다.

2. 관계 맺기가 어느 정도 안정기에 접어들었다고 여겨지면 상대에게 감정적으로 동조하고, 통찰력을 발휘하고, 말로 표현하고, 상대의 입장이 되어 감정이입함으로써 둘 사이를 더 단단히 다진다.

3. 준비가 되었다고 느껴지면, 가족이나 동료 같은 삶의 여러 부분을 공유해 나가면서 계속 '관계 맺기'를 연습한다.

4. 관계를 더욱 친밀하게 만들려 시도했으나 실패했던 일을 떠올려 본다. 상대방이 방어기제를 사용한 적이 있는가? 그래서 자신이 수치심을 느낀 적이 있는가? 노트에 그때의 대화 내용을 적는다. 상대의 방어기제에 더 나은 방식으로 대처했다면 대화가 어떻게 달라졌을지도 적는다. 상대의 수치심을 자극하지 않고 '관계 맺기'에 집중하며 대화했더라면 어떤 이야기가 오갔을까?

회피 애착 성향이 있는 친구, 배우자, 애인 등을 머릿속에 떠올린다.(예전에 사귀었던 사람도 괜찮다.) 처음에는 당신에게 따뜻하게 대했다가 언제 그랬냐는 듯 돌연 싸늘한 태도를 보여서 당신 자신의 가치에 의문을 품게 만들었던 사람이 있는가? 그런 사람을 만나본 적이 없다면 그런 사람을 머릿속으로 그려본다. 변덕스러운 태도를 보이는 상대와 어떤 대화를 나누었는지 적어본다. '관계 맺기'에 집중하며 대화했더라면 어떤 이야기가 오갔을지도 적는다. 상대에게 애정을 구걸하지는 않되(즉 낮은 지위나 위치에 머무르지는 않되), 안정감을 줄 수 있는 방법을 찾아본다.

　　친한 사이라고 생각했던 사람이 정서적 도식의 영향으로 갑자기 당혹스럽거나 불쾌한 말을 한 적이 있는지 떠올려 본다. 상대와 격렬한 논쟁을 하던 도중 당신의 입장을 속 시원히 이야기하지 못해 답답했던 적이 있는가? 또는 상대가 당신의 의도나 행동을 오해하고 화를 내는데 딱히 대꾸하지 못한 채 '못난 나'의 지배를 받았던 적이 있는가? 그랬던 순간이 기억나지 않는다면 가상으로 꾸며보라. 이번에도 '관계 맺기'에 집중하며 대화했다면 어떤 이야기가 오갔을지 적어보라.

5장

/

숨어 있는 나와 친해지기

'못난 나'를 잠재우는 데 더없이 좋은 도구는 '순위 매기기'에서 '관계 맺기'로 시선을 전환하는 것이다. 하지만 그것을 실행으로 옮기기란 생각만큼 쉽지 않다. 위험을 감수하기가 두렵거나, 그런 행동이 더 열등한 것처럼 느껴질 수 있기 때문이다. 또 실제로 해본 적이 없기에 어떻게 시선을 전환해야 할지 잘 모를 수도 있다. 이 장에서는 '관계 맺기'를 가로막는 무의식적 장애물들을 들추어내, 하나하나 치워나갈 방법을 알아보겠다. 그러기 위해서는 애초에 '관계 맺기'를 하지 않는 편이 더 안전하다고 결심하게 만든 무의식적 트라우마의 영향을 지워 없애야 한다.

무의식적 생각을 의식으로 끌어 올리려면 스스로의 신체 상태와 정서적 상태를 주의 깊게 관찰하고, 심상을 통해 꿈을 해석하고,

'적극적 상상'이라 불리는 방법을 이용하면 된다. 이러한 방법들은 심리 치료에서 널리 이용된다. 사람들은 보통 무의식에 잠재된 생각이나 감정을 들추어내려면 다른 사람의 도움을 받아야만 한다고 생각한다. 그러나 무의식은 우리와 소통하고 싶어 한다. 우리 모두의 내면에는 심리적 상처를 치유할 수 있는 힘이 있다. 살갗에 난 상처를 치유할 힘이 우리 안에 있는 것과 마찬가지다. 우리는 꿈에 나타나는 심상이나 이야기같이 무의식과 소통할 수 있는 언어를 배우기만 하면 된다.

여기서 소개할 방법들이 낯설게 느껴질지도 모른다. 하지만 믿고 따라 하다 보면 그 놀라운 치유 효과를 체험할 것이다. 그러기 위한 가장 중요한 방법은 '적극적 상상'을 통해 '내면의 순진무구한 자아'innocent를 알아가는 것이다.

멈춰 서서 혼자 울고 있는 나

3장에서 설명했듯, 트라우마는 우리 입장은 전혀 고려치 않거나 심한 경우 우리에게 해를 끼치려 했던 주변 사람 때문에 느낀 좌절 감이나 무력감과 관련 있다. 우리는 어머니의 배 속에서 '관계 맺기'와 '순위 매기기'가 혼재되어 있는 세상으로 나왔다.

최초의 순위 매기기는 최초로 관계 맺는 사람들에게서 시작된다. 부모 말이다. 우리는 태어날 때부터 최초의 집단에서 가장 낮은 지위와 위치를 점하도록, 따라서 좌절감을 느끼도록 운명 지어졌다. 하지만 이상적인 경우 부모는 어린 우리를 보호해주고 심적, 물적으로 안정적인 환경을 제공해준다. 또 자라서는 동료들에게 지지와 도움을 받는다. 하지만 이러한 이상적인 조건이 충족되지 않을 때 우리는 충격을 받고 좌절감과 굴욕감, 수치심에 사로잡힌다. 그런데 어떤 부분이 가장 큰 충격을 받을까? 바로 세상을 신뢰해 마지않던, 우리의 가장 순진무구한 자아다.

성별이나 연령과 상관없이 우리 모두의 내면에는 순진무구한 자아가 있다. 순진무구한 자아는 대개 권력에 의해 학대당하면서 트라우마를 겪었던 때의 연령에 고착되어 있다. 최초의 트라우마는 대부분 어린 시절에 남는다. 물론 어떤 사람들은 어른이 되어서야 트라우마로 남을 만한 경험을 한다. 이런 말을 하는 사람을 한 번쯤은 보았을 것이다. "아내가 날 배신하고 바람피우는 현장을 목격한 순간 내 순수성은 산산이 부서졌죠." 우리는 무방비 상태로 있다가 세상의 냉혹한 현실에 직면했을 때 순수성을 잃기도 한다. 이를테면 세상이 늘 공정하고 따뜻한 것은 아니라거나, 자연이 항상 자비로운 것만은 아니라거나, 상실과 죽음을 피할 수 없다는 사실을 깨닫거나, 늘 당연한 줄로만 알았던 건강을 잃거나, 하룻밤 새 직장에서 해고되었을 때 말이다. 머리를 치는 깨달음의 순간, 견디기 힘들 정도의 두려움이나 슬픔에 압도당한다. 그것이 바로 트라우마다.

3장에서 보았듯 여러 충격과 트라우마 중에서도 특히 인간관계에서 비롯된 것들은 좌절감, 수치심, 우울을 낳는다. 하지만 어린 시절 트라우마를 겪었든 성인이 되어서야 처음으로 충격적인 일을 경험했든 우리는 계속 앞으로 나아가야만 한다. 그래서 어떤 일이 벌어졌는지 곰곰이 생각하지 못한 채, 또는 너무 큰 고통을 느끼지 않기 위해 마음을 마비시켜버린 채 지나가 버린다. 괴로운 감정은 내면 깊숙이 봉인된다. 하지만 우리의 일부인 순진무구한 자아는 트라우마로 인해 고통받고 괴로워하며 앞으로 나아가지 못한 채 그곳에 똑같은 모습으로 남아 있다. 물론 우리는 그것을 인식하지 못한다.

우리 내면에는 혼자 울고 있는 순진무구한 자아가 실제로 있다. '못난 나'를 치유하고 싶다면 반드시 이 문제를 청산하고 넘어가야 한다. 순진무구한 자아는 또다시 트라우마를 겪게 될지도 모르는 위험을 감지하면 즉시 본능적으로 자기 자신을 탓한다. 우리보다 강해 보이는 사람에게 감히 도전하지 못하도록 우울증과 좌절 반응을 활성화시키는 것이다.

우리의 목표는 '적극적 상상'을 이용하여 트라우마의 실상을 온전히 경험해서 봉인되어 있던 순진무구한 자아를 일깨우고, 본능적인 방어 반응을 놓아버릴 수 있도록 연습하는 것이다.

의식과 무의식이 소통하다

적극적 상상 기법은 심리학자 카를 융이 처음 개발했다. 이후 수많은 학자들이 내면에 봉인된 채 독자적인 생명력을 가진 순진무구한 자아를 치유하기 위해 이 기법을 더욱 발전시켰다.[1] 적극적 상상은 한낱 공상이나 환상과는 다르다. 의식과 무의식을 소통시키기 위한 방법이다. 우리의 경우 무의식에 살고 있는 순진무구한 자아와 대화하기 위해 이 기법을 사용할 것이다. 이상하게 들릴지 모르지만, 각자의 순진무구한 자아를 내면에 살고 있는 독자적인 사람으로 생각하고 시작하면 더 쉽게 접근할 수 있다. 적극적 상상을 통해 순진무구한 자아와 친해지고 나면 스스로의 무의식을 더욱 잘 이해하고 문제를 해결할 수 있다.

이를 위한 첫 번째 단계는 순진무구한 자아를 의식으로 불러내 그가 하는 말을 듣고, 그가 하고 싶은 행동을 관찰하고, 그를 도와주는 것이다. 본래 우리는 순진무구한 자아와 관계 맺고 싶어 한다. 예를 들어, 어렸을 때 왕따를 당한 적이 있는 당신을 혼자 남겨두고 직장 동료들이 자기들끼리만 점심을 먹으러 갔다고 해보자. 당신의 순진무구한 자아는 즉시 그들이 자신을 왕따 시키고 있다고 생각할 것이며, 한 발 더 나아가 스스로가 무가치한 존재라고 결론 내릴 것이다. 그래서 당신은 점심시간이 되면 누구에게도 묻지 않고 제일 먼저 밖으로 나가 혼자 점심을 먹는다. 그 누구도 자신을 먼저 왕따 시키지 못하도록 만드는 것이다.

직장 동료들과의 관계를 '순위 매기기' 관점에서 보는 이러한 반응은 과거의 트라우마에서 비롯된 것이다. 하지만 이런 태도는 원만한 직장 생활을 하는 데 적절하지 않으며 사람들과 친해질 수많은 기회를 놓치게 만든다.

우리는 적극적 상상을 통해 트라우마 때문에 봉인되었던 무의식의 일부를 꺼내어 그 반응을 근본적으로 변화시킬 수 있다. 그 방법은 순진무구한 자아가 어떤 감정을 느끼는지 알아보고, 이해하고, 수용함으로써 덜 당황하고 덜 괴로워하도록 만드는 것이다. 이렇게 하면 나중에 비슷한 상황에 맞닥뜨리더라도 그런 부정적인 감정에 사로잡히지 않을 수 있다. 스스로의 가치를 평가절하하거나 방어기제를 사용하지 않아도 되게 만드는 것이다. 그러면 순진무구한 자아가 일으키는 정서적 도식도 힘을 잃게 된다.

적극적 상상의 핵심은 순진무구한 자아에게 먼저 대화를 청한 후 그쪽에서 반응하기를 진심으로 기다리는 것이다. 이것은 우리 자신과 우리 내면의 자율적인 일부, 즉 '두 사람' 사이에 오가는 대화다. 우선 대략적인 과정을 알아보자.

시작할 때는 열린 마음으로 인내심을 발휘해야 한다. 다른 사람이 무대 위로 올라와 말하기를 기다리듯 말이다. 오랜 기다림 끝에 순진무구한 자아가 모습을 드러낸다 해도 처음에는 입을 열지 않은 채 그저 특정 행동만을 보여줄 수도 있다. 이를테면 네 살 꼬마의 모습으로 나타나 그냥 자전거만 타거나, 두 살 아기의 모습으로 나타나 구석에서 울거나, 스물한 살 아가씨의 모습으로 나타나 누군가를 짝사랑할지 모른다. 그쪽에서 먼저 이야기를 하든, 행동만 보여주든 순진무구한 자아를 진실하게 대해야 한다. 그쪽에서 질문을 던진다면 솔직히 답하라. 순진무구한 자아가 수영하는 법을 잘 배우지 못해 좌절하고 있다면 이렇게 말할 수 있다. "수영할 줄 몰라 답답하겠다. 내가 좀 도와줄까?" 그런 후 순진무구한 자아를 도와주고 있는 자신의 모습을 머릿속으로 그려보라.

그런 후에는 순진무구한 자아가 먼저 입을 열거나 행동할 때까지 기다리면 된다. 그러면 순진무구한 자아는 이렇게 말할지 모른다. "나한테 수영을 가르쳐주려고 한 사람은 많았지만 결국 다 제대로 가르쳐주지 못했어. 너도 아마 포기해버리고 말걸. 나는 물속에 얼굴을 집어넣는 게 무서워." 여기서 핵심은 순진무구한 자아가 언제든 올라와 이야기하거나 행동할 수 있도록 무대를 비워둔 채 기다리는 것이다. 그리고 순진무구한 자아를 독립적인 인격체로 대접해주는 것도 마찬가지로 중요하다.

트라우마를 치유하려는 목적으로 적극적 상상 기법을 연습하다 보면, 결국 트라우마가 남게 된 상황과 그때 느꼈던 감정으로 돌아가게 된다. 사랑하는 사람이 학대로 인해 상처받고 있다면 어떻게 하겠는가? 아마 집으로 데려가 위로하고 그 사람이 하는 말을 귀담아들어 줄 것이다. 그리고 그 사람이 겪은 끔찍한 일을 극복할 수 있도록 도와줄 것이다. 내면의 수치심, 우울증, 스스로의 가치에 대한 저평가, 순위 매기기의 시선으로 세상을 바라보는 경향을 없애려면 이렇듯 부모가 자녀에게 베푸는 것과 같은 사랑과 보살핌이 필요하다. 순진무구한 자아가 성인이라 해도 어린 시절로 돌아가 어머니의 따뜻한 사랑을 받을 필요가 있다. 세상 밖으로 다시 힘차게 걸어 나가기 위해서는 우리 자신과 순진무구한 자아의 치유가 선행되어야 한다.

그런데 때로 순진무구한 자아에게 부모처럼 사랑과 보살핌을 쏟아붓는 것이 적당하지 않은 경우도 있다. 특히 만성적으로 스스로의 가치를 평가절하해 온 사람이라면 순진무구한 자아를 부모처럼 보살피고 사랑하는 데 어려움을 느낄 수도 있다. 이는 그렇지 않아도 괴롭고 힘든 어린아이에게 스스로를 돌보라고 요구하는 것과 다름없기 때문이다.

물론 순진무구한 자아는 누군가의 보살핌과 도움을 절실히 갈망하고 필요로 한다. 하지만 너무나도 지친 상태인 우리의 내면에는 훌륭한 부모가 존재하지 않을지도 모른다. 끊임없이 문제를 일으키는 순진무구한 자아에 대한 분노가 잔뜩 차 있을지도 모르기 때문이다. 일례로 어떤 여성은 자신의 순진무구한 자아와 대화를 시도하던 중 내면의 자아를 발로 차고 때리고픈 충동이 들었다고 했다. 폭력적인 충동은 약해빠져서 자신에게 문제를 일으키는 순진무구한 자아에 대한 증오에서 비롯된 것이었다. 결국 그 여성은 그런 충동이 드는 이유를 찾기 위해 전문가를 찾아 도움을 받았고 그제야 문제를 해결할 수 있었다.

앞으로 이 책에서는 내로라하는 심리 치료사들이 사용하는 최고의 방법을 소개할 것이다. 하지만 치료사를 찾아가는 편이 더 나은 경우도 있다는 점을 밝히고 넘어가겠다.

자아와 대화할 때 필요한 원칙

〰〰〰

물론 우리의 가장 큰 목적은 순진무구한 자아가 더 이상 자신을 무가치한 존재로 여기지 않도록 도와주는 것이다. 이를 위해서는 순진무구한 자아를 의식으로 불러내 자기 자신을 있는 그대로 표현하도록 허락해야 한다. 순진무구한 자아와 '관계 맺기'를 해야 하는 것이다. '관계 맺기'란 순진무구한 자아를 좋아해야 한다는 것을 의미한다. 즉, 그 모습과 감정을 있는 그대로 받아들여야 한다. 그러기 위해서는 진실한 관심을 보이고, 할 수 있다면 그 욕구를 충족시켜주어야 한다. 순진무구한 자아를 치유할 때는 무조건적인 수용이 어떤 설교나 교육보다 낫다. 상대를 불완전하고 흠 있는 존재로 대하는 것은 금물이다. 그런 태도는 순진무구한 자아에게 두려움만 더 일으킬 뿐이다. 순진무구한 자아를 안심시켜주고 수용해주면 치유는 저절로 일어난다.

우리는 과거에 스스로를 보호하기 위해 봉인해두었던 감정들을 다시 의식 위로 떠오르게 할 것이다. 처음에는 순진무구한 자아의 등장이 수치심을 자극하거나 불편함을 야기할지도 모른다. 또 수줍어하는 성격과 자신이 사랑스럽지 못하다는 생각 때문에 순진무구한 자아가 쉽사리 말을 하지 않거나 숨으려고만 할지 모른다. 그렇더라도 노력을 멈추어서는 안 된다. 어떤 부정적인 감정이 떠오르더라도 그것을 거부하거나 거절해서는 안 된다. 그것은 순진무구한 자아를 또다시 벌하는 것과 다름없다. 감정을 있는 그대로 수용해주면 결국 순진무구한 자아는 자신의 진면목과 가치를 제대로 볼 수 있게 될 것이다. 어린 시절 부모에게 받았던 사랑이 평생 당당하고 가치 있게 살아가는 밑거름이 되듯 말이다.

순진무구한 자아와 본격적으로 대화하기에 앞서 트라우마 때문에 고통받는 사람들을 돕거나 자녀를 양육할 때 적용하는 원칙 몇 가지를 알아보자. 이 원칙들을 적용할 때는 자신이 순진무구한 자아를 매우 아끼고 사랑하는 분별 있고 합리적인 사람이라 생각해야 한다. 처음에는 스스로가 그런 사람이 아니라 생각할지도 모르지만, 적극적 상상 기법을 적용하다 보면 자신 안에 현명하고 동정심 많은 성격이 숨어 있음을 발견하고 깜짝 놀라게 될지도 모른다. 설사 기술적으로 부족한 부분이 있다고 해도 앞으로 천천히 배워나가면 되므로 걱정할 필요 없다.

» 동조와 이해

동조란 타인의 감정에 주파수를 맞추고 깊이 살피는 것을 의미한다. 단순히 상대방의 감정이 어떤 상태인지 인식하는 것만으로는 부족하다. '저 사람 화났나 보네'라는 생각의 논리적 유추는 좌뇌가 관장한다. 이와 달리 동조는 직관과 감정을 다루는 우뇌에서 관장하며 무의식적이고 자동적인 경우가 많다. 상대의 감정에 동조하면 그 사람이 화내는 이유가 무엇인지 직감적으로 알아차릴 수 있으며, 때로는 자신도 비슷한 분노의 감정을 느낄 수 있다.

좋은 어머니는 아기의 감정에 동조하는 법을 안다. 대개 어머니들은 그 능력을 타고난다. 아기가 웃으면 어머니도 웃는다. 아기가 울면 어머니도 함께 슬퍼한다. 물론 어머니가 매 순간 갓난아기의 감정에 완벽히 동조할 수 있는 것은 아니다. 하지만 올바른 주파수를 찾기 위해 늘 노력한다. 예를 들어 아기가 배고파서 운다고 생각해 먹을 것을 주었는데도 계속 울면 어머니는 또 다른 이유를 찾아본다.

어머니가 아기의 감정에 주파수를 맞추듯 우리는 순진무구한 자아의 감정에 주파수를 맞출 수 있어야 한다. 타인의 감정에 동조하고 타인을 이해하는 능력은 감성지수EQ의 핵심이다. 순진무구한 자아에 주파수를 맞추려면 그가 어떤 기분을 느끼는지 확인하고, 우리가 그 감정을 인지하고 있다는 사실을 다시 알려주어야 한다. 즉, 우리는 거울처럼 순진무구한 자아의 감정을 비추어줄 수 있어야 한다. 순진무구한 자아가 새로운 기분을 느낄 때마다 새로이 주파수를 맞추어 거기에 동조하는 것이 우리가 할 일이다.

감정의 흐름을 알아채는 것은 매우 중요하다. 그 변화를 포착하기 어려울수록 중요성은 더욱 커진다. 미묘하고 섬세한 감정의 흐름을 포착해 순진무구한 자아에게 다시 비추어줄 때 진정한 치유가 일어나기 때문이다. 그러한 점진적인 과정을 통해 증오는 이해와 용서로, 수치심은 자기 수용으로 바뀌며 두려움은 녹아 없어진다. 설사 우리가 감정을 있는 그대로 받아들이지 않거나 그 과정을 견디기 힘들 만큼 지루하게 여긴다고 해도 말이다.

적극적 상상 기법을 적용하는데도 순진무구한 자아가 특정 사건에 대해 감정을 별로 드러내지 않는 경우가 있다. 예를 들면 우리의 순진무구한 자아는 사랑하는 어머니의 죽음과 그 이후 새어머니 밑에서 자랐던 어린 시절의 경험을 이야기하면서 감정을 조금도 털어놓지 않고 오로지 객관적인 사실만을 말할 수도 있다. 이런 경우에는 같은 상황에서 보통 사람이라면 어떤 기분을 느낄지 자문해보라. "대부분 그런 일을 겪으면 화나고 혼란스럽겠지?" 그렇다는 생각이 든다면 순진무구한 자아에게 간접적인 질문을 던져 감정을 표현하도록 유도해보라. "내가 그때 무슨 일이 있었는지 물어봐서 화가 나거나 슬퍼진 거야? 그렇더라도 괜찮아."

그런 후 순진무구한 자아가 하는 말을 진심으로 귀담아들으라. 필요하다면 중간 중간 질문을 던져도 괜찮다. 순진무구한 자아가 부정적인 감정이나 불만을 표출하더라도 거기에 합당한 이유가 있으리라 믿으라. 그 이유를 듣고 싶다고 청하라. 그리고 그에 대해 어떻게 생각하고 이해하는지 진지하게 대답해주라. "그래서 걱정할 수밖에 없었던 거구나. 누군가 집에 침입할까 봐 걱정하는 거지?"

마지막 말을 통해 당신은 순진무구한 자아의 주된 감정 상태와 그 원인을 연결 짓기 시작한다. 또 순진무구한 자아를 이해하고 싶어 하는 마음을 보여준다. 순진무구한 자아는 이제 당신을 신뢰하기 시작한다.

» 현재 원인과 연결 짓기

다음 단계는 순진무구한 자아가 현재 강렬한 감정에 사로잡혀 있는 원인이 무엇인지 파헤치는 것이다. 예를 들자면, 다음과 같이 대화를 시작하는 것이다. "네가 지금 얼마나 슬플지 공감해. 그렇게 상심할 만도 해." 이런 말은 순진무구한 자아에게 동조하고 있음을 보여준다.

이제 다음으로는 순진무구한 자아의 감정을 이해하고 있음을 표현해야 한다. "다른 사람이 공적을 가로챌 때 화도 나지만 슬프고 우울해지는구나. 하지만 우울해지는 것도 당연해. 그런 일을 당하면 누구나 패배감과 무력감을 느끼게 마련이니까. 아마 너는 스스로의 권리를 주장해본 적이 없기 때문에 공로를 인정받을 자격이 없다고 생각할지도 몰라."

다음은 현재의 원인을 직접적으로 파고드는 단계다. 순진무구한 자아가 그 원인을 이미 말했다면 그냥 그 내용을 바꾸어 말해주기만 하면 된다. 하지만 순진무구한 자아가 원인을 아직 깨닫지 못했거나, 당신이 그에 대해 생각해보지 못한 경우도 있을지 모른다. "너는 네가 나서서 권리를 주장하면 큰일이라도 날까 봐 두려워하고 있는 것 같아. 릴리언이 무서운 거지? 공로를 가로챈 거라고 비난하면 너를 공격할까 봐. 릴리언뿐 아니라 릴리언과 친한 사람 모두가 너에게 등을 돌릴까 봐."

» 과거 원인과 연결 짓기

다음 단계는 다음과 같은 질문을 통해 현재의 감정을 과거의 원인과 연결 짓는 것이다. "혹시 전에도 이것과 비슷한 기분을 느껴본 적 있니?" 순진무구한 자아에게 이와 비슷한 감정을 느껴본 적이 있는지 질문하는 것은 무척 중요하다. 이 질문을 할 때는 당신이 그 원인을 알고 있다고 섣불리 가정해서는 안 된다. 순진무구한 자아가 당신의 일부이기는 하지만, 자율적이고 독립적인 개체라는 점을 잊지 말라. 당신은 꿈을 통해 새로운 관점을 얻는 것과 마찬가지로 순진무구한 자아의 말을 통해 새로운 사실을 알게 될 수도 있다. 순진무구한 자아가 현재의 감정을 야기했을지도 모르는 과거의 원인에 대해 언급하면, 함께 그 당시로 돌아가 보라. 과거에 그 일이 벌어졌을 때 순진무구한 자아와 느꼈던 감정 속으로 들어가 보라.

순진무구한 자아는 당신 기억 속에도 있으나, 사소한 문제로 치부하고 넘어갔던 일에 대해 이야기할지 모른다. 이를테면 숙제로 그려놓은 콜럼버스의 배 그림을 어떤 아이가 빼앗아 갔던 일 말이다. 그림을 빼앗아 간 아이는 그것을 숙제로 냈고, 선생님은 그 아이에게 칭찬을 해주고는 게시판에 그 그림을 걸어놓았다. 순진무구한 자아는 그 그림이 자신의 것이라 주장했지만 선생님은 "네가 이렇게 잘 그릴 리 없다"라며 그 말을 믿어주지 않았다. 순식간에 거짓말쟁이가 된 당신은 반 아이들에게 비웃음만 당했다. 당신의 계속되는 주장에 선생님은 당신 부모에게까지 전화를 걸었고 부모는 당신 말 대신 선생님의 말을 믿었다. 당신 내면의 순진무구한 자아는 이 일로 깊은 상처를 받았고, 그 이후부터 자신이 한 일에 대한 공로를 주장하는 것을 두려워하게 되었다. 이것이 릴리언의 비열한 행동에도 당신의 정당한 권리를 주장하지 못하고 두려워했던 이유였다.

과거의 경험을 파악하고 나면 이제는 그때 경험이 얼마나 끔찍하고 불쾌했는지 순진무구한 자아가 충분히 느끼고 말할 수 있도록 해줄 차례다. 그러면 순진무구한 자아는 그동안 깊이 봉인되어 온 감정들을 털어놓을 것이다. 순진무구한 자아가 모든 속내를 꺼내놓도록 계속 추임새를 넣으며 반응해주라. "정말 괴롭고 슬펐겠다."

» 감정적 연결 고리 수정하기

감정적 연결 고리를 수정하는 단계는 언뜻 어색하거나 터무니없는 듯 느껴질 수도 있지만 일단 시작하고 나면 그다지 어렵지 않다. 과거에 순진무구한 자아가 어떤 반응이나 대접을 받았더라면 수치심이나 굴욕감을 느끼지 않았을지 생각해보고 그대로 해주기만 하면 되기 때문이다. 순진무구한 자아가 어린 시절 무서웠던 일에 대해 이야기하면 혼자 두려움을 감당하느라 힘들었겠다고 위로해준 후, 할 수만 있다면 그때로 돌아가 옆에서 보호해주고 싶다고 말하라.

예를 들어 그림 숙제를 빼앗겼던 일에 대해서는 이렇게 말해줄 수 있다. "난 네가 그 그림을 그렸다는 걸 믿어. 네 그림을 빼앗아 제출한 아이가 칭찬을 받다니 정말 화날 일이야. 나라면 교장실로 찾아가 모든 사실을 밝히고 널 거짓말쟁이 취급했던 그 선생이 해고되게 만들었을 거야." 이러한 반응은 사랑에서 비롯된 것이며, 순진무구한 자아는 사랑을 통해서만 지금껏 그 누구에게도 털어놓지 못했던 상처를 드러내 수정하고 치유할 수 있다.

간혹 동조, 수용, 이해를 보여주는 것만으로도 감정적 연결 고리를 수정해 치유가 시작되는 경우도 있다. 하지만 대개는 적극적 상상 기법이 필요하다. 앞의 사례에서 설사 부모가 교장에게 가서 따졌더라도 순진무구한 자아가 상처받는 것을 막지 못했을 수도 있다. 순진무구한 자아는 자기 자신뿐 아니라 부모에 대해서도 수치심을 느꼈을지 모른다. 당신은 당신이 그 자리에 함께 있었더라면 상황이 어떻게 달라졌을지 이야기해줌으로써 부정적인 감정의 연결고리를 수정할 수 있다. 그런데 이때 순진무구한 자아에게 동조하고, 이해를 표하고, 과거와 현재의 원인과 연결 짓기 전까지는 섣부르게 상황이 어떻게 달라졌을지 이야기하지 않도록 주의해야 한다. 또 순진무구한 자아의 현재 감정을 과소평가해서도 안 된다. 예를 들어 순진무구한 자아는 자신이 무가치하기 때문에 다른 아이들에게 그런 식의 취급을 받았던 것이 당연하다고 여전히 생각할지 모른다. 그럴 때는 잘못된 감정을 그대로 수용하는 대신 공정한 시각을 제공해줄 필요가 있다.

무엇보다도 진심에서 우러난 솔직한 말만을 해야 한다. 만약 다른 의도를 품고 말한다면 순진무구한 자아가 금세 알아차릴 것이다. 급속한 변화를 위해 과장하여 공감을 표현해서는 순진무구한 자아의 신뢰를 얻을 수 없다.

» 필요한 경우 반대 의견 표하기

당신은 순진무구한 자아와 대화를 시도하고 있다. 익히 알고 있겠지만, 어떤 감정이든 결코 '잘못되거나' '틀릴' 수 없다. 감정은 날씨처럼 그냥 저절로 생겨난다. 하지만 순진무구한 자아가 지닌 어떤 감정은 사건에 대한 부정확한 인식에서 비롯된 것일 수도 있다. 그럴 때는 사건에 대한 정확한 사실을 알려줌으로써 문제 해결의 실마리를 찾도록 도와준다.

순진무구한 자아의 관점을 수용할 수 없는 경우, 먼저 어째서 거기에 동의하는 마음이 생기지 않는지 생각해보아야 한다. 순진무구한 자아의 관점이 당신을 불편하거나 언짢게 만드는가? 더 올바르게 반응할 수 있도록 정확한 정보를 제공하는데도 순진무구한 자아가 방어기제를 사용해 저항하는가? 예를 들어 순진무구한 자아가 매사에 다른 사람들을 탓하는 방어기제를 사용한다고 해보자. 순진무구한 자아는 이렇게 말할지 모른다. "끝이야. 사표 내고 다시는 일하지 않으면 그만이지."

당신은 이런 태도를 지양해야 한다는 것을 알고 있다. 따라서 비현실적인 태도 대신 이렇게 생각해보라고 제안할 수 있다. "네가 한 일을 릴리언이 가로챈 것이라고 상사에게 말하기 두려운 거지? 하지만 상사가 너의 진면목을 알 수 있도록 진상을 말해줄 필요가 있어. 너는 훌륭한 직원이야. 네 생각처럼 무가치한 존재가 아니야. 마땅한 권리를 주장하지 않는 태도는 네 스스로의 가치를 깎아내리는 결과를 초래하게 될 거야."

» 고마움 표현하기

속마음을 드러내 표현해주는 것에 대해 순진무구한 자아에게 늘 고마움을 표현하라. 덕분에 많은 것을 알게 되었다고 말해주라. 너무 바빠서 순진무구한 자아와 대화를 나눌 수 없을 때는 그 이유를 설명해주고 사과하라.

자신의 일부에게 고마움을 표현하는 것이 실없는 짓처럼 느껴질지도 모른다. 하지만 순진무구한 자아를 독립적인 개체로 여김으로써 얻을 수 있는 장점은 많다. 예를 들어, 계속 대화를 나누다 보면 순진무구한 자아는 쉽사리 꺼내기 힘든 케케묵은 감정들을 털어놓을 것이다. 거기에 귀 기울여 듣다 보면 그 감정들에 대해 점점 수치심을 느끼지 않게 될 것이다. 분리된 대상의 감정을 수용함으로써 결국 그것들을 자신의 일부로도 수용하게 되는 것이다.

» 부드러운 태도로 대하기

순진무구한 자아는 트라우마가 발생했던 순간 우리가 분리시켜 봉인할 수밖에 없었던 온갖 종류의 감정을 지니고 있다. 그중에는 자책감도 있을지 모른다. 순진무구한 자아가 '외부 요인 탓하기' 방어기제를 사용한다고 해도, 그 속을 파고 들어가다 보면 자기 자신을 탓하는 마음이 있을 가능성이 높다. 그렇지 않아도 자책하는 경향이 있는 순진무구한 자아를 또다시 탓했다가는 상처를 더 후벼 파는 결과를 초래할지 모른다. 그러므로 순진무구한 자아를 대할 때는 부드러운 태도를 유지해야 한다.

적극적 상상 기법 적용 원칙

- **동조** 순진무구한 자아가 어떻게 느끼는지 알고 있다고 표현하되 당신의 감정을 강요하지 않는다. "그런 일이 있었다니 정말 끔찍하다."

- **이해** 해당 상황에서 그런 감정을 느끼게 된 이유를 알고 있다고 표현한다. "그 사람이 그런 식으로 말해서 상처받았겠다." 그리고 당신이 잘못 이해하고 있는 점에 대해 고쳐달라고 순진무구한 자아에게 청한다.

- **현재 원인과 연결 짓기** 현재의 반응을 유발한 원인을 파악한다. "그 사람이 어떻게 생각할지 신경 쓰느라 기분이 별로인 거야?"

- **과거 원인과 연결 짓기** 예전에 현재와 비슷한 상황을 경험한 적이 있는지 물어본다. 또는 현재의 민감한 반응을 강화했으리라 생각되는 과거의 일이 있는지 추측해본다. "이번 일은 늘 비판적이었던 아버지를 떠올리게 하는 것 같아."

- **감정적 연결 고리 수정하기** 과거 순진무구한 자아에게 힘든 일이 벌어졌을 때 옆에 있었더라면 어떻게 해주었을지 사랑을 담아 이야기해준다. 이를 통해 순진무구한 자아는 자신을 어떻게 가치 있게 대해야 하는지 배울 수 있다. 또 비슷한 일이 벌어졌을 때 어떤 식으로 대처해야 하는지도 배울 수 있다. "네가 어떤 기분일지 이해해. 너를 그런 식으로밖에 대접하지 않은 그 사람들에게 화가 나. 네가 그런 가혹한 비판을 들어야 할 이유는 없었어. 정말 어이없고 말도 안 되는 일이야."

- **필요한 경우 반대 의견 표현하기** 순진무구한 자아가 상황을 그릇된 시각으로 바라보고 있다면 (예를 들면 방어기제를 사용한다든가 감정적으로만 대처한다든가 통하지 않는 방법을 권한다면) 부드럽게 반대 의사를 전달한다. "네 기분이 어떨지 알겠어. 하지만 너 자신이 무가치하다는 생각 때문에 다 포기해버리다니 그건 안 될 일이야. 네가 그렇게 하도록 내버려 두지 않을 거야."

- **고마움 표현하기** 당신이 순진무구한 자아를 아끼고 있다는 사실을 수시로 알려준다. "나에게 속마음을 이야기해주어서 고마워. 정말 큰 도움이 되었어."

- **부드러운 태도로 대하기** 순진무구한 자아가 수치심 때문에 상처받기 쉬운 상태라는 점을 잊지 말라. 설사 바로잡거나 고쳐주어야 할 부분이 있더라도 늘 애정 어린 태도를 보여야 한다.

순진무구한 자아를 가르치려 드는 것은 금물이다. 또 순진무구한 자아가 따르기 힘들 것이 뻔한 조언을 하거나, 감정을 상하게 하거나, 비판하거나, 모욕해서도 안 된다. 순진무구한 자아보다 우위에 서려는 태도와 행동은 트라우마를 재경험하게 만들어 수치심, 굴욕감, 자책감 등의 반응을 강화하는 결과를 낳는다. 순진무구한 자아를 대할 때는 수용적인 태도가 바탕이 되어야 한다. 혹여 그 길에서 잠시 벗어나게 되더라도 다시 부드러운 태도로 돌아가야 한다.

하지만 순진무구한 자아의 의견을 수용하는 것과 거기에 동의하는 것은 다르다는 점을 기억해야 한다. 이를테면 당신은 다음처럼 말할 수 있다. "그런 시각에 동의하지는 않지만 네가 왜 그렇게 생각하는지는 알겠어." 순진무구한 자아는 당신이 이러한 태도를 보일 때 자신이 느끼는 대로 표현하더라도 당신이 싸우려 들거나, 우월감을 느끼거나, 사랑을 철수하거나, 자신을 벌하거나, 비난하지 않으리라 믿을 것이다.

적극적 상상을 위해
준비할 것들

～～～

적극적 상상 기법을 적용할 때 자연스럽게 떠오르는 부분도 있을 테지만 몇 가지 준비를 해두고 시작하면 더욱 성공적인 결과를 얻을 수 있다. 적극적 상상을 시작하기에 앞서 다음 안내를 읽고 준비하면 더욱 도움이 될 것이다.

- 시간을 정해놓는다. 일주일에 두세 번 정도 어떤 방해도 받지 않을 만한 시간을 정해놓고 적극적 상상 기법을 적용하면 빠른 진전을 기대할 수 있다. 하지만 그렇게까지 시간이 나지 않는다면 일주일에 한 번 이상을 목표로 하는 것도 괜찮다.
- 유연성을 발휘한다. 한 번에 어느 정도의 시간을 들여야 하는지에 대한 정해진 규칙은 없다. 하지만 적극적 상상 기법을 적용해본 적이 없다면 처음에는 시간이 좀 걸릴 수도 있다. 시간을 너무 짧게 정해놓으면 시간 내에 끝내야 한다는 압박감을 느끼게 될지도 모르므로 여유를 두는 것이 좋다. 일단 순진무구한 자아와 대화를 시작하면 이야기가 30분 넘게 계속될 것이라 예상하면 된다.
- 조용한 장소를 고른다. 전화기는 꺼둔다. 취향과 기호에 따라 경건하고 안정된 분위기를 조성할 수 있는 소품을 활용하는 것도 괜찮다.
- 필기도구를 준비해놓는다. 순진무구한 자아와의 상호작용이 대화보다 행동이 주가 되었다면 나중에 그 내용을 적어둔다. 주로 대화를 나누었다면 바로 그 내용을 적는 것이 좋다. 둘의 말이 헷갈리지 않도록 구별할 수 있는 표시를 해놓는다.
- 기법을 적용하는 도중 혼란스럽거나 힘들다는 느낌이 들면 즉시 멈

추고 전문가의 도움을 구한다. 적극적 상상 기법을 적용하다가 당황하거나 혼란을 느끼는 일은 드물다. 하지만 오랜 기간 무의식에 묻어두었던 감정들을 들추다 보면 예기치 못했던 일도 생길 수 있다. 필요하다면 기법 적용을 중단하고 전문가의 도움을 받을 수 있도록 미리 준비해놓는다.

얼마 전부터 우울증에 시달린 트리샤는 자신이 '못난 나'의 관점으로 세상을 보고 있다는 사실을 잘 알고 있었다. 트리샤는 순진무구한 자아인 벨과 대화를 해보기로 결심했다. 벨은 어머니가 트리샤를 부르던 애칭이었다. 다음에 나오는 대화 내용을 보면서 트리샤가 어떤 식으로 벨의 욕구를 충족시켜주는지 참고하라. 다음 대화는 읽기 편하도록 편집해놓은 것으로 순진무구한 자아와의 실제 대화는 더 뒤죽박죽인 경우가 많다.

트리샤는 손으로 쓰는 것보다 타이핑하는 편이 더 편했기에 컴퓨터 앞에 앉아 대화를 시작했다.(컴퓨터를 사용해 대화를 타이핑하는 것도 괜찮은 방법으로, 이 경우 나중에 그 내용을 출력해 노트에 붙여놓으면 된다.) 필요할 때마다 참고할 수 있도록 앞에 나온 적극적 상상 기법 적용 원칙을 컴퓨터 옆에 두었다. 우선 눈을 감고 심호흡하면서 몸의 긴장을 풀었다. 그런 후 단전 부근의 조용하고 어두운 장소를 무대라고 상상하고, 그곳으로 벨을 초대했다. 벨은 무대로 올라와 이렇게 말했다. "나는 너처럼 우울하지 않아. 그냥 무서울 뿐이지. 난 너무너무 무서워." 트리샤는 원칙을 적용하기 시작했다.

자아와 대화하는 트리샤

~~~

1. 동조

트리샤 무섭다고? 네가 그렇게 겁에 질려 있는지 몰랐어. 뭐가 그렇게 무서운 거야?

벨 네가 회사에 나가는 게 싫어. 출근할 때마다 얼마나 무서운지 몰라. 회사에 있으면 항상 무서워.

2. 이해

트리샤 그렇구나. 무섭다고 솔직하게 이야기해줘서 고마워. 네가 얼마나 힘들지 이해해. 두려워하는 장소에 가는 건 쉽지 않은 일이야. 회사의 어떤 점이 특히 무서운 거야?

벨 상사인 바르트 씨. 바르트 씨 앞에만 가면 내가 쓸모없는 사람인 것처럼 느껴지거든. 그래서 기분이 안 좋아져.

3. 현재 원인과 연결 짓기

트리샤 바르트 씨가 비판적이긴 해. 바르트 씨 때문에 기분이 계속 나빠질까 봐 그 사람이 무서운 거야?

벨 그 사람 때문에 정말 기분이 나빠. 내가 뭘 하든 잘못하는 것처럼 말한다니까. 그는 내가 멍청하다고 생각할 거야. 그 사람 생각이 맞을지도 모르지. 나는 못난이에 바보 멍청이야.

4. 강렬한 감정을 잠재우기 위해 동조 표현 더 하기

트리샤 절망적이겠다. 너는 스스로를 못난이, 바보, 멍청이로 생각하는구나. 종일 그런 생각에 사로잡혀 있었다니 정말 괴로웠겠다.

벨 내가 자기를 얼마나 싫어하는지 바르트 씨도 알고 있는 게 분명해. 그래서 나를 점점 더 힘들게 만드는 거라고.

5. 과거 원인과 연결 짓기

트리샤 혹시 바르트 씨를 보면 떠오르는 비슷한 느낌의 사람이 있어?

벨 아빠. 그리고 중학교 때 수학 선생. 또 첫 번째 상사였던 그 얼간이 같은 놈. 어릴 때 아빠는 나보고 의자 위에 올라가 설거지를 하라고 시키곤 했어. 내가 설거지를 다 해놓으면 그릇을 하나하나 검사했는데, 그릇에 얼룩이 조금만 남아 있어도 고래고래 소리 지르며 혼냈지. 무서워서 들고 있던 그릇을 떨어뜨리면 아빠는 더 소리를 질렀어. 또 숙제를 하고 있으면 도와주겠다고 옆에 앉아 내게 멍청이라고 말하기 일쑤였지. 나는 아빠가 너무 무서웠어. 아무리 좋은 점수를 받아 와도 아빠는 완벽하지 않다며 나를 때리고 방에 가두었어.

6. 감정적 연결 고리 수정하기

트리샤 그때 내가 옆에 있었더라면 아버지에게 너를 그런 식으로 대하는 건 잘못되었다고 충고해주었을 텐데. 네가 잘한 일에 대해 칭찬해주었더라면 너는 훨씬 더 잘했을 거야. 그렇게 무서운데도 회사에서 최선을 다해 일하려 노력한 네가 참 대견하다.

벨 그래? 내가 대견하다고? 그런 말은 처음 들어봐. 하지만 나는 정말 일을 잘 못한다고. 계속 이런 식으로 가다가는 해고당할지도 몰라. 나는 정말 멍청해.

7. 필요한 경우 반대 의견 표하기

트리샤 그래, 네가 무슨 말을 하는지 알겠어. 스스로가 멍청하다고 생각하는 기분이 얼마나 끔찍할지도 이해해. 하지만 그건 사실이 아니야. 너는 절대 멍청하지 않아. 아버지, 수학 선생, 첫 번째 상사 때문에 그런 생각을 하게 된 것 같아. 특히 아버지 잘못이 크다고 생각해. 아버지는 너처럼 상처받기 쉬운 아이를 어떻게 양육해야 하는지 몰랐던 게 분명해. 너는 항상 네가 할 수 있는 최선을 다했어, 항상.

벨 더 이상 회사에 나가고 싶지 않아. 출근할 때마다 끔찍해.

트리샤 하지만 나는 일을 해야만 해. 우리 둘이 함께 아버지처럼 두려움을 불러일으키는 남자들에게 어떻게 대응하면 좋을지 생각해보자. 회사를 그만두면 지금 당장은 피할 수 있다고 해도 또 언제 비슷한 문제에 직면하게 될지 모르잖아.

벨 하지만 그렇게 할 수 있을까? 난 자포자기 상태야.

트리샤 우선 바르트 씨가 나를 정말 싫어하는지 내가 관찰해볼

게. 사실은 그렇지 않을지도 모르잖아. 우선 먼저 친절한 태도를 보이고 그 사람이 어떻게 나오는지 보자. 바르트 씨는 내가 자기를 싫어한다고 생각할 수도 있잖아.

벨 네가 잘할 수 있을 것 같아? 그렇게 해보면 될까?

트리샤 내가 너를 보살펴 줄게. 만약 바르트 씨가 정말 우리 아버지처럼 악질적인 사람이라면 그때는 사직서를 내서 널 보호해줄게.

벨 그래, 그렇게 해보는 것도 괜찮겠다. 내가 얼마나 겁먹고 있는지 절대 잊으면 안 돼. 바르트 씨가 정말 나쁜 사람인지 아닌지 신중하게 관찰해봐야 해.

8. 고마움 표현하기

트리샤 내가 널 꼭 보살펴 줄 거야. 너는 정말 소중한 존재니까. 네 덕분에 오늘 정말 많은 것을 배웠어. (트리샤는 이 말을 들은 벨의 얼굴이 한층 밝아졌다고 상상했다.)

9. 부드러운 태도로 대하기

트리샤 네 기분이 나아진 것 같아 다행이야. 하지만 정말 괜찮아진 거야? 몇 분 전만 해도 기분이 별로였잖아.

벨 맞아 그랬지. 여전히 나 자신이 싫은 건 마찬가지야. 나는 늘 문제를 만들어내는 골칫덩어리니까. 그렇지 않아? 내 말은……. 난 털을 곤두세우고 있는 고양이 같아. 아무런 자신감도 자존감도 없어.

트리샤 네 기분이 그렇다니 나까지 울적해진다. 나는 너를 정말 사랑해. 스스로가 멍청하다는 생각에 사로잡혀 있으면 얼마나 힘들겠니. 그렇지만 스스로를 부끄럽게 여기지는 마. 물론 그러기 힘들다는 거 알아. 하지만 네가 태어날 때부터 그랬던 건 아니라고. 그리고 지금도 변화하기 위해 노력하고 있잖아. 앞으로도 나와 이야기 나누자. 그러면 기분이 한결 나아질 거야. 알았지?

앞의 대화에서 트리샤가 벨을 위해 준 것들을 정리해보자.

- 트리샤는 벨을 완전히 독립적인 인격체로 대접해주었다.
- 벨이 감정을 표현할 때마다 거기에 동조해주었다.
- 자책감에 사로잡힌 벨을 위해 '대견하다'는 말을 해주었다. 이 말은 감정적 연결 고리를 수정할 수 있게 해주는 실마리가 되었다. 트리샤는 단순히 입으로만 그 말을 한 것이 아니라 진심으로 그렇게 느꼈다.
- 벨이 사랑과 보호를 받았어야 마땅한 존재라는 점을 상기시켜줌으로써 감정적 연결 고리를 계속 수정했다. 더불어 앞으로 벨을 보살피고 보호해주겠다고 약속했다.
- 자신이 무가치한 존재라는 생각에 사로잡힌 벨의 감정을 수용해주되, 그런 생각이 사실에 근거하지 않은 것이라는 점을 분명히 밝혔다.

- 트리샤는 벨을 보살펴주는 이성적인 보호자로서의 역할을 유지했다. 벨과 대화 나누면서 두렵고 자책하는 마음이 들기도 했지만 꾹 참으며 직면하기 힘들었던 깊은 감정으로 파고들었다.
- 부드러운 태도를 유지하며 '못난 나' 문제를 해결하고 변화할 수 있다는 희망을 주었다.

트리샤는 벨과의 관계 맺기를 통해 무의식에 봉인해두었던 감정, 기억, 방어기제들을 다시 의식 위로 떠올려 자각할 수 있었다. 또 벨을 위해 정서적 연결 고리를 수정하는 과정을 통해 트리샤도 그것들을 다른 시각으로 볼 수 있게 되었다. 어떻게 그런 일이 가능했던 것일까? 트리샤는 벨을 보살피고 보호하는 이성적인 사람의 역할을 했다. 타인을 위해 그런 역할을 해주면서 스스로를 위해서도 그렇게 할 수 있다는 것을 배운 것이다.

트리샤는 벨과의 대화를 통해 직장에서 자신이 겪고 있는 일을 더욱 분명하게 바라보게 되었다. 상사인 바르트에게 미안한 감정도 느끼기 시작했다. 어린 시절 트리샤의 아버지가 그랬듯 바르트도 과로에 시달리는 직장인이었다. 사실 바르트는 회사 조직 개편을 앞두고 자신의 입지가 흔들릴까 봐 엄청난 스트레스를 받고 있었다.

트리샤는 상사와 편한 관계가 되기 위해 노력하기로 결심했다. 트리샤가 먼저 손 내밀고 '내주기'를 실천하자 바르트는 칭찬받은 어린아이처럼 환하게 밝아졌다. 바르트는 회사에서 살아남기 위해 고군분투하며 외로워하고 있었던 것이었다. 트리샤가 먼저 공감을 표하자 그는 트리샤에게도 정서적 공감을 돌려주었으며, 트리샤에게 도움이 필요할 때마다 지원과 격려를 아끼지 않았다. 그 이후 트리샤의 우울증은 씻은 듯 사라졌다. 안정감을 되찾으면서 출근하는 것이 기다려질 정도였다. 무엇보다도 트리샤는 이제 더 이상 스스로의 가치를 평가절하하지 않게 되었다.

숨어 있는 나를 불러도
대답이 없다면

~~~~~

순진무구한 자아가 기다렸다는 듯 자기 이야기를 털어놓지 않을 수도 있다. 이때는 진정한 의미의 대화가 시작될 때까지 인내심을 발휘해야 하며, 때로는 꿈이 도움 될 수도 있다.

클린트는 꿈의 도움을 받아 돌파구를 마련한 경우다. 클린트는 컴퓨터 앞에 조용히 앉아 눈을 감고 순진무구한 자아가 나타나기를 기다렸지만 마음속에 아무것도 떠오르지 않았다. 그때 며칠 전 꾸었던 꿈이 갑자기 생각났다. 꿈속에서 보이스카우트 단복을 입은 한 소년이 자신보다 덩치가 큰 상급생들에게 둘러싸여 위협을 받고 있었다. 소년은 울면서 하늘로 날아가 버렸다. 상급생들은 당황한 듯 보였다. 클린트는 보이스카우트 옷을 입은 그 소년이 자신의 순진무구한 자아일 것이라 생각하고 적극적 상상 기법을 적용해보기로 했다. 그렇게 소년과 클린트의 지속적인 관계가 시작되었다.

내면의 '못난 나'를 치유할 때 꿈에 관심을 기울이는 것이 상당한 도움을 주는 경우가 많다. 꿈은 트라우마 때문에 봉인해놓은 뇌 부위에 접촉하게 해주는 매개 역할을 하기 때문이다. 우리가 밤에 잠을 자는 동안 활성파는 뇌 전체를 스캐닝하며 어느 부위에 관심이 필요한지 감지한다. 따라서 꿈속에 등장하는 곤란에 처한 인물은 순진무구한 자아일 가능성이 높다.

꿈속에서 이야기가 전개되다가 중간에 끊어졌다면 그 부분에서 시작해 적극적 상상 기법을 적용하는 것도 괜찮은 방법이다. 클린트는 괴롭힘을 당하던 소년 옆에서 함께 하늘을 날며 대화를 유도하는 상상을 했다. 소년을 달래 덩치 큰 상급생들이 있는 곳으로 함께 돌아가 나쁜 아이들을 쫓아냈다. 소년은 새로 사귄 어른이 자신을 위해 나쁜 아이들과 싸워주는 것이 자랑스러운 듯 환하게 웃었다.

적극적 상상 기법이 순조롭게 진행되다가도, 저항이 생길 수 있다. 소년은 자신을 괴롭히는 다른 아이들이 두려울 때 어떻게 '하늘을 날아' 도망칠 수 있는지 클린트에게 자세히 보여주었다. 클린트와 소년의 관계는 더욱 돈독해졌다. 그런데 그 이후 클린트는 소년과의 대화를 까맣게 잊은 채 한참을 보냈다. 그러던 어느 날 한 꼬마가 납치당해 입에 재갈이 물린 채 묶여 있는 꿈을 꾸었다. 이 꿈을 계기로 보이스카우트 복장을 입은 소년에 대한 기억이 다시 떠올랐으며, 적극적 상상 기법을 다시 적용하기로 했다.

저항은 자연스러운 것이다. 신경 회로는 그럴 만한 이유가 있기 때문에 뇌에 저장되어 있는 트라우마에 대한 정서적 기억을 차단한다. 부정적인 감정에 압도당하지 않도록 막기 위해서다. 세상 그 누가 그런 기억을 다시 떠올리고 싶겠는가? 하지만 트라우마를 치유하려면 예전의 아픈 기억으로 다시 돌아가야만 한다.

적극적 상상 기법을 적용할 때 자꾸 다른 생각이 들더라도 계속해서 집중하려 노력하라. 적극적 상상 기법을 적용하기로 계획했던 시간과 날짜를 자꾸 잊는다면, 달력에 표시해놓으라. 순진무구한 자아가 모습을 드러내지 않는 것 또한 저항의 일종일 가능성이 높다. 순진무구한 자아를 불러도 아무 반응이 없다면 다음 방법을 시도해보라.

- 몇 살 때 특별히 힘든 일을 겪었는지 생각해본다.
- 3장에서 만들었던 어린 시절의 트라우마 차트를 참고해 특별히 힘들었던 때의 자기 모습을 순진무구한 자아로 상상해보는 것도 괜찮은 방법이다. 특히 '순수성'을 잃고 더 이상 사람을 믿지 못하게 된 시기가 언제인지 생각해보라. 이러한 과정을 통해 순진무구한 자아의 마음을 움직여 감정을 솔직하게 털어놓도록 만들 수도 있다.
- 순진무구한 자아가 입을 열지 않는 데에는 어떤 이유가 있을지도 모른다. 그 이유가 무엇일지 생각해본다. 순진무구한 자아는 무언가를 두려워하거나, 무언가에 화가 나거나, 좌절감

을 느끼고 있는 것이 아닐까?

- 이런 방법을 사용했는데도 여전히 순진무구한 자아가 모습을 드러내지 않는다면 지나치게 부담 주지는 말라. 책을 읽다 보면 무엇 때문에 순진무구한 자아가 쉽사리 입을 열지 않는지 알게 될지도 모른다.

매우 열성적으로 노력하는 사람조차도 저항에 마주치게 될 수 있다. 저항이 생기더라도 포기하지는 말라. 무엇보다도, 저항이 일어난다고 해서 그것을 실패로 간주해서는 안 된다. 모든 사람이 저항과 관련된 문제를 경험한다는 사실을 기억하라.

적극적 상상 기법을 이용해 순진무구한 자아와 충분히 대화했다면 그 내용을 잊지 말아야 한다. 순진무구한 자아에게 들은 말과 그에 따라 계획한 내용을 마음 깊이 새기라. 이 연습을 통해 배운 점을 잊거나 무시하는 것은 또 다른 방어기제일지 모른다. 앞으로 있을지 모르는 트라우마를 막기 위해 새로운 사람과 관계를 맺거나 자신의 의견을 당당히 표현하지 못하도록 막는 방어막 말이다.

어떤 사람은 적극적 상상 기법을 적용하기 전보다 오히려 불안하고 동요되는 느낌을 받을지 모른다. 순진무구한 자아와 자신을 더욱 동일시하게 되었기 때문이다. 그런 느낌은 일시적으로 당신을 힘들게 만들지도 모르지만 오랜 기간 봉인해두었던 자신의 일부를 통합하기 위해 꼭 거쳐야만 하는 과정이다. 그 기간은 대개 일시적이지만 일상생활에 지장을 줄 정도로 길어진다면 전문가를 찾아 도움을 받는 것이 좋다.

적극적 상상 기법을 적용한 후 대화 내용에 불만족을 느끼는 경우가 있을지도 모르겠다. "시간 낭비였어." "다 내가 꾸며낸 이야기에 불과해." 이런 생각이 든다면 그것이 무의식적 저항에서 비롯된 것은 아닌지 생각해볼 필요가 있다. 무의식은 감당하기 힘든 감정들로부터 당신 자신을 보호하기 위해 그런 생각이 들도록 만들 수 있다. 과거에 힘들게 하던 감정들을 무의식 깊숙이 봉인해두었듯 말이다.

적극적 상상 기법을 적용하는 것은 결코 시간 낭비가 아니다. 물론, 무의식과의 대화 내용 중 일부는 꾸며낸 것일 수도 있다. 꿈을 꾸면서도 이야기를 만들어나갈 때가 있지 않은가. 하지만 설사 대화 내용을 일부 꾸며냈다고 해도 거기에는 우리 내면에 어떤 생각들이 담겨 있는지 엿볼 수 있는 실마리가 담겨 있다. 적극적 상상 기법에 대한 저항은 각자가 해결해야 할 문제이기는 하지만, 누구나 그런 일을 겪는다는 사실을 알고 있으면 부정적인 감정을 무시하는 데 도움이 될 것이다.

아홉 살 소녀가 의미하는 것

~~~~~

순진무구한 자아의 외형과 행동에는 중요한 의미가 담겨 있을 수 있다. 예를 들어 순진무구한 자아가 아홉 살 소녀의 모습으로 나타낳다면, 아홉 살 때 자신에게 어떤 일이 벌어졌었는지 생각해보라. 그 시기에 부모가 몇 달간 별거했을지 모른다. 당시 부모가 완전히 헤어질까 봐 걱정하느라 학교 성적이 곤두박질쳤을 수도 있다. 현재 직장에서 실적이 좋지 않은 것은 예전의 기억과 유사한 걱정 때문인지도 모른다. 순진무구한 자아의 어떤 신체적 특징이 두드러진다면 거기에 주목할 필요가 있다. 예를 들어 순진무구한 자아의 한쪽 다리가 없다거나, 얼굴에 여드름이 뒤덮여 있다면 거기에 어떤 의미가 담겨 있는지 생각해보라.

순진무구한 자아와의 상호작용을 꼭 대화로만 할 필요는 없다. 어떤 행위를 함께 한다고 상상해보라. 순진무구한 자아가 울고 있다면 옆으로 다가가 꼭 안아주라. 순진무구한 자아가 보여주는 행동은 다양할 수 있다. 예를 들어 빈 놀이터에서 혼자 놀거나, 졸업 파티에서 춤을 추거나, 어두운 방에 누워 강아지를 쓰다듬거나, 대규모 관중 앞에서 강연을 하거나, 조랑말을 타고 황무지를 가로지르거나, 갓난아기를 안고 있을 수도 있다. 그러면 거기에 참여하거나 도와주면 어떻겠느냐고 물어보라.

순진무구한 자아와 물리적으로 함께한다고 상상하는 것은 단순히 상호작용하는 것 이상의 효과를 내기도 한다. 감정은 신체에서 나오며, 신체적 기억으로 저장된다. 인간 최초의 '관계 맺기'와 '순위 매기기' 경험은 말을 할 수 있기 이전에 시작된다. 어린 시절이나 성인기의 트라우마는 자신도 인식하지 못하는 신체적 반응을 유발하기도 한다. 병원에 가야 할 일이 생길 때마다 두통에 시달린다거나, 어떤 노래를 들을 때마다 자기도 모르게 눈물이 흐르는 등의 반응 말이다. 또 하늘을 날거나 이가 모두 빠지는 꿈을 꾸었다면 그 의미가 무엇일지 생각해보라. 비언어적인 이러한 이미지들은 언어로 표현할 수 없는 중대한 의미를 내포하고 있을 수 있다. 순진무구한 자아와 대화를 나누는 동안 자신의 신체에 어떤 반응이 나타나는지에도 주목해야 한다. 예를 들어, 친구에게 무시당했을 때 마음이 아팠다는 순진무구한 자아의 말을 들으며 자신도 모르게 몸을 부르르 떨 수도 있다. 이런 강렬한 반응은 그때의 기억이 여전히 영향을 미치고 있음을 보여준다.

클린트의 경우 어렸을 적 두려움을 느낄 때마다 저 멀리 하늘을 날아 도망가고 싶다는 생각을 했다. 고통스러운 감정에서 그렇게 달아나고 싶었던 것이다. 보이스카우트 단복을 입은 소년이 하늘을 날았던 것은 그런 생각에서 비롯된 것이었다. 클린트는 소년이 자신을 괴롭히는 나쁜 아이들에 대해 이야기할 때마다 자신도 모르게 가슴이 조여오거나 주먹을 불끈 쥔다는 점을 알아차렸다. 그는 거기에 주목하고 소년을 도와주면서 기억과 감정을 해방시킬 수 있었다.

또 다른 내가 사용하는 방어기제

대개 순진무구한 자아는 우리가 봉인해놓은 감정들, 그중에서도 수치심과 자괴감을 있는 그대로 느낀다. 하지만 때로는 견고한 방어기제를 사용하기도 한다. 그러한 순진무구한 자아의 모습을 제삼자의 눈으로 관찰함으로써 자신이 이제껏 방어기제를 사용해왔다는 사실을 깨닫게 될 수도 있다. 우리는 순진무구한 자아를 무의식에 봉인시키면서 방어기제를 사용한다는 자각도 함께 묻어놓은 채 살아왔을지 모른다. 예를 들어 트리샤의 사례에서 수치심에 사로잡혀 있던 벨이 일순간 바르트를 탓하는 말을 했던 것을 떠올려보라. "그 사람 때문에 정말 기분이 나빠. 내가 뭘 하든 잘못하는 것처럼 말한다니까. 그는 나를 싫어하는 게 분명해. 내가 멍청하다고 생각할 거야." 트리샤는 벨의 그런 태도에서 자신이 바르트에게 모든 책임을 돌리고 있었다는 사실을 깨달았다.

트리샤는 또한 벨이 '최소화하기' 방어기제와 '경쟁에서 빠지기' 방어기제를 사용하도록 자극한다는 사실도 깨달았다. 트리샤는 자신이 바르트에게 자주 했던 "괜찮으니 그냥 두셔도 돼요"라는 말이 배려하는 마음에서 나온 것이라고 생각했다. 하지만 벨과 대화를 나누면서 사실은 비판받기 두렵고 사람들을 화나게 만들고 싶지 않은 마음에서 나온 것이라는 사실을 알게 되었다. 그동안 트리샤가 자신이 원하는 바를 요구하지 않고, 다른 사람이 자신을 부당하게 대접하는데도 가만히 있었던 것은 모두 좌절감과 굴욕감을 피하기 위한 방책이었다.

또 순진무구한 자아는 어떤 학대나 권력 남용도 존재하지 않았던 과거로 세상을 되돌리기 위해 '경쟁에서 빠지기' 방어기제를 사용하곤 한다. '순위 매기기'가 존재하지 않는 척하면 모든 문제가 해결되리라 믿는 것이다. 하지만 어떤 조직에서든 '순위 매기기'는 지극히 정상적이고 당연한 현상이며, 누구도 거기에서 벗어날 수 없다. 사실 순진무구한 자아도 도달하기만 한다면 높은 지위와 위치를 즐길지 모른다. 살다 보면 경쟁에 뛰어들어야만 하는 상황과 분야가 있다는 사실을 순진무구한 자아가 깨닫도록 도와주어야 한다.

순진무구한 자아가 흔히 사용하는 또 다른 방어기제는 '과도하게 성취하기'다. 순진무구한 자아는 열등감에 사로잡혀 있기 때문에 자기 자신에 대해 결코 만족하는 법이 없으며 다른 사람들도 자신을 열등하게 여기리라 생각한다. 그래서 무엇에서든 완벽해지려 노력한다. 그러니 무엇을, 얼마나 성취하느냐와 상관없이 순진무구한 자아의 있는 그대로를 아끼고 사랑한다는 것을 알려주라. 모든 면에서 완벽해지려 노력하는 것이 얼마나 힘든 일인지 인정하도록 격려하라. 순진무구한 자아가 불만을 표현할 때마다 고맙다고 말하고 마음에 걸리는 점이 있으면 언제든 이야기해달라고 청하라. 당신이 과로할 때마다 순진무구한 자아가 일은 잠시 접어두고 놀 시간이라고 알려주게 될 것이다.

순진무구한 자아가 '외부 요인 탓하기' 방어기제를 사용한다면 먼저 그것이 정당한 불만 표출이 아닌지 신중히 생각해 봐야 한다. 순진무구한 자아는 당신이 미처 알아차리지 못했던 진실을 말해주는 것일지도 모른다. 그런 경우가 아니라면 다음과 같이 대응하는 것이 좋다. "샐리에게 얼마나 화났는지 이해해. 하지만 스스로에게 더 가혹하게 구는 쪽은 샐리보다는 너야."

순진무구한 자아가 '부풀리기' 방어기제를 사용하는 경우는 드물다. 하지만 더 이상 상처받고 싶지 않은 마음에 그 누구도 필요하지 않다고 마음의 문을 닫아버리거나, 무력감과 수치심을 가리기 위해 자신이 위대하다는 환상을 품을 수도 있다. 이런 경우라면 자신이 무가치하다는 생각에 사로잡혀 사랑과 인정을 갈망한다는 사실을 부인하는 순진무구한 자아의 마음을 달래줄 필요가 있다. 순진무구한 자아가 나약한 자신의 모습에 수치심을 느낀다면, 누구라도 같은 상황에서 비슷한 기분을 느낄 것이라 설명해준다. 그리고 그런 마음을 기꺼이 인정하는 것이 더 나은 모습이라고 격려하고 다독여 준다.

2장에서 언급했듯, '투사하기' 방어기제는 가장 간파하기 어렵다. 하지만 제삼자의 입장이 되어 순진무구한 자아의 태도와 행동을 관찰하면 자신이 '투사하기' 방어기제를 사용해왔는지 인지하는 데 도움이 된다. 순진무구한 자아가 타인에 대해 얼토당토아니한 말을 한다면 '투사하기' 방어기제를 사용하는 것은 아닌지 의심해보아야 한다. 예를 들어 순진무구한 자아가 어린 시절 같이 놀던 친구에게 수치심을 느끼고 장난감을 모두 움켜쥔 채 달아났던 때의 이야기를 꺼냈다고 해보자. 당시 당신은 친구에게 다음과 같은 말을 마지막으로 톡 쏘고 자리를 떠났다. "이제 너랑 안 놀아! 넌 자기 잘난 맛에 사는 욕심쟁이야!" 그런데 사실 그때 뭐든 마음대로 하려고 들었던 욕심쟁이는 친구가 아닌 당신의 순진무구한 자아였던 게 아닐까? 좌절감과 굴욕감에 대한 두려움이 그런 식으로 행동하게 만들 수 있다.

눈에 띄게 싫고 거슬리는 상대방의 단점이 실은 자신의 모습일 수 있다. 이때는 순진무구한 자아가 스스로의 단점을 인정하고 수치심을 덜 수 있도록 도와야 한다. "사람은 누구나 어떤 면에서는 욕심쟁이라고 할 수 있어." "그때 네 친구가 자기 마음대로 행동하려고 했던 것은 사실이지만, 너도 가끔은 그럴 때가 있잖아. 그건 잘못된 게 아니야. 누구나 그럴 수 있어." 또는 제멋대로 구는 행동이 잘못되었다고 비판한 사람이 있었는지 생각해보라고 하는 것도 이 문제를 해결하는 데 도움이 될 수 있다.

요컨대, 순진무구한 자아가 (그리고 자신이) 더 이상 방어기제를 사용하지 않도록 도우려면, 그 바탕에 깔린 '스스로가 무가치하다'는 생각을 파고들어야 한다. 스스로의 감정을 있는 그대로 인정하고 더 이상 수치심을 느끼지 않도록 도와야 한다. 그렇게 하면 적어도 함께 대화를 나누는 동안만큼은 방어기제를 벗어던지게 될 것이다. 앞에 나온 트리샤와 벨의 사례에서도 처음 대화를 시작했을 때는 벨이 모든 문제를 상사인 바르트 탓으로 돌리는 경향이 강했지만, 더 이상 수치심을 느끼지 않게 되자 방어기제 사용도 훨씬 줄었다.

이 장 앞부분에서 어떻게 하면 순진무구한 자아와 '관계 맺기'를 시작할 수 있는지 알아보았다. 아직도 관계 맺기를 시작하지 않았다면, 지금이라도 해보라. 순진무구한 자아에게 이름을 붙여주는 것도 좋은 방법이다. 딱히 떠오르는 이름이 없다면 좋은 것이 떠오를 때까지 기다리라.

자신의 가치를 평가절하했던 상황을 머릿속에 그린 후, 순진무구한 자아를 불러내 그 경험에 대해 이야기해달라고 청하라. 앞에서 배운 적극적 상상 기법 적용 단계에 따라 대화를 이끌어나가되, 그때그때 순진무구한 자아에게 필요한 것을 제공해주는 것을 우선시하라. 위로와 휴식이 필요하다고 느껴진다면 그것을 제공해주라.

대화를 시작한 후 7일 동안 매일 순진무구한 자아를 만나는 시간을 마련해보라. 이때 매일 적극적 상상 기법 단계를 모두 밟을 필요는 없다. 하지만 기분이 울적하거나 괴로운 마음이 든다면 순진무구한 자아와 대화를 나누어볼 필요가 있다. 울적하거나 괴로운 마음은 대개 자신의 가치를 평가절하하는 데서 나오기 때문이다. 순진무구한 자아에게 무슨 일이 벌어지고 있는지 알아보라. 때로는 놀라운 말을 듣게 될지도 모른다. 당신에게서 분리된 자율적인 일부인 순진무구한 자아는 당신과 상당히 다른 관점으로 주위 환경과 사건을 보고 있을 수도 있다. 아무리 생각해보아도 까닭을 알 수 없는 감정들에 대해 순진무구한 자아가 명쾌하게 설명해줄 수 있을지도 모를 일이다.

6장

/

사랑받을 권리를 되찾다

우리 모두의 내면에는 비판자가 살고 있다. 또 우리 중 상당수의 내면에는 보호자-학대자가 있다. 내면의 비판자는 우리의 외모, 성과, 행복 등에 대해 쉼 없이 토를 단다. 그래서 우리가 '못난 나'를 더욱 키우도록 만든다. '순위 매기기'의 관점으로 세상을 바라보게 만드는 것이다. 물론 내면의 비판자가 꼭 해를 끼치는 것만은 아니다. 내면의 비판자는 우리가 집단 내에서 좋은 입지를 차지하도록 돕고 싶어 한다. 때문에 교육을 통해 개선시킬 여지가 있다.

아주 어린 시절에 반복적이거나 심각한 트라우마를 겪었을 경우 내면에 보호자-학대자가 생길 수 있다. 보호자-학대자의 목표는 우리를 보호하는 것이기는 하지만 그 방법은 오히려 우리에게 해를 끼치기 쉽다. 삶과 삶의 모든 위험을 차단시키려고만 하기 때문이다. 또한 트라우마를 두 번 다시 겪지 않도록 만들기 위해 우리를 괴롭히는 것도 불사한다.

내 안에 살고 있는 비판자

내면의 비판자는 어린 시절에 생겨난다. 어린아이들은 어른에 비해 여러 면에서 부족할 수밖에 없다. 내면의 비판자는 어린 우리를 끊임없이 채찍질함으로써 능력 있는 어른으로 성장하도록 만든다. 또 어른이 부과한 규칙들을 잘 지키는지도 감시한다. 하지만 우리가 성장하는 속도는 잘 따라잡지 못한다. 그래서 이미 어른이 되어 더 자유롭게 결정을 내려야 하는 우리에게 여전히 보수적인 잣대를 들이대곤 한다.

따라서 우리는 내면의 비판자에게 현재 자신의 위치를 알려주고 덜 엄격하게 굴도록 재교육할 필요가 있다. "너는 보잘것없는 존재야. 싹 다 새로 고쳐야 해. 지금보다 훨씬 더 열심히 노력해야 한다고, 이 미련한 놈." 우리는 내면의 비판자에게 이런 말을 계속 들을 위치에 있지 않다.

다음 체크리스트를 이용해 내면의 비판자가 도움 되지 않는 말을 하고 있지는 않은지 점검해보라. 다음 진술들 중 각자의 내면에서 하는 비판의 말과 유사하다고 생각되는 항목에 표시하라.

- ☐ 네가 하는 일은 엉망진창이야.
- ☐ 네가 하는 방식은 늘 뭔가 부족하고 기대에 못 미쳐.
- ☐ 더 조심해야지! 너는 항상 실수투성이잖아.
- ☐ 네가 지금 생각하는 대로 하면 분명 바보 같아 보일걸.
- ☐ 옷 꼴이 그게 뭐니.
- ☐ 네 자식이(남편이, 아내가, 친구가, 부하 직원이) 제멋대로 구는 건 다 네 잘못이야.
- ☐ 너는 어쩜 그렇게 인색하고 불친절하니.
- ☐ 집에 자주 전화하지 않으면, 네 가족은 너를 사랑하거나 용서하지 않을 거야.
- ☐ 네가 그렇게 행동하면 누군가 분명 화를 내거나 불편해할 거야.
- ☐ 지금보다 훨씬 더 열심히 일해야만 해.
- ☐ 너는 게을러.
- ☐ 너는 이 일을 할 만큼 똑똑하지 못해.
- ☐ 너는 겁쟁이야.

앞의 진술들 중 해당되는 것이 하나라도 있다면 내면의 비판자가 우리를 잘못 이끌고 있는 것이다.

비판자와 대화하기

~~~

내면의 비판자가 어떤 말을 하는지 확인했다면, 이제 대화를 시도해보라. 방법은 순진무구한 자아와 대화했던 때와 비슷하다.(방법이 잘 기억나지 않는다면 5장에 나왔던 적극적 상상 기법 적용 원칙을 다시 읽어보라.) 내면의 비판자와 대화할 때 주된 목표는 무의식에 봉인해두었던 자신의 일부를 되살려 통합시키는 것이 아니라, 늘 의식하고 있는 점들을 조정하고 개선시키는 것이다. 비판을 하는 의도는 인정해주되 더 나은 방식으로 조언해달라고 요청하라. 당신 위에 군림하는 폭군이 아닌, 당신을 긍정적인 방향으로 이끌어주는 코치가 되어달라고 부탁하라.

특히 효과적으로 비판의 말을 전달하는 방법을 가르치라.(이 방법은 다른 사람과 대화할 때도 효과적으로 사용할 수 있다.)

- '나'를 주어로 하는 문장을 사용한다. "나는 네가 그 노래를 잘 부르지 못하면 당황하게 될까 봐 걱정 돼. 네가 그렇게 되지 않도록 막아주고 싶어." 다음과 같은 말은 좋지 않다. "너는 오늘 밤 모두 망치게 될 거야."
- 조언을 구체적으로 한다. "네가 그 노래를 세 번 더 연습하면 훨씬 좋을 것 같아." 다음과 같은 말은 좋지 않다. "그럼 그렇지. 네가 방금 부른 노래는 정말 못 들어주겠다. 백날 연습해도 그 모양 그 꼴일걸."

- 막연한 단정적 진술이나 부정적인 꼬리표를 붙이는 말은 금물이다. "네 노래는 아마추어가 부르는 것 같아. 너 노이로제라도 있는 거 아니니? 어째 연습을 하면 할수록 더 못 부르니."
- 현 위치에 대해 정확하게 평가한다. "나는 다른 가수들에 비해 노래를 잘하긴 해. 하지만 프랭크만큼 뛰어나진 못해. (그래도 괜찮아. 나는 프랭크만큼 좋은 목소리를 타고나지 못했고 연습할 시간도 없으니까.)"
- 한 가지 비판을 할 때 다른 장점 네 가지를 언급한다. "첫 번째랑 세 번째 노래 아주 괜찮은걸. 목 상태도 좋았고 네가 쓴 가사도 훌륭해. 새로 시도한 창법도 마음에 들었어. 그런데 두 번째 노래는 나한테 별로 와 닿지 않는다."

마이러는 자료 수집용 프로그램 사용법을 배우는 중인데 내면의 비판자 때문에 잘 집중하지 못하는 상태다. 처음에는 자신에게 어떤 일이 벌어지고 있는지 깨닫지 못했다. 하지만 프로그램 사용법을 익히려고 하면 할수록 기분이 나빠지면서 자신감이 추락했다. 그 이유가 무엇일까 골똘히 생각하다 내면의 비판자와 대화를 해 보기로 했다.

마이러 그래, 또 너로구나. 나는 뭐든 잘할 수 없다는 거지.
내면의 비판자 그래, 넌 그 프로그램도 못 배울 게 뻔해. 그렇지 않아? 몇 시간째 거기 매달려 끙끙댔지만 아직도 못하고 있잖

아. 너는 그런 신기술을 배우기에는 나이가 너무 많다고. 넌 결코 그걸 할 수 없어. 두고 보라니까. 업무 수행 평가 때도 신기술을 따라잡지 못한다고 비판받았던 거 기억 안 나? 너는 그거 절대 못 배워.

마이러 잠깐만. 네가 그렇게 말하는 건 하나도 도움 되지 않아. 뭐가 그렇게 못마땅한 거야? '나'를 주어로 해서 조언해주지 않을래? 부탁이야.

내면의 비판자 또 시작이군. 그래, 그렇게 해주지. 네가 몇 시간 동안 꼼짝 않고 끙끙대는 모습을 보면 나는 덜컥 겁이 나.

마이러 나 때문에 겁이 나는구나. 내가 무모한 짓을 한다고 생각하는 거야? 네가 날 도와주려고 한 건 고마워. 하지만 배우는 데 시간이 오래 걸린다고 해서 완전히 절망적인 건 아니야. 나의 장점을 봐줄 수는 없는 거야?

내면의 비판자 그래, 알았어. 조금 진전이 있었다는 건 인정해. 너는 포기하지 않고 잘 버티고 있어. 네 능력을 과대평가하지도 않고. 게다가 적어도 네가 할 수 있다는 자신감은 잃지 않았어. 그 생각이 잘못된 것일 수도 있지만.

마이러 그렇게 말해주니 조금 낫다. 마지막 지적만 뺀다면 말이야. 그럼 이제 내가 어떻게 하면 좋을까? 구체적으로 콕 집어서 말해주면 고맙겠어.(내면의 비판자에게 생각해볼 시간을 준다.)

내면의 비판자 지원 부서에 연락해 도움을 받는 게 어때?

마이러 그래, 그렇게 하는 게 좋겠다. 고마워. 네 조언이 도움 될 것 같아.

마이러가 어떤 식으로 내면의 비판자와 '관계 맺기'를 했는지에 주목하라. 비판자의 감정에 공감을 표하고 조언에 대해 고맙다고 말했다. 하지만 동시에 자신의 입장을 굽히지 않고 높은 지위와 위치를 유지하겠다는 점을 분명히 말했다.

» 내면의 비판자가 반응을 보이지 않을 때

내면의 비판자가 나아지지 않는다고 해도 포기하지 말라. 대부분 수없이 대화를 나눈 후에야 그는 변화하기 시작한다. 그러므로 지속적이고 일관적인 노력이 필요하다. 그의 과거 경험을 알면 더 도움이 될 수도 있다. 내면의 비판자에게 다음과 같이 물어보라. "언제부터 나를 그렇게 걱정하기 시작한 거야?" 과거에 내면의 비판자와 비슷한 태도를 보였던 사람이 있었는지 생각해보라. 어머니, 아버지, 2학년 때 선생님, 첫 번째 직장 상사, 옛날 남자 친구가 그와 비슷하지는 않은가? 내면의 비판자가 진심으로 당신을 걱정한다면 공감을 표하라. 하지만 이제 바뀌어야 할 때가 왔다는 점을 명확히 하라.

마이러와 내면의 비판자 사이의 관계는 하루아침에 이루어진 것이 아니다. 그녀는 그가 자신의 어떤 점을 특히 걱정하는지 알아보았다. 그는 마이러가 실수를 저지르지나 않을까 늘 노심초사했으며, 그녀의 문제 해결 능력을 믿지 않았다. 그래서 첫 번째 대화를 했을 때도 그 점에 대해 지적했다. "너는 새로운 자기 계발법이 나오면 모두 시도해보지. 하지만 그런 건 다 쓰레기야. 설사 다른 사람들에게는 효과가 있더라도 너한테는 아무 소용없을게 분명해." 초반의 대화 한 토막을 보자.

마이러 너한테 질렸어. 꺼져버려. 너는 내 인생을 망치고 있어.

내면의 비판자 네가 잘하고 있다는 건 너 혼자 생각일 뿐이야.

마이러 왜 너는 늘 그런 식으로 나를 깎아내리지 못해 안달이야? 왜 나 자신에 대해 회의하도록 만드는 거야?

내면의 비판자 다 널 위해서 그러는 거야.

마이러 하지만 지금 네가 하는 말은 전혀 도움이 되지 않는걸.

내면의 비판자 사실 나는 네가 걱정되어서 그러는 거라고.

마이러 내가 걱정된다고? 언제부터 나를 걱정하기 시작했는데?

내면의 비판자 다 네 엄마에게 배운 것 같아. 엄마는 거친 세상에서 네가 잘 해나갈 수 있을지, 네 몸을 네가 건사할 수 있을지 늘 걱정했지. 네가 뭘 하든 매사에 걱정이었어.

마이러 그러니까, 네 비판이 다 엄마한테서 왔다는 거로구나. 하지만 엄마는 늘 내게 마음 써주었는걸. 내게 자신감도 주었다고.

내면의 비판자 엄마가 뭘 안다고? 너는 반에서 꼴찌로 알파벳을 떼었어. 수학도 잘 못했지. 네가 원하는 대학에 합격하지도 못했잖아.

마이러 그러긴 했지. 그래서 나를 격려해주기보다 묵사발 만들기로 한 거야? 내가 얼마나 잘하거나 못하는지 그냥 정확히 평가해주는 게 더 낫지 않을까?

내면의 비판자 음, 글쎄……. 정확히 평가해달라…….

마이러 그래, 날 정확히 평가해주면 훨씬 더 도움이 될 것 같아. 도와주겠다는 네 마음은 정말 고마워. 하지만 어떤 게 정말 나에게 도움이 될지 한 번 더 생각해줘. 넌 훌륭한 코치가 될 수 있을 거야.

내면의 비판자 그렇게 생각해?

마이러가 한 일:

• 관심을 끌기 위해 처음에는 화를 냈다.
• 내면의 비판자를 설득하기 위해 이성과 논리로 접근했다.
• 내면의 비판자가 지금의 모습을 갖추게 된 과거의 원인이 무엇인지 알아보았다.(어머니의 걱정)
• 공감과 이해를 표하며 대화를 마무리했다.

나를 괴롭히는 두 얼굴의 존재

앞 사례에서 내면의 비판자는 '관계 맺기'를 시도하는 마이러의 확고부동한 의지와 의도에 대답하고 반응해주었다. 하지만 아무런 반응도 보이지 않는다면 어떻게 해야 할까? 내면의 비판자가 우세를 점하기 위해 계속 우리를 조롱하고 우리 자신에 대해 회의하도록 만든다면? 그런 경우라면 우리가 교섭해야 할 상대는 내면의 비판자가 아닌 보호자-학대자다. 내면의 보호자-학대자에 대해서는 들어본 적이 없을지도 모른다. 이들은 우리의 '못난 나'를 지탱하는 가장 큰 버팀목이다.

우리는 3장에서 과거의 트라우마, 편견, 타고난 민감성, 불안정한 애착 형성이 '못난 나'를 강화할 수 있다는 사실을 알아보았다. 이 요인들은 '못난 나'를 강화할 뿐 아니라 보호자-학대자라는 특수한 방어 시스템을 만드는 데 기여하기도 한다. 보호자-학대자는 우리를 환상이나 중독 같은 보호구역 안에 가두어놓고, 우리가 거기서 탈출하려 시도하면 포기하고 주저앉을 때까지 우리를 괴롭히고 박해한다. 한 가지 목적을 달성하기 위해 두 얼굴을 지니고 있는 것이다. 보호자-학대자의 지배를 받는 사람은 수년간의 심리 치료에도 별다른 차도를 보이지 않는 경우가 많다.[1] 우리의 일부일지 모르는 내면의 보호자-학대자를 이해하면 트라우마를 해결하는 데 도움이 된다.

우리 모두의 내면에는 비판자가 살고 있다. 하지만 우리 모두에게 보호자-학대자가 있는 것은 아니다. 내면의 비판자는 기본적으로 우리가 삶을 잘 헤쳐 나가기를 바란다. 하지만 보호자-학대자는 그렇지 않다. 내면의 비판자는 어떻게 하면 효과적으로 조언할 수 있는지 학습할 수 있다. 하지만 보호자-학대자는 그렇지 않다. 내면의 비판자와는 대화를 나눌 수 있지만 보호자-학대자와는 그럴 수 없다. 우리는 그저 보호자-학대자가 변화하기를 기다리는 수밖에 없다.

내면의 비판자는 재교육을 통해 우리가 '못난 나'의 지배를 받지 않도록 도와줄 수 있다. 그리고 순위 매기기 상황에서 우리의 가치를 현실적으로 평가하도록 우리를 이끌어줄 수 있다. 즉, 순위 매기기 상황이 아닐 때가 언제인지 분별하고, 더욱 효과적으로 '관계 맺기'를 하도록 도울 수 있다. 그러나 보호자-학대자는 우리가 어떤 위험도 감수하지 않기를 바란다. 그래서 내면의 '못난 나'를 더욱 필요로 하고 촉진한다. 보호자-학대자의 영향력에서 벗어나지 못하는 사람은 평생 '못난 나'의 지배를 받으며 스스로의 능력에 대해 회의하며 살아갈 수밖에 없다.

보호자-학대자의 지배력은 무의식에서 나오기 때문에, 그에 대해 간접적으로만 알 수 있다. 자신이 보호자-학대자의 지배를 받고 있는지 아닌지 확인하고 싶다면 다음 질문에 답해보라.

☐ 수줍음을 심각할 정도로 많이 타는 성격이다. 다른 사람들에게 거절당할 것 같은 상황에서는 보통 침묵한다.

☐ 반복적으로 학대당하는 관계에 빠져든다. 어떤 직장에 들어가든 혹사당한다.

☐ 노력해도 아무 소용없다고 생각한다.

☐ 좋은 기회가 찾아올 때마다 깜빡 잊거나, 지각하거나, 다치거나, 갑작스러운 병에 걸리는 등의 이유로 기회를 놓친다.

☐ 아무리 푹 쉬어도 너무 피로하고 힘들어서 아무것도 할 수 없는 것처럼 느껴지는 때가 많다.

☐ 반복적으로 몸서리쳐질 정도로 끔찍한 악몽을 꾼다.

☐ 목표를 성취하거나 한 단계 앞으로 나아가고 나면 악몽을 꾸거나 기분이 처진다. 그 이유를 아무리 생각해보아도 알 수 없다.

☐ 상당한 시간을 공상에 빠져 지낸다.

☐ 사회생활에 지장이 있을 정도로 무엇인가에 중독되어 있거나, 강박 증세에 시달린다.

☐ 감정을 느껴야만 하는 때에 감정을 느끼지 못한다.

어린 시절 부모와의 애착 관계가 불안정했거나, 생애 대부분을 끔찍한 편견에 시달렸거나, 심각한 트라우마를 경험한 경우 내면의 보호자-학대자가 생겨날 수 있다. 또 매우 민감한 성향을 타고난 경우에도 트라우마의 영향을 크게 받기 때문에 보호자-학대자가 생겨났을 수 있다.[2]

극심한 고통의 순간
나타나는 방어기제

보호자-학대자와 상처 입은 순진무구한 자아는 서로 분리시킬 수 없는 한 쌍이다. 순진무구한 자아가 보통의 방어기제로는 손쓸 수 없을 정도로 크나큰 상처를 입거나 충격을 받을 때 마음속 어두운 곳에 보호자-학대자가 생겨난다. 씻을 수 없을 만큼 큰 정신적 충격을 받아 희망을 품는 것조차 사치인 경우, 궁극의 무력감에 맞서 방어기제를 사용할 수도 없는 상황, 그런 때에 끝이 보이지 않을 정도로 어두운 심연의 문이 열린다.

그 순간 누군가 우리 옆에서 극단적인 트라우마를 막아주었다면 심연의 문은 다시 닫혔을지 모른다. 하지만 그런 사람이 없다면 우리는 의식적인 기억에 결코 통합시킬 수 없는, 그래서 어떤 말로도 설명할 수 없는 절망적인 경험을 홀로 겪게 된다. 우리의 뇌는 감당할 수 없는 자극에 노출된다. 트라우마가 다시 각성되는 것을 막기 위해 기억은 조각조각 나뉜다. 어떤 기억은 사실과 감정이 분리된 채 저장되며, 어떤 기억은 아예 기억에서 봉인되어버린다. 우리도 알지 못하는 사이 보호자-학대자라는 내면의 방어체계가 가동되어 비슷한 트라우마를 두 번 다시 겪지 않도록 막는 역할을 한다.

» 보호자

보호자는 우리의 수호천사가 되고 싶어 한다. 우리를 환상의 세계 안에 가두어두려 한다. 그 안은 안전하지만 현실과 단절되어 있다. 보호자가 어떤 일을 하는지는 주변에서 쉽게 찾아볼 수 있다. 불행한 사람들은 필생의 역작을 쓰겠다며 방 안에서 한 발자국도 나오지 않거나, 누군가 자신의 재능을 알아주기 바라며 비가 오나 눈이 오나 농구장에서 공을 튀긴다. 모두들 그 사람이 현실과 단절된 자기만의 세계에 빠져 있으며 심지어 광기 어렸다고 생각한다. 소설은 결코 완성되지 못할 것이며, 아마추어가 프로가 되는 일도 없을 것이다. 유명 인사들을 상대로 환상을 꿈꾸는 사람들에게서도 보호자를 찾아볼 수 있다. 추종자들은 자신이 숭배하고 사랑하는 대상을 평생 단 한 번도 못 만날지 모른다. 하지만 보호자는 전혀 개의치 않는다. 오히려 누군가와 실질적인 관계를 맺을까 봐 경계한다.

긍정적인 창의성이나 희망은 보호자가 우리에게 불러일으키는 환상과 분명 다르다. 보호자는 우리를 세상에서 점점 멀어지게 만든다. 환상의 세계는 무한히 확장될 수 있다. 하지만 우리를 어느 곳으로도 데려가지 않는다. 또 그 누구와도 공유할 수 없다. 거절당할지 모른다는 트라우마와 관련되었다면 무엇이든 회피하게 만들 것이기 때문이다.

» 학대자

우리가 반항적인 태도를 보이고 보호자가 만들어놓은 환상의 세계에서 떠나려고 하면, 학대자가 모습을 드러낸다. 우리는 계획을 실행으로 옮기지 못한다. 곧 우리 자신이 얼마나 게으름뱅이인지 깨닫는다. 술을 끊지 못하고, 학대하는 연인과의 관계를 끊지 못한다. 우리를 보호해주던 세계는 이제 감옥이 된다. 우리는 스스로를 증오한다. 학대자는 희망과 의지를 무참히 꺾는다. 자존심도 무참히 짓밟는다. 순진무구한 자아가 밖으로 나가 다시 트라우마를 겪게 될지도 모르는 위험에 노출되지 않도록 철저히 막기 위해서다. 우리가 한 발 전진하면 학대자는 우리를 때리고 공격한다. 흥미, 자신감, 용기를 잃도록 만들기 위해 무엇이든 한다. 내면의 비판자와 대화하기 위해 아무리 많은 노력을 들이더라도, 철옹성같이 우리 앞을 가로막고 있는 학대자에게 작은 흠집조차 낼 수 없다.

예를 들어 당신이 새 친구를 사귀었다고 해보자. 그런데 친구가 당신에게 해주기로 약속했던 일을 깜빡 잊는다. 그 때문에 큰 손해를 입은 당신은 상처를 받는다. 친구와 관계를 계속 이어가려면 그 일에 대해 어떻게든 짚고 넘어가야 하지만 말 꺼내기가 쉽지 않다. 당신 자아는 친구에게 이야기하라고 속삭인다. 내면의 비판자조차 친구에게 따지지 못하는 당신을 겁쟁이라 부른다. 하지만 당신은 결국 아무 말도 못 하고 넘어간다. 말을 해보려고 했지만 목구멍에 무엇이라도 걸린 듯 소리가 나오지 않는다. 당신은 당황한다.

당신이 포기하지 않고 계속 시도하면 학대자는 전면으로 나서서 당신에게 이렇게 말한다. "지금은 적절한 때가 아니야." 그런데도 친구에게 이야기해야겠다고 고집 피우면 학대자는 또 이렇게 말할 것이다. "대수롭지 않은 일이니 굳이 말하지 않아도 돼." 결국 당신은 학대자에게 굴복한다. 하지만 얼마 가지 않아 그 친구와의 관계에 왠지 싫증이 나서 절교해버린다.

또 당신이 누군가를 사랑하게 되었다고 해보자. 당신은 상대에게 금세 푹 빠진다. 머릿속에는 온통 사랑에 대한 생각뿐이다. 친구를 만나든 심리 치료를 받든 대화의 주제는 오로지 사랑하는 그 사람이다. 그런데 자신도 모르게 상대에게 다음처럼 말해버린다.

"오늘 밤은 못 만날 것 같아. 일이 너무 많아서." 또는 몇 차례 데이트를 한 후 상대가 자신에게 맞는 사람이 아니라 판단하고 연락을 두절한다. 이런 일이 여러 차례 반복된다. 학대자는 이런 식으로 당신을 실망시키고 계획을 무산시켜버린다.

모순적이게도 학대자는 직장에서든 남녀 관계에서든 우리를 학대 관계에 묶어두기도 한다. 과거에 학대받던 상황으로 우리를 거듭 이끄는 것이다. 어떤 사람들은 우리가 동일한 실수를 반복하기 때문에 계속해서 학대당하는 상황에 놓이게 된다고 주장한다. 하지만 대체 왜? 보통 우리는 실수를 저지르고 나면 그 경험을 통해 교훈을 얻지 않는가. 그 이유는 보호자-학대자가 우리를 익숙한 상황에 머무르게 하는 것이 더 안전하다고 여기기 때문이다. 낯선 희망과 가능성의 문을 열어두어 우리를 잃거나 우리에게 배신당하느니 늘 겪어온 위험에 노출되는 편이 낫다고 생각하는 것이다. "이미 지난번에 힘들 만큼 힘들었잖아. 두 번째는 처음처럼 괴롭지 않을 거야." 고질적인 우울증과 아무리 해도 고쳐지지 않는 자기 파괴적인 습관도 학대자의 소행일 가능성이 높다.

극단적인 경우 학대자는 자살을 '해결책'으로 제안하기도 한다. 트라우마를 더 겪으니 죽는 게 낫다고 생각하는 듯하다. 어째서 죽고 싶은 충동이 드는지 알지 못하다가 적극적 상상 기법을 통해 내면의 학대자와 대화를 나누어보고 그 이유를 깨달은 내담자를 많이 보았다. 학대자는 우리에게 이런 말을 한다. "너는 차라리 죽는 게 나아." "쓸모없는 인간 같으니, 가서 죽어버려."

알 수 없는 행동의 원인

~~~~~

보호자-학대자는 우리가 맺는 관계를 모조리 망치려 든다. 친구 같은 외부적인 관계든 내면과의 관계든 보호자-학대자가 유지하고자 하는 분열 상태를 종결지을 우려가 있다면 무조건 방해한다. 순진무구한 자아와 대화를 시도했으나 까닭을 알 수 없는 저항 때문에 실패했다면 보호자-학대자의 방해를 의심해보아야 한다.

트라우마와 관련된 감정, 기억, 현재의 생각과 행동, 신체 상태는 모두 분열을 야기할 수 있다. 기억은 억압된다. 문자 그대로 우리의 의식에서 밀려난다. 감정은 사건에 대한 기억과 분리된다. 그래서 감정이 마비된 듯한 느낌을 받거나 반대로 까닭 모를 감정에 쉽사리 사로잡힌다. 또한 신체 상태와 기억도 서로 분리된다. 그래서 트라우마를 낳은 사건은 기억하지만 그때 자신의 몸에 어떤 일이 벌어졌는지는 기억하지 못한다. 우리의 신체는 여전히 생각과 분리되어 있을지 모른다. 과거의 끔찍한 경험 때문에 그 필요성을 상실했기 때문이다. 혹은 신체가 행동과 분리되어 있을지도 모른다. 하루를 보내는 동안 둥둥 떠 있는 듯한 비현실적인 느낌을 받는다면 그 때문일 수 있다.

의식의 분열은 행동에도 영향을 미친다. 행위가 실제 원인과 연결되어 있지 않기 때문에 자기 파괴적이거나 어이없는 짓을 한다. 원인을 알 수 없는 스트레스성 질환에 시달리는 것은 기억, 감정, 생각을 의식의 아래쪽으로 끌어내린 결과 억눌린 고통이 신체적 반응으로 나타난 것일 수도 있다. 또 생활에 아무 문제가 없는데도 되풀이되는 악몽에 시달릴 수 있다.

보호자-학대자는 '관계 맺기' 상황을 모두 '순위 매기기'로 바라본다. 대개 우리 자신이 더욱 열등하다고 생각하게 하지만 때로 더 우월하다고 느끼게 만들기도 한다. "그 남자는 내 상대로 부족해." 다 진실하고, 친밀하며, 지속적인 관계를 맺지 못하도록 만들기 위해서다. 간혹 세상에 적응한 거짓 자아를 통해 제한된 방식으로 우리를 좋아하는 사람들과 관계를 이어가도록 허용할지 모른다. 하지만 그런 관계는 진짜라고 할 수 없다.

보호자-학대자의 지배를 받던 한 남성은 자신에게 친절하게 대하는 사람을 만나면 불편해서 견딜 수 없다고 고백하기도 했다. 그런 관계에 빠지면 많은 것을 잃을 것 같은 기분이 든다고 했다. 자신을 따뜻하게 대해주고 존중해주는 사람과 어울리거나 사귀게 되더라도 얼마 안 가 약속을 깜빡한다든가 일정 거리를 계속 유지해 결국 상대가 떠나가게 만들었다는 것이다. 반대로 자신을 통제하거나 배신하거나 부려먹는 친구와는 오래도록 관계를 유지한다고 했다. 비정상적인 관계에서만 안전하다고 느끼는 것이다.

라푼첼과 마녀

동화 《라푼첼》은 순진무구한 자아와 보호자-학대자 사이의 관계를 완벽하게 보여준다. 이야기 속에서 '보호자' 역할을 하는 마녀는 딸인 라푼첼을 세상의 사악함으로부터 보호하기 위해 높은 탑 위에 가두어둔다. 하지만 라푼첼은 창을 통해 왕자를 보게 된다. 그리고 태어나서 한 번도 자른 적 없는 땋은 머리를 이용해 왕자를 자신이 있는 곳으로 불러들인다. 라푼첼의 머리칼은 바깥세상과의 연결 고리가 된다.

그러나 곧 그 사실을 알아챈 마녀는 '학대자'로 변신하여 외부와의 연결 고리를 상징하는 라푼첼의 머리칼을 자른 후 딸을 사막에 버린다. 라푼첼은 그곳에서 쌍둥이를 낳는다. 마녀는 딸의 머리칼을 이용해 왕자를 탑 위로 올라오게 만든다. 하지만 자신을 불러들인 사람이 마녀임을 알아챈 왕자는 탑에서 뛰어내리고, 가시나무에 찔려 앞을 보지 못하게 되어버린다.

왕자는 그 상태로 몇 년 동안 방랑 생활을 하다가 황야에서 라푼첼이 흐느끼는 소리를 듣는다. 왕자를 만난 라푼첼이 흘린 눈물에 왕자의 눈은 씻은 듯 낫는다. 그렇게 다시 만난 한 가족은 오래오래 행복하게 산다. 마녀는 머리칼을 자르고, 왕자와 라푼첼을 떼놓고, 아버지와 아이가 만나지 못하도록 막는다. 또 왕자의 눈도 보이지 않게 만들었다. 하지만 어떤 공격과 박해에도 결국 '관계 맺기'는 성공한다.

서른한 살 된 커트는 매우 성공한 컴퓨터 보안 전문가다. 겉모습만 보면 매우 잘나가는 멋진 독신남이다. 하지만 커트의 내면은 겉보기와 달랐다. 커트의 부모는 그가 갓난아기였을 때 이혼했다. 커트의 아버지가 주식 단타 매매로 집, 자동차, 아내의 유산까지 모두 날린 후였다. 커트의 어머니는 이혼 후 그를 양육하기 위해 부모 집으로 들어갔다. 커트의 외조부모는 부유했지만 알코올 의존자였다.

해병대 출신인 커트의 할아버지는 손자 교육에 열성을 다했다. 하지만 그에게 교육이란 시키는 대로 하지 않으면 벌을 주는 것을 의미했다. 베트남전에 참가하기도 했던 그는 커트를 전쟁 포로처럼 다루었다. 커트를 강한 아이로 키우고자 하는 의도였다. 평생 빈둥거리며 살았던 자신의 아버지에 대한 반감이 그런 생각을 더욱 키웠다. 커트가 사소한 잘못을 저질러도 벽장에 가두고 물과 음식을 주지 않기 일쑤였으며, 한밤중에 낯선 곳에 데려다 놓고 홀로 집을 찾아오게 만들기도 했다. 할아버지에 대한 두려움 속에 살아야 했던 커트는 점점 방 안에만 틀어박혀 컴퓨터와 마리화나에 빠져들었다. 커트 내면의 보호자는 그런 식으로 그를 외부와 단절시켜갔다.

커트는 열다섯 살 때 할아버지의 허락을 받고 집을 나왔다. "혼자 살면서 더 강해지는 법을 배우는 것도 괜찮지." 할아버지는 이렇게 말하며 순순히 독립을 허락했다. 새 애인에게 빠져 정신없던 커트의 어머니는 아들이 떠나는데도 전혀 슬픈 기색을 보이지 않았다. 커트는 뛰어난 컴퓨터 실력 덕에 혼자 살아가는 데 별다른 어려움을 겪지 않았다. 하지만 사실 그는 자신이 하는 일을 싫어했다. 여가 생활이라고는 아파트에서 비디오게임이나 온라인 포커 게임을 하는 게 고작이었다. 유일한 꿈은 어서 은퇴해 포커 게임이나 실컷 하는 것이었다. 커트는 그렇게 보호자가 만들어놓은 안락한 세계 안에 갇힌 채 지냈다.

한편 내면의 '학대자'는 꿈에 나타나 커트를 계속 괴롭혔다. 커트는 꿈속에서 어둠의 지배자에게 고문당하거나, 외계인에게 납치당하거나, 좀비가 되었다. 사실 그는 자기 자신이 좀비처럼 산다고 느꼈다.

커트에게도 친구가 있긴 했다. 하지만 모두 자신과 비슷한 사람들이었다. 그는 삶에서 어떤 재미도 찾지 못했다. 라푼첼처럼 탑 안에 갇혀 보호받으며 살아가는 데 염증을 느꼈다. 그저 하루하루 살아낼 뿐이었다. 아주 부자가 된다면 승리감을 느낄지도 모른다고 생각했다. 그런데 어느 날 캐서린을 만나 사랑에 빠졌다.

캐서린도 커트를 끔찍이 아끼고 사랑했다. 하지만 자신과 사귀고 싶다면 마리화나와 포커를 끊고 심리 치료를 받아야 한다는 단서를 달았다. 그래서 커트가 나를 찾아오게 된 것이었다. 커트는 캐서린을 놓치고 싶지 않았다. 그러나 마리화나와 포커를 끊을 수 있으리라고 기대하지는 않았다. 커트의 경우에는 중독 문제를 다루기에 앞서 그 심리적 뿌리인 '못난 나'를 치유해야 했다. 그의 불우한 어린 시절을 생각하면 당연한 일이었다.

그리하여 커트는 내키지 않아했지만, 적극적 상상 기법을 이용해 내면의 소년과 대화를 시도했다. 처음 대화를 시도했던 날 그는 감정이 북받쳐 눈물을 흘렸다. 그런 자신의 모습에 커트도 놀랐다. 하지만 그 이후 저항이 심해 순진무구한 자아와의 대화는 순조롭게 진행되지 않았다. 보호자-학대자의 방해 때문이었다. 상담을 계속하면서 캐서린의 단점을 찾으려 하는 자신의 모습에서 커트는 학대자가 무슨 짓을 하고 있는지 똑똑히 보게 되었다.

커트는 점차 중독에서 벗어나기 시작했다. 자신이 그동안 포커 우승자가 되어 백만장자가 되겠다는 환상에 빠져 지내고, 마음이 불안할 때면 마리화나에 의지해왔다는 사실을 깨달은 덕이었다. 물론 중독에서 벗어나고자 하는 노력은 학대자가 더욱 기승부리도록 만들었다. 하지만 자기 내면에서 어떤 일이 벌어지는지 이해했기에 커트는 학대자의 방해에도 꿋꿋이 버틸 수 있었다. 커트는 자신이 할아버지의 기대에 미치지 못해 벽장에 갇혔던 것 같은 끔찍한 벌을 받을까 봐 두려워하고 있다는 사실을 깨달았다. 또 할아버지의 지배에서 벗어나지 못하고, 어머니가 자신을 버리는데도 아무것도 할 수 없었던 어린 시절의 무력감을 또다시 느끼게 될까 봐 두려워하고 있었다.

커트는 이런 깨달음을 얻은 후 다시 적극적 상상을 통해 내면의 소년을 만났다. 캐서린의 지지와 사랑 속에 커트의 상처는 빠르게 치유되었으며 예전에는 결코 경험해본 적 없는 안정적인 '관계 맺기'를 할 수 있었다.

사랑을 받아들이지 못하는 사람

~~~~~

우리가 안정적인 애착을 제공해줄 사랑을 갈망하는 것은 너무 당연하다. 라푼첼을 세상 밖으로 끌어낸 것도 사랑의 가능성이었으며, 커트를 치유한 것도 사랑이었다. '관계 맺기'의 가능성이 있을 때 우리는 이렇게 말한다. "사랑을 이야기하는 저 놀라운 사람 좀 봐. 누구라도 지금 내 입장이라면 저 사람과 사랑을 주고받으며 영원히 행복하게 살려고 할 거야. 나라고 그렇게 못 할 이유가 뭐야?" 과연 사랑만 있으면 모든 것을 극복할 수 있을까? 그럴 수 있다. 단, 보호자-학대자와 싸워 이기기만 한다면.

애착 트라우마는 이혼이나 부모의 죽음 같은 견디기 힘든 이별과 관련된 경우가 많기에 보호자-학대자는 사랑을 좌절시키려 할 것이다. 보호자-학대자에게 사랑은 곧 상실을 의미하기 때문이다. 보호자-학대자는 예전처럼 또 사랑의 상실을 겪는다면 우리가 견디지 못할 것이라 생각한다. 과거에 힘들었다고 해서 미래에도 힘들 거라는 법은 없으며, 상실의 아픔을 겪더라도 멀쩡하게 지낼 수 있다고 보호자-학대자를 설득하기란 쉽지 않을 것이다.

상실은 누구에게나 고통을 야기한다. 사실 상실을 또다시 견디지 못하리라는 보호자-학대자의 생각에 고개를 끄덕일 수도 있다. 죽지 않는 한 심리적 고통이 끝나지 않을 것이라 믿을 수도 있다. 하지만 이 문제는 해결되어야만 한다. 애정 어린 '관계 맺기'를 할 수 있는 사람들이 주변에 항상 있다는 사실을 깨달아야 한다.

한 가지 좋은 소식은 모든 관계가 결국 끝나게 마련이라는 사실을 인정하고 받아들이면 훨씬 수월하게 상실에 대비할 수 있다는 사실이다. 그런 점에서는 행복한 어린 시절을 보내고 안정적인 애착을 형성한 사람들에 비해 유리하다고도 할 수 있다.

상실 이외에 또 다른 애착 트라우마로 배신과 학대가 있다. 앞에서 말했듯, 애정 없이 권력을 휘두르기만 하는 부모 밑에서 자란 아이는 불안정한 애착을 형성하게 된다. 어떤 사랑도 주지 않고 군림하기만 하는 부모는 아이의 가슴에 깊은 상처를 남긴다. 그 결과 '그 아이'는 어른이 되어서도 타인이 자신을 배신하고 학대하리라 생각한다. 보호자-학대자는 '그 아이'에게 이렇게 말한다. "열 길 물속은 알아도 한 길 사람 속은 모른다고 했어. 저 사람이 입으로는 널 사랑한다고 말하지만 속으로는 배신할 음모를 꾸미고 있는지 어떻게 알아?" 그래서 '그 아이'는 자신에게 사랑한다고 말하는 사람에게 숨겨진 다른 의도가 있으리라 믿는다. 보호자-학대자는 계속해서 최악의 상황을 상상하게 만든다. 유일한 해결책은 상대가 자신에게 준 사랑, 다정한 말과 행동을 지워버리는 것이다.

그러므로 보호자-학대자가 친밀한 관계를 맺지 못하도록 방해하더라도 포기해서는 안 된다. 어린 시절 불안정한 애착 때문에 상처 받은 사람에게 가장 어려운 과제는 마음의 문을 열고 사랑을 받아들이는 것이다. 사랑을 받아들이지 못한다면 내면의 '못난 나'는 결코 치유할 수 없다. '관계 맺기'와 사랑만이 '순위 매기기'의 관점에서 벗어나고 스스로의 가치를 깎아내리지 않도록 도울 수 있다.

구속에서 벗어나기

~~~

내면의 보호자-학대자를 인지하는 것만으로도 그 통제력을 약화시킬 수 있다. 무자비한 자기비판, 순위 매기기에 대한 집착, 변화 실패 등이 모두 심리적 방어의 결과였다는 사실은 우리에게 위안을 준다. 그동안의 모든 행동이 스스로를 망치기 위해서가 아니라 보호하기 위해서였다고 생각하면 기분이 한결 나을 것이다.

치유로 가는 첫 번째 단계는 방어 시스템과 자신을 분리시켜 관찰하는 것이다. 두 번째 단계는 라푼첼이 마녀의 규칙을 어겼듯, 보호자-학대자의 규칙을 깨는 것이다. 세 번째는 라푼첼처럼 타인과, 그리고 자신의 감정과 '관계 맺기'를 시도하는 것이다. 네 번째는 꿈에 나오는 정보를 활용하는 것이다. 꿈은 보호자-학대자에 대한 정보를 알려주고 앞으로 어떻게 해나가야 할지에 대한 힌트도 준다.

자신과 방어 시스템을 분리시켜 관찰하는 방법을 모르겠다거나, 원인을 파악했는데도 불구하고 자기 파괴적인 습관이 전혀 줄지 않는다면 전문 심리 치료사의 도움을 받아야 한다. 또 명백히 내면이 아닌 외부에서 자기 파괴적인 행동을 종용하는 목소리가 들려온다고 생각되면 이 장에 나오는 조언을 따르기에 앞서 전문가의 상담을 받아보길 권한다.

» 보호자-학대자 관찰하기

이 장 앞부분에 나온 '보호자-학대자 인지 목록'으로 돌아가 자신이 보호자-학대자의 지배를 받고 있다고 생각되는지 다시 한 번 곰곰이 생각해보라. 만약 지배를 받고 있다면, '보호자'가 어떤 방식을 사용하고 있다고 생각되는가?

자신이 타인과 어떤 식으로 관계 맺고 있는지 관찰해보라. 보호자-학대자는 항상 불안정 애착과 관련된 방어기제를 강화한다. 불안정 애착 유형의 경우 이상적인 사랑을 꿈꾸며, 자신을 사랑하는 사람에게 열등감이나 두려움을 느낀다. 회피 애착 유형은 관계가 진전되면 뒤로 물러나고, 떠난 사람을 그리워하면서도 막상 그 사람이 다가오면 초조함을 느끼고 움츠러든다.

다음과 같은 성향이 있다면 보호자-학대자 때문에 사건과 사물을 왜곡된 시각으로 바라보고 있지는 않은지 의심해야 한다.

- 사랑하는 사람과 좋은 경험을 하고 나면 상대에 대해 지나칠 정도로 비판적이 되거나, 상대에 대한 흥미를 잃거나, 이별을 생각하는 경향이 있다.
- 관계를 지나치게 이상화해서 조금만 관계가 틀어지거나 삐거덕거려도 모두 실패했다고 여긴다.
- 상대를 믿지 못하면서도, 사실을 확인하거나 대화해보려고 하지 않는다.
- 상대가 더 매달리는 듯 느껴지면 상대를 깔보고 냉담하게 대

한다.

- 상대가 항상 붙어 있고 싶어 하지 않는다는 이유로 화를 낸다.
- 사소한 갈등만으로도 즉시 "이게 끝이야"라고 선언한다.
- 상대와 자신 중 한쪽이 너무 나약하거나 의존적이라는 걱정에 사로잡혀 있다.
- 상대가 떠나거나, 애정이 식거나, 죽을지 모른다는 걱정에서 벗어나지 못한다.
- 상대에게 어떤 결점도 없다고 생각하며, 상대를 신처럼 여긴다.

보호자-학대자가 자신에게 어떤 짓을 해왔는지 관찰하는 것은 고통스러울 수 있다. 하지만 앞에서도 말했듯 좌절감에 사로잡혀 있기보다는 모두 스스로를 보호하기 위한 노력의 일부였다고 생각하는 편이 훨씬 낫다.

» **규칙 깨기**

보호자-학대자의 규칙에서 벗어나려면, 먼저 어떤 규칙들이 있는지 확인해야 한다. 우리는 무의식에 남은 트라우마로 인한 규칙들을 따르며 살아간다. 가장 일반적인 규칙들이 다음에 나온다. 자신에게 해당된다고 생각되는 규칙을 확인하라. 여기 나오지 않지만 자신이 따른다고 생각되는 규칙이 있다면 따로 적어놓으라.

- 친밀감 금지 개인적인 일에 대해 물어보지도 답하지도 않는

다. 상대가 속마음을 털어놓더라도 무시한다. 무례하거나 경박하게 군다. 상대가 더 가까워지고 싶어 하는 기미를 보이면 즉시 떠난다.

- **논쟁 금지** 항상 친절하고 교양 있는 모습만 보인다. 갈등이 생기거나 상대가 화를 내면 즉시 관계를 끊는다. 논쟁에서 빠진다.

- **성장 금지** 새로운 것을 시도할 기회가 찾아와도 거절하고 배척한다. 어떤 꿈이나 열망도 품지 않는다. 누군가 자신에게 좋은 기회를 제의하는 일이 없도록 바보같이 행동한다.

- **결혼, 데이트 금지** 데이트하거나 결혼하게 되더라도 날짜를 연기한다. 호감을 살 행동은 하지 않거나 외모를 전혀 가꾸지 않는다. 첫눈에 반하는 사랑을 꿈꾸거나 사랑에 대한 환상을 품는다. 결코 결혼할 생각이 없는 듯 보이는 사람과 관계를 유지한다. 유부남 또는 유부녀와 사귄다. 늘 자신이 스무 살인 듯 난잡한 생활에서 벗어나지 못하거나 매일 밤 파티에 쏘다닌다.

- **감정 과잉 금지** 항상 냉정을 유지한다. 울지 않는다. 화난 모습을 보이지 않는다. 늘 감정을 자제한다.

- **성관계 또는 거기에서 오는 쾌락 금지** 성관계를 회피한다. 설사 성관계를 하더라도 기계적으로 행동한다. 어떤 감각이나 감정도 느끼지 않는다.

- **아끼고 사랑한다고 말하는 사람 신뢰 금지** 칭찬이나 애정 표현을

받아들이지 않는다. 설사 받아들이더라도 진심이 담겨 있다고 믿지 않는다.

- **도움 사절** 항상 의심한다. 늘 마음의 문을 닫아건다. 결코 불평하지 않는다.
- **희망 금지** 도움을 기대하지 않는다. 그 무엇도 나아지리라 기대하지 않는다. 그 누구도, 그 무엇도 믿지 않는다.
- **자기주장 금지** 상대가 하고 싶은 말을 하게 내버려 둔다. 어떤 문제도 일으키지 않는다. 세상에서 어떤 정의나 공정성도 기대하지 않는다.
- **신뢰 금지** 어떤 속임수에도 넘어가지 않는다. 사람들이 내게 관심을 보이거나 마음 쓰는 행동을 하는 것은 모두 거짓이라고 생각한다.

보호자-학대자가 자신에게 어떤 규칙들을 부과하고 있는지 확인하고 나면 그 속박에서 벗어나기 위한 노력을 시작할 수 있다. 단번에 규칙을 깨지 못했다거나, 이보 전진 후 일보 후퇴했다고 해서 좌절해서는 안 된다. 보호자-학대자의 방어 시스템은 무척 견고하다. 우리가 규칙에서 벗어나려는 노력을 시작하면 보호자-학대자는 바로 방해 공작을 펼칠 것이다.

방해 공작을 막기 위해 내재된 분노를 불러 일으켜보라. 분노할 수 없다면 악착같이 버티기라도 하라. 이 책에 나오는 여러 과제를 수행하는 동안 보호자-학대자가 어떤 식으로 자신을 공격하는지 관찰하라. 특히 순진무구한 자아와 대화를 시도할 때 보호자-학대자가 어떻게 방해하는지 내면을 들여다보라. 보호자-학대자는 이 책을 계속 읽지 못하게 만들려고 할지도 모른다.

» 관계 맺기

사람과 사람을 연결하는 철도, 전화선, 도로에 대한 테러 공격처럼 보호자-학대자는 우리의 관계를 공격하고 고장 나게 만들 것이다. 하지만 어떤 공격이 계속되더라도 우리는 친밀한 사람들과의 관계를 쌓고 또 쌓아야 한다. 결코 포기하지 않으면 보호자-학대자는 결국 협상을 제의할 것이다. 공격의 강도가 다시 거세지는 때도 있을 테지만 우리는 차츰 통제력을 얻어갈 것이다.

우리를 속박하는 규칙의 불합리성을 직시하고 우리가 그것을 깰 수 있도록 돕고자 하는 사람이 한 명 이상 있지 않다면 보호자-학대자에게 대항하기는 거의 불가능에 가깝다. 방어 시스템은 사랑하는 사람을 믿지 말라는 규칙을 부과함으로써 어떤 동맹도 만들지 못하게 만든다. 상대가 아무리 사랑한다고 말해도 우리는 그 말을 신뢰하지 못한다. 그런 태도는 우리가 사랑하고 우리를 사랑하는 사람 모두에게 좌절감을 준다. 상대에게 사랑을 증명하고 싶다면 곁에 꾸준히 있어달라고 청하라. 이따금 불완전할지라도 꾸준하고 일관되게 있어주는 것이 중요하다.

순진무구한 자아에게 안정감을 줄 수 있는 사람과 관계를 맺는 것이 도움이 된다. 자신을 사랑하는 사람도 좋고 심리 치료사도 좋다. 보호자-학대자가 그 사람의 인내심을 끊임없이 시험하려 들수 있으며, 순진무구한 자아에게는 숱한 확신과 안심이 필요하다는 사실을 명심하라. 전문적인 교육과 훈련을 받은 심리 치료사라면 옆에서 이러한 시험을 묵묵히 견디고 순진무구한 자아를 위해 안정적인 쉼터를 제공해줄 것이다. 하지만 꼭 심리 치료사가 아니더라도 당신의 내면에서 벌어지는 일을 잘 이해해주는 사람이라면 누구라도 괜찮다.

규칙에서 벗어나도록 도와준 사람이나 도와줄 수 있는 사람의 목록을 작성해두라. 그 사람들과 시간을 보내라. 보호자-학대자와 관련된 내용을 이해할 만한 사람이라면 그에 대한 이야기를 하고 도움을 받으라. 이 책 전체나 이 장을 함께 읽어보는 것도 좋다. 결혼을 했다면 아내나 남편을 동지로 끌어들이라. 보호자-학대자가 어떻게 끼어들어 관계를 망치려 드는지 관찰해 달라고 상대에게 부탁하라. 그러면 둘의 관계는 더욱 공고해질 것이다.

사고, 감정, 신체적 감각, 기억, 행동 사이의 내부 관계도 재조정해야 한다. 모든 감각을 동원해 매 순간 내부 관계가 어떤 식으로 전개되는지 관찰하라. 과거에 무의식에 봉인해놓은 감정이 존재한다는 사실을 인정하라. 봉인된 감정들은 대개 두려움, 분노, 슬픔, 절망감 같은 단순한 것들이다. 더 중요한 것은 의식 너머로 밀어냈던 트라우마와 특별한 까닭 없이 치밀어 오르는 감정 사이의 상관관계를 찾아내는 것이다. 하지만 무의식에 대해 거의 아는 바가 없기에 우리가 사용할 수 있는 방법은 추측뿐일지도 모른다. 설사 내면에서 어떤 일이 벌어지는지 완벽하게 파악하고 있다고 해도 어떤 정서적 반응이 적절할지 알아내지 못할 수도 있다. 예를 들어 내가 만나본 내담자들 중 상당수가 우울증이나 불안의 뿌리가 어린 시절 당했던 성적 학대인 것 같다고 말했다.

감정이 어떻게 신체적 증상으로 나타나는지 관찰하라. 강렬한 감정들은 신체적 반응을 통해 모습을 드러내기도 한다. 뚜렷한 원인을 알 수 없는 만성적인 발진, 두통, 근육 경직, 허약 체질 등으로 시달리고 있지는 않은지 돌아보라. 또 이유 없이 눈물이 흐르거나, 가슴에서 무엇인가 울컥 치밀어 오르는 기분이 든다거나, 주먹을 불끈 쥐게 된다거나, 심장이 쿵쾅거리거나, 장이 꼬이는 기분이 들 때는 없는가? 그런 신체적 반응의 원인이 무엇인지 곰곰이 생각해보라. 혼자서 하기 어렵다면 전문가를 찾는 것도 괜찮다.

처음에는 강렬한 감정들이 두렵게 느껴질 수도 있다. 하지만 지나치게 저항하지만 않는다면 그 두려움은 머지않아 사라질 것이다. 내면의 감정을 탐색하기 위한 시간을 따로 마련해놓으라. 순진무구한 자아와 대화를 나눈 뒤에 바로 하는 것도 좋다. 감정을 불러일으키기에 좋은 장소를 정해놓으라. 자연을 느낄 수 있는 야외도 좋고, 촛불을 켜놓거나 음악을 틀어놓은 방 안도 괜찮다. 이 과정을 잘 이해해주는 사람과 함께 있는 것도 괜찮다. 사실 누군가와 함께하는 것이 가장 이상적이기는 하다. 다른 사람과 감정을 나누면 치유 과정이 더 촉진될 수 있다.

처음에 가장 주목해야 할 감정은 바로 슬픔이다. 슬픔은 깊이 묻어두웠던 감정들을 향해 잘 나아가고 있음을 알려주는 신호다. 과거에 누리지 못했던, 그리고 앞으로도 결코 누리지 못할 경험에 대한 슬픔을 표출해야 한다. 예를 들면 다른 아이들처럼 유복하거나 행복하지 못했던 자신의 어린 시절을 슬퍼하라. 슬픔과 비탄은 우울증과 다르다. 우울증은 그 원인을 꼬집어 말할 수 없지만 슬픔에는 이유가 있다. 특정 사건과 슬픔 사이의 관계는 지극히 정상적이고 당연하다. 우리는 고통스러운 슬픔의 감정을 느낄 필요가 있다. 하지만 그 고통을 견뎌내려면 누군가와 슬픔을 나누어야 한다. 그래서 우리를 도와줄 안정적이고 탄탄한 외부 관계가 필요한 것이다.

생애 초기에 극심한 트라우마를 겪은 사람은 슬픔을 느끼지 못할 수도 있다. 이것은 큰 문제다. 그런 사람은 어린 시절에 어떤 일이 벌어졌는지 기억하지 못하기에 무엇을 슬퍼해야 하는지도 모른다. 슬픔에 빠져 있는 것이 생존에 위협이 되었다면 그럴 수 있다. 예를 들어 슬퍼하는 어린 당신을 주변인들이 낮게 평가했을지도 모른다. "쟤는 왜 저런다니? 대체 뭐가 문제야?" 또는 돌봐주는 사람들에게 당신의 슬픔이 불편하게 느껴졌을지도 모른다. "내가 너한테 뭘 잘못했다고 계속 그러는 거야?" 무엇보다도, 당시 자신이 아무리 슬퍼한다 해도 별다른 소용이 없었을지 모른다. 즉, 트라우마의 원인이 된 당사자 이외에 자신의 마음을 알아주거나, 슬픔에 적절히 대응해줄 사람이 주변에 하나도 없었을지 모른다.

이러한 내적 관계는 순진무구한 자아와의 대화를 통해 대부분 충족된다. 또 꿈을 통해 내면의 감정에 대한 단서를 얻을 수도 있다. 보호자-학대자가 방해하려 들 것이므로 적어도 일주일에 한 시간 이상 트라우마를 떠올리고 감정을 탐색하는 시간을 따로 마련해 체계적으로 꾸준히 노력해야 한다. 감정과 트라우마는 인생을 구성하는 퍼즐 조각이며, 그 조각들을 완전히 맞출 때에만 상처를 치유할 수 있다. 그러므로 트라우마나 감정이 떠오를 때마다 노트에 적어두라. 그렇게 하다 보면 트라우마 때문에 생겨난 '못난나'의 지배력이 점차 약해질 것이다.

무의식이 보내는 신호, 꿈

보호자-학대자의 지배를 받고 있지 않다 해도, 꿈을 활용하는 법을 배우면 치유에 큰 도움을 받을 수 있다. 꿈은 순진무구한 자아가 어떤 모습을 하고 있는지, 우리가 스스로의 가치를 어떤 식으로 깎아내리고 있는지, 우리 안에 어떤 트라우마가 남아 있는지, 우리가 어떤 식으로 타인과 관계 맺는지 명확히 보도록 도와준다. 일반적으로 꿈은 미처 깨닫지 못했던 자신의 일면에 대한 단서를 제공한다. 즉, 언뜻 알아차리기 힘든 '나머지 이야기'를 들려준다.

때로 꿈은 보호자-학대자가 파괴하려는 관계를 어떻게 복구할 수 있는지에 대한 핵심 정보를 주기도 한다. 꿈은 항공사진과도 같아서 보호자-학대자가 우리와 정확히 어떤 위치에 있는지, 어떤 식으로 우리를 방해하고 있는지 높은 조망에서 보여준다.

꿈의 언어는 상징과 은유가 뒤섞인 이미지와 이야기로 구성된다. 각자의 꿈에 나오는 상징과 은유는 자신만이 해석할 수 있다. 이미 잘 알고 있는 내용에 대한 꿈을 꾼다면 세부적인 부분, 특이하거나 예기치 못한 점에 특히 주의를 기울이라.

물론 꿈에 나오는 상징 대다수는 보편적일 가능성이 높다. 이를테면 바다가 무의식을 상징하는 식으로 말이다. 하지만 해군으로 복무한 적 있는 사람의 꿈에 나온 바다는 다른 의미일 수 있다. 만약 꿈에 새나 택시가 나왔다면 그것들이 자신에게 어떤 의미인지 생각해보아야 한다. 해몽 책을 뒤져 상징의 의미를 찾아보는 것은 별로 권하지 않는다. 그럴 바에는 꿈에 대한 책을 읽는 편이 낫다. 추천할 만한 책으로 로버트 존슨Robert Johnson이 쓴 《내면의 작업 Inner Work》[3]이 있다. 이 책에는 꿈의 의미뿐 아니라 적극적 상상 기법에 대한 내용이 나온다.

보호자-학대자는 우리가 꿈꾸는 것을 막을 수 없다. 하지만 악몽을 대수롭지 않게 여기거나 그 내용을 망각하도록 만들 수는 있다. 하지만 보호자-학대자의 농간에 넘어가서는 안 된다. 보호자-학대자 꿈은 불쾌한 느낌을 준다. 그러나 '나쁜' 꿈이라 해도 도움이 될 수 있다. 꿈은 우리의 성장을 바라는 무의식의 일부에서 내보내는 신호이기 때문이다. 말하자면 꿈은 보호자-학대자가 무슨 일을 꾸미고 있는지 알려주는 내부 고발자의 비밀 정보와도 같다.

기분 좋지만 뭔가 잘못된 듯한 느낌이 드는 꿈을 꾸었다면 보호자의 소행이 아닌지 의심해보아야 한다. 한 남성이 어느 날 신성한 장소에 대한 꿈을 꾸었다. 그곳에서는 거대한 유리 돔이 외부의 유독가스를 막아주고 있었다. 하지만 이상하게도 그 안에 있는 식물들이 모두 형광색 플라스틱이어서 사람들이 먹을 수 없었다. 그 밖에도 꿈꾸던 도중 결정적인 순간에 잠이 들거나, 마약을 복용하거나, 기절했다면 보호자가 자각을 제한하기 위해 개입한 것이라 보면 된다.

» 보호자-학대자에 대한 꿈의 세 단계

이 책에 나온 대로 따르다 보면 보호자-학대자에 대한 꿈은 세 단계를 거쳐 진행될 것이다. 첫 번째 단계에는 끔찍하거나, 폭력적이거나, 비극적이거나, 오싹한 꿈을 꾸게 된다. 오래전부터 그런 악몽에 시달려왔다고 해도, 보호자-학대자의 방어 시스템에 대해 알아가고 규칙을 깨뜨리려 할수록 악몽의 빈도가 높아질 것이다. 이러한 꿈은 보호자-학대자가 어떤 식으로 우리의 도전에 대응하는지를 보여준다. 트라우마를 겪은 지 얼마 되지 않았다거나 트라우마와 관련된 내용이 직접적으로 나오지 않는다면, 꿈에 나오는 폭력은 우리에게 벌어졌던 일을 상징한다고 볼 수 없다. 원자폭탄이 지구 곳곳에 떨어지거나, 외계인이 도시에 독극물을 살포하는 꿈은 우리의 순진무구한 자아가 얼마나 고통받고 있는지를 나타낸다. 보호자-학대자는 세상 모든 곳이 위험하다는 메시지를 보내 우리를 두려움에 떨게 만들고 싶어 한다.

두 번째 단계에는 보호자-학대자의 손아귀에서 얼마나 벗어났

느지를 보여주는 꿈을 꾸게 된다. 꿈속에서 여전히 끔찍한 일이 벌어지긴 하는데 누군가의 도움을 받거나 스스로 끔찍한 사건에 대응해 조치를 취한다. 이를테면 다음과 같은 꿈이다. 미사일 한 대가 당신 쪽으로 날아오고 있다. 당신은 잔뜩 겁에 질려 있다. 하지만 곧 정신을 차리고 상황을 판단하려 노력한다. 주변을 둘러보니 미사일은 높은 벽이 쳐 있는 방어 시설에서 발사된 것이었다. 당신 주변에 있던 누군가가 차분한 목소리로 미사일을 쏜 사람들은 제정신이 아니며, 온 세상이 파괴되기 전에 누군가 나서서 그들을 멈추게 만들어야 한다고 말한다.

이 꿈에서 주목해야 할 부분은 미사일이 '방어 시설'에서 발사되었다는 점이다. 방어 시설은 명백히 보호자-학대자를 상징한다. 꿈은 우리가 보호자-학대자에 대해 인지하는 단계에 이르렀다는 사실을 간접적으로 보여준다. 더 좋은 소식은 무의식의 중립적인 일부가 우리에게 무엇을 해야 할지 알려주고 있다는 점이다. 문제를 흐리거나 문제에서 눈을 돌리게 만들지 않았다는 사실은 꿈의 화자가 '보호자'는 아님을 말해준다. 꿈은 보호자의 방어에 어떻게 대처하면 좋을지 희미하게나마 알려준다. 보호자-학대자의 굴레에서 벗어나는 것이 아직 요원해 보이기는 하지만 말이다.

꿈의 마지막 단계에는 보호자-학대자가 사람의 모습으로 등장한다. 아이를 살해한 어머니나 히틀러처럼 무서운 인물들로 나타나는 때가 많지만, 아무리 무섭다 해도 인간으로서 한계나 취약점이 있다. 이를테면 그들은 피곤을 느끼거나, 감옥에 갇힐 수 있다.

세 번째 단계에 꾸는 꿈의 특징은 우리가 적극적으로 상황에 대처하거나, 누군가에게 구조되거나, 보호자-학대자에게 맞서 싸워 이기는 내용이 전개된다는 것이다. 설령 꿈에 희생자가 등장하더라도 우리는 더 이상 희생자를 자신과 동일시하지 않는다.

이 세 단계가 모든 사람에게 일률적으로 적용된다고는 할 수 없다. 하지만 이 세 단계를 지표로 삼으면 치유가 얼마나 진전되고 있는지를 파악하는 데 도움이 된다. 때로는 두 번째나 세 번째 단계까지 진전되었다가 다시 첫 번째 단계로 돌아갈지도 모른다. 이는 자신의 손아귀에서 벗어나려는 것을 막으려는 보호자-학대자의 몸부림이라고 이해하면 된다.

» 꿈을 통해 알게 되는 것

꿈에 어떤 배경이 나오는지, 우리가 어느 연령대의 모습으로 등장하는지는 우리의 주된 문제가 무엇인지 대략적으로 가늠할 수 있게 해준다. 꿈의 배경이 어릴 때 살았던 집이라면, 어린 시절에 그 집에서 벌어졌던 일이 아직도 우리에게 영향을 미치고 있다고 암시하는 것일 수도 있다. 그 집에 있는 우리 모습이 어른이라면 현재의 인간관계 문제가 어린 시절과 연관 있음을 나타내는 것일 수도 있다.

보호자-학대자 꿈에서 배경은 앞에서 알아본 세 단계마다 다를 수 있다. 예를 들어, 첫 번째 단계 때는 끔찍한 지옥을 배경으로 하다가, 두 번째 단계 때는 포로수용소 같은 불쾌하기는 하나 현실에 존재하는 장소를 배경으로 하고, 마지막 세 번째 단계 때는 적과 맞서 싸울 수 있는 장소가 배경이 될 수도 있다.

꿈에 등장하는 자신의 모습이 어릴수록 순진무구한 자아를 나타낼 가능성이 높다. 현재 나이 그대로 등장한다면 그 꿈의 내용은 보호자-학대자가 우리를 어떤 식으로 취급하는지를 보여주는 것이다.

일반적으로 꿈꾸는 동안 느낀 감정의 강도는 자각해야 할 감정의 총량이 어느 정도인지 보여준다. 트라우마를 겪으면서 감정과 그 원인 사이의 연결 고리가 끊어진 상태라면, 그동안 억눌려 온 감정들이 꿈속에서 한꺼번에 폭발하듯 분출될 수도 있다. 사실 애초에 그 연결 고리가 끊어졌던 것도 격렬한 감정에 압도당하거나 생활에 지장을 받을 정도로 충격받지 않도록 돕기 위해서였다. 악몽에 시달리는 것은 괴로운 일이기는 하지만 감정과 의식 사이의 연결 고리를 복구하려면 그 과정을 감내해야만 한다. 악몽을 떨쳐내기 위한 최상의 방법은 누군가에게 꿈 이야기를 털어놓는 것이다. 즉, '관계 맺기'가 여기서도 효험을 발휘한다.

꿈속에서 보호자-학대자가 어떤 형태로 등장하느냐 또한 유용한 정보를 준다. 앞서 소개한 사례에서 커트는 검은 기사와 싸우는 꿈을 꾸었는데, 처음에는 둘 다 동일한 무기를 들고 싸웠다. 이는 그 꿈이 세 번째 단계에 해당함을 나타낸다. 그런데 얼마 안 가 꿈은 첫 번째 단계로 되돌아갔다. 검은 기사가 거인 로봇으로 변신하더니 분신술까지 펼쳤다. 그리고는 인간, 동물, 식물을 닥치는 대로 죽이기 시작했다. 세상과 맞서 싸우는 법을 가르치고 싶어 했던 할아버지의 양육 방식은 공정했을지 모르나, 어린 커트에게는 그 이상이 필요했다. 커트의 할아버지는 인간미가 부족했다. 이제 어른이 된 커트는 그 사실을 깨달아가고 있었다. 커트의 기억 속, 그러니까 보호자-학대자의 관점에서 본 어른은 세상과의 모든 연결 고리를 파괴시키는 존재였다. (그 후 커트는 칼을 들고 로봇과 싸우는 꿈을 또 꾸었다. 그 꿈에서는 로봇의 몸을 칼로 찔렀다. 그러자 인간의 붉은 피가 흘러나왔으며 로봇은 죽었다.)

보호자-학대자 꿈이 고문이나 고통과 관련된다면, 꿈속에서 자기 자신이나 순진무구한 자아가 어떤 식으로 고문당하거나 고통받았는지에 대한 세부 내용에 주목해야 한다. 거기에 매우 중요한 정보가 담겨 있을 가능성이 높기 때문이다. 머리가 잘리거나, 교수형을 당하거나, 목 졸리는 꿈은 신체와 감정의 분리를 상징한다. 누군가에게 비웃음 당하는 꿈은 학대자가 우리를 좌절시키기 위해 비판을 도구로 삼고 있음을 나타낸다. 산소 공급이 끊기거나, 음식이 없어 굶주리는 꿈은 보호자-학대자가 우리의 욕구 충족을 방해하고 있음을 상징한다. 그 때문에 우리는 스스로를 위험할 정도로 돌보지 않고 있을지 모른다.

강간당하거나, 어린아이를 성적 대상으로 삼는 등의 성적인 문제와 관련된 끔찍한 꿈은 순진무구한 자아가 (신체적 또는 심리적인) 성적 학대를 받았음을 나타낼지 모른다. 예컨대 성적 욕구를 충족시키기 위해 딸 앞에서 일부러 성에 대해 노골적으로 이야기하곤 했던 아버지 밑에서 자란 한 여성은 그 트라우마 때문에 오랜 기간 고통받았다. 언어적인 성희롱 때문에 입은 상처도 신체적인 성추행 못지않게 뿌리 깊은 악영향을 끼칠 수 있음을 명심해야 한다. 특히 근친상간은 신체적이든 심리적이든 아이들에게 씻지 못할 상처를 주는 전형적인 폭력이다.

꿈에 나오는 성적 공격은 실제로 벌어졌던 일을 보여주는 것이 아닐 수도 있다. 즉, 우리가 인지하지는 못하고 있지만 매우 중요하고 의미 있는 상태를 상징하는 것일지 모른다. 예를 들어 수많은 범죄자의 등장은 폭력이나 학대에서 비롯된 트라우마가 그만큼 많다는 것을 나타낼지 모른다. 성적 공격이 항상 성희롱이나 성추행을 직접적으로 의미한다고는 할 수 없다. 성적 공격은 보호자-학대자가 지금 우리에게 어떤 짓을 하고 있는지 보여주는 것일 수도 있다. 즉 보호자-학대자는 우리를 가학적으로 대하거나, 굴복하게 만들거나, 여성성이나 창의성을 억제시키고 있는지 모른다.

» 고통스러운 꿈

간호사인 캐런은 병원에서 주로 수술실에 들어가 의사를 보조하는 일을 했다. 그런데 예민한 성격 때문인지 수술 도중 심각한 실수라도 저지르지 않을까 늘 불안에 시달렸고, 급기야는 불면증까지 걸렸다. 불안증이 점점 심해져 의사에게 무능력하다는 평가를 받게 될까 두려워하는 지경에 이르자 상담을 받기로 결심했다. 내게 찾아왔을 때는 이미 내면의 '못난 나'가 캐런의 낮과 밤을 모두 지배하는 상태였다. 캐런의 보호자–학대자는 캐런이 어떤 의욕이나 자신감도 없이 무기력하게 살아가기를 바랐다.

그런데 상담을 시작한 지 얼마 되지 않은 어느 날, 한 의사가 캐런을 수술실 밖으로 쫓아내는 일이 발생했다. 자신의 지시대로 따르지 않는다는 이유였다. 하지만 캐런은 그 의사가 위험할 수도 있는 지시를 내렸기에 거기에 불복종한 것이었다. 그 의사는 수술과 관련된 최신 정보를 모르고 있는 것이 분명했다. 하지만 캐런은 어떤 대꾸도 하지 못한 채 얼어붙었다.

그날 밤 캐런의 악몽에는 앞다리와 뒷다리가 각각 양쪽 기둥에 묶인 채 괴로워하는 사슴이 나왔다. 옴짝달싹하지 못하는 사슴은 캐런을 상징하는 것이 분명했다. 그런데 순간 어디선가 의사가 나타났다. 캐런은 사슴을 그렇게 만든 것이 그 의사임을 즉각 알아차렸다. 의사는 사슴이 아직 살아 있는 것에 놀란 듯 줄을 풀어주었지만 곧 사슴 앞다리를 분질러버렸다. 사슴은 앞다리가 부러진 자신의 모습에 수치심을 느꼈다.

그래서 다리를 절룩거리며 숲으로 도망치려 했지만 또다시 의사에게 잡히고 말았다. 이번에 의사는 사슴을 소녀로 바꾸어 자신의 노예로 만들었다. 소녀는 다른 사슴을 잡아, 죽을 때까지 기둥에 다리를 묶어놓으라는 의사의 명령을 따라야만 했다. 다른 사슴을 죽여야 하다니 가슴이 아팠지만 명령을 거역하지는 못했다.

꿈속 소녀의 나이는 여덟 살이었다. 어머니가 암으로 죽었을 당시 캐런의 나이와 동일했다. 어린 시절 캐런은 언제나 말 잘 듣는 아이였다. 어머니가 병석에 누운 이후에는 더 착한 아이가 되었다. 외동딸로 자라면서 늘 외로움을 느꼈던 캐런은 어머니가 죽기 얼마 전 나쁜 친구와 어울리기 시작했다. 그 친구와 쏘다니며 식료품점에서 도둑질을 하기도 했다. 캐런에게 그것은 새롭고 짜릿한 경험이었다. 하지만 곧 꼬리가 잡혔고 집안이 발칵 뒤집혔다.

캐런의 어머니는 눈을 감으면서도 자신이 죽은 후 딸이 나쁜 길로 빠질까 봐 걱정했다. 어머니의 담당 의사는 캐런이 벌인 일 때문에 어머니가 충격을 받아 건강이 악화되었다고 말했다.

캐런은 꿈에서 고통, 무력감, 수치심을 느꼈다. 모두 캐런을 오랫동안 괴롭혀오던 감정들이었다. 꿈에서 분질러진 사슴의 다리는 캐런의 불안한 삶과 변화를 두려워하는 마음을 상징한다. 가장 주목해야 할 부분은 다른 사슴을 잡아 죽이라는 명령을 따라야 하는 것에 대한 죄책감이다. 쉽게 추측할 수 있듯, 자신이 어머니를 죽게 만들었다는 생각이 거기에 반영된 것이었다.

꿈에 나온 의사는 캐런의 보호자-학대자를 상징했다. 캐런은 그 의사를 닥터 데스라고 불렀다. 닥터 데스는 캐런이 상담을 통해 나아질 기미를 보이자 치유를 막기 위해 꿈에 나와 캐런의 다리를 분지른 것이었다. 하지만 캐런은 의사와 관련된 과거의 트라우마와 현재 병원에서 겪고 있는 문제 사이에 어떤 연결 고리가 있는지 깨달은 후 보호자-학대자의 지배에서 벗어났다. 그리고 직장에서 더 당당하게 자신의 목소리를 낼 수 있게 되었다.

» 꿈 떠올리기

보호자-학대자와 관련된 꿈은 무척 폭력적이고 혼란스럽기 때문에 한밤중에 잠에서 깨게 만들거나, 깨지 않고 아침까지 자더라도 머리에서 떠나지 않는 경우가 꽤 있다. 하지만 항상 그렇다고는 할수 없다. 중요한 정보가 담겨 있는 꿈일수록 보호자-학대자는 더 기억하지 못하게 만들려 할 것이기 때문이다.

꿈이 기억나지 않는다고 해도 괴로워할 필요는 없다. 분명 머지 않아 또 다른 꿈을 꿀 것이다. 하지만 아침마다 잠에서 깬 후 바로 침대에서 일어나기보다는 몇 분간 기억을 더듬어보려는 노력을 하는 것도 괜찮다. 기억을 탐색할 때는 다음 범주를 따르면 효과적이다. 꿈의 배경은 어디였는가?(야외, 직장, 해변 등) 꿈에 누가 나왔는가?(사람, 동물) 익숙한 느낌이 들었던 것 같다면 잠시 동안 그 느낌에 집중한다. 떠오른 내용을 노트에 적는다. 그리고 그날 하루 동안 꿈 내용에 대해 생각해본다.

보호자-학대자 꿈에 대해 알고 있는 사람과 함께 각자의 꿈 이야기를 털어놓고 같이 생각해보는 것도 좋다. 서로 꿈에 대한 질문을 던지는 것만으로도 도움이 된다. 예를 들면 다음과 같이 물어보는 것이다. "히틀러가 너에게는 무엇을 의미해?" "파티에 대한 느낌이 어때?" 질문받은 사람은 그 내용에 대해 생각해보는 것만으로도 끊어졌던 고리를 다시 연결시킬 수 있다. 하지만 꿈을 공유할 사람을 선택할 때는 신중해야 한다. 숨겨 있던 연약한 자아를 드러내더라도 불편하거나 어색하지 않을 만한 사람을 고르라.

과거에 심각한 트라우마를 겪은 사람 중에는 어떤 꿈도 꾸지 않는다고 말하는 이도 있다. 하지만 꿈을 전혀 꾸지 않는 사람은 없다. 꿈이 기억나지 않는 것은 보호자-학대자의 방어 때문인지도 모른다. 또 특정 약물을 복용하는 중이거나 만성적인 수면 부족에 시달리고 있다면 꿈꾸는 데 지장이 있을 수도 있다. 일단 그러한 신체적인 원인을 배제한 후, 단편적인 내용이라도 기억하기 위해 애써보라. 그런 노력을 통해 꿈과 자신 사이의 연결 고리를 차츰 확립해나갈 수 있다.

» 연습해보기

보호자-학대자가 등장했다고 생각되는 꿈을 하나 선택하라. 어떤 사물이나 사람이 두려움 또는 고통을 주거나, 감금시키거나, 자각을 막는 내용이 나왔다면 보호자-학대자 꿈이라 여기면 된다. 꿈속에서 어떤 기분을 느꼈는지, 보호자-학대자가 얼마나 강하게 그려졌는지 떠올려 보라. 그러한 감정들이 왜 꿈에 나왔을지 생각해보라. 최근 겪은 일에서 마땅히 느껴야만 하는 감정들은 아닌가?

꿈에서 묘사된 보호자-학대자의 특성을 고려할 때 그 꿈이 몇 단계에 해당하는지 생각해보라. 보호자-학대자가 어떤 모습으로 등장했는가? 기계, 괴물, 인간의 모습이었는가? 그 파괴력이 얼마나 컸는가? 세상을 모두 파괴시킬 정도였는가? 아니면 한 마을이나 한 사람만 파괴시킬 정도였는가? 꿈속 자신의 나이와 배경이 의미하는 바는 무엇인가?

특히 눈에 띄었던 세부적인 특성이나 내용을 적은 후, 그것들이 기억에 남은 이유가 무엇일지 생각해보라. '자전거는 내게 어떤 의미인가?' '강아지가 나온 이유는 무엇일까?' '자전거가 빨간색이었던 이유는 무엇일까?' '붉은색은 분노를 상징하고 파란색은 우울증을 상징하는 것일까?'

한발 뒤로 물러서서 꿈의 큰 그림을 보라. 꿈은 보호자-학대자가 현재 당신 삶을 어떻게 주무르고 있는지 말해준다. 구체적인 과보호 또는 학대 행동을 인식할 수 있는가? 꿈에서 얻은 정보를 통해 보호자-학대자를 의인화해 생각하고, 당신에게 부과된 규칙들을 깨뜨릴 수 있겠는가? 예컨대 캐런은 닥터 데스에 대한 꿈을 통해 자신을 노예 취급하는 의사의 규칙을 깨뜨려야 할 필요가 있다는 사실을 깨달았다.

보호자-학대자와 대화하기

이제 우리는 보호자-학대자가 삶에 어떤 악영향을 끼칠 수 있는지 알고 있으며, 예전에 비해 훨씬 자유로운 상태가 되었다. 어떻게 하면 주변 사람들과 돈독한 관계를 맺을 수 있는지, 어떻게 하면 과거와 현재, 몸과 마음, 감정과 기억을 연결하는 고리를 복구할 수 있는지 알고 있다. 꿈은 그 과정이 얼마나 진전되고 있는지에 대한 정보를 제공한다. 꿈에서 보호자–학대자가 사람이나 동물의 모습을 하고 나온다면 성공이 멀지 않았다고 보면 된다. 이제 적극적 상상 기법을 이용해 보호자–학대자와 대화를 시도할 때다.

협상 목표는 보호자–학대자를 완전히 제거하는 것이 아니다. 그것은 불가능하다. 목표는 혼자서도 세상을 잘 헤쳐나갈 수 있다는 것을 증명해 보임으로써 보호자–학대자가 덜 활성화되도록 만드는 것이다.

» 안전 확보하기

협상에 앞서 스스로의 안전을 확보해야 한다. 보호자–학대자가 인간의 형태로 꿈에 등장했다고 해도 여전히 믿을 수 없는 짓을 벌일 수도 있으며, 공격성이 사라진 것도 아니기 때문이다. 지금까지 꿈에 등장했던 보호자–학대자의 모습 중 가장 온순하고 관대한 모습을 상상하라. 그런 후 자신의 신체적 안전에 초점을 맞추라. 꿈속에서 보호자–학대자가 문을 부수고 방 안으로 들어오려 했었다면, 문을 두드리거나 부수려 하는 동안에는 대화를 시작하지 말라. 경찰이 와서 그 남자를 잡아다 감옥에 가두었다고 상상하라. 그런 장면이 머릿속에 그려지지 않는다면, 예컨대 남자가 달아나서 막대한 힘을 발휘한다든가 경찰이 당신 편이 아니라면, 대화를 시작해서는 안 된다.

목표는 규칙을 더 이상 지키지 않거나 위험을 감수하더라도 잘해 나갈 수 있다고 보호자-학대자를 설득하는 것이다. 당신은 자유를 원한다. 보호자-학대자에게 직장에서 성공하고 싶다고 말하라. 옛 규칙에 대한 합당한 이유를 원한다고 말하라. 이를테면 눈에 띄어서는 안 된다든가, 욕구를 결코 드러내서는 안 된다든가, 능력을 마음껏 펼쳐서는 안 되는 이유가 무엇인지 알려달라고 하라. 보호자-학대자에게 좋은 사람들과 친밀한 관계를 맺고 있다고 말하라. 그가 그것을 이미 알고 있으리라 가정해서는 안 된다. 알다시피 그는 당신과 분리된 자율적인 존재다. 그래야만 방어 시스템이 제대로 작동할 수 있기 때문이다.

보호자-학대자가 어떤 대답을 내놓는지 주의 깊게 들으라. 거기에 동의하지 않더라도 상대의 말을 경청하면 협상을 더 유리하게 이끌 수 있다. 또한 그가 무엇을 걱정하는지, 어떤 식으로 작동하는지 관찰할 수 있다.

보호자-학대자가 당신을 보호하기 위해 무슨 방법을 사용해왔는지 파악했다면, 그 의도에 고마움을 표하라. 그런 후 순진무구한 자아를 안전하게 보호하고 성장하도록 돕고 싶다는 의지를 차분하면서도 강력하게 전달하라. 이를 통해 벽 뒤에 숨어 '보호받기만' 하던 순진무구한 자아가 자유를 누리게 될 것이다.

» 적극적 상상 기법을 적용하기

캐런은 닥터 데스가 부과한 규칙들을 하나하나 깨뜨리며 도전적인 삶을 살게 되었다. 그동안 두려움에 거절해왔던 수간호사 승진 제의도 받아들였다. 비록 다른 사람들은 캐런의 변화에 그다지 신경 쓰지 않았지만, 캐런은 자신이 예전에 비해 훨씬 더 나아졌다는 사실을 알고 있었다. 이제는 지나치게 움츠러들지 않고 책임이 큰 일도 기꺼이 떠맡게 되었다. 하지만 전임자 세 명이 하던 일을 혼자 감당해야 했던 것이 문제였다. 캐런은 일을 썩 잘해나갔지만 일에 전념하느라 친구들과도 멀어졌고 잠을 푹 자지 못하다 보니 체중도 줄었다. 병원에서 일하는 동안에는 가까스로 혼란과 무질서를 막을 수 있었지만, 병원 밖에서 캐런의 생활은 혼돈 그 자체였다.

캐런은 일을 그만둘 때가 되었다는 걸 직감했다. 사실 오래전부터 일을 그만두길 꿈꾸며, 학교로 돌아가 공부할 계획도 세워놓았다. 경제적 여력도 충분했다. 하지만 '변화는 금물'이라는 닥터 데스의 제1규칙 때문에 그 꿈은 번번이 실현되지 못했다. 예전에는 그 규칙 때문인지 새 친구를 사귀는 등의 작은 변화에도 비극적인 결과가 초래되곤 했다. 하지만 이제 캐런은 달랐다. 이미 몇 가지 변화도 단행했다. 아버지의 집에서 나와 독립했으며, 늘 자신을 부당하게 대접했던 끔찍한 친구 둘과도 관계를 끝냈다. 캐런이 변화하기 시작하자 꿈속 닥터 데스의 모습은 점점 인간적이 되어갔다. 이제 더 이상 꿈속의 닥터 데스는 마법을 부리거나, 소녀를 사슴으로 변화시키거나, 소녀를 노예로 만들지 못했다. 캐런은 인간적인 모습이 된 닥터 데스와 대화를 해보기로 했다. 간호사 일을 그만두 겠다고 설득하기 위해서였다.

캐런 안녕, 닥터 데스. 또 네가 날 '돕고' 있는 것 같네. 일을 그만 두고 싶은데 그렇게 되지가 않아. 네가 그렇게 만든 거니?

닥터 데스 널 중간에 포기해버리는 비겁한 겁쟁이로 만들고 싶지 않아서야.

캐런 그렇구나! (캐런은 아버지가 그런 사람을 싫어한다는 것을 알고 있 었다. 캐런의 아버지는 아내를 잃은 충격으로 성격이 완전히 달라져 캐런 에게 엄격하고 냉정하게 대했다. 가끔 캐런을 '비겁한 겁쟁이'라고 부르기 도 했다.) 하지만 배가 침몰할 때는 탈출해야만 살아남을 수 있어. 병원 행정이 엉망이라 내가 감당할 수 없을 정도의 일을 떠맡게 되었다고. 그걸 내가 바꿀 수는 없어.

닥터 데스 그럼 그만둬. 하지만 지금 넌 그 어느 때보다 많은 월급 을 받고 있다고. 이런 좋은 직장에 절대 다시 들어갈 수 없을걸.

캐런 내가 간호사로서 능력이 뛰어나지 않았다면 수간호사로 승 진되지도 않았을 거야. 다른 곳에서도 분명 실력을 발휘할 수 있 을 거야.

닥터 데스 병원에서 왜 그만두려고 하는지 물어볼 텐데, 행정이 형편없어서라고 말하면 그게 통할까? 분명 너에게 문제가 있어 서라고 생각할걸.

캐런 내 담당 관리자가 나에 대해 좋게 말해줄 거야.

닥터 데스 그만두겠다고 하면 네 상관은 아마 분개할걸. 다 네게 달렸어. (캐런은 이 말에 아무 대꾸도 할 수 없었다. 상관을 두려워하고 있었기 때문이다.)

캐런 난, 난, 사직서를 낼 거야.

닥터 데스 이렇게 훌륭한 직장을 그만두려 하다니, 넌 잘못 생각하고 있는 거야. 문제는 너라고. 네가 일을 엉망으로 해서 그런 거야.

캐런 아니야, 그렇지 않아. 내가 수간호사가 되기 전부터, 그리고 내가 그만둔다 해도 그 일은 뒤죽박죽일 거라고.

닥터 데스 그래, 그런 식으로 남 탓만 해라.

캐런 그만둬! 수간호사직을 수락한 이후 최선을 다했어. 나는 두렵지 않아. 나는 괜찮을 거야.

캐런이 한 일:

- 가장 안전한 모습의 닥터 데스와 대화를 나누었다.
- 현재 상황이 과거의 어떤 일과 연결되어 있는지 주의 깊게 생각했다.(아버지가 자신을 '비겁한 겁쟁이'라고 불렀던 일.)
- 단호하게 자기주장을 펼쳤다.
- 부당한 말을 들었을 때 주저하지 않고 화를 냈다.

캐런이 대화한 상대가 보호자-학대자가 아닌 내면의 비판자였다면 대화는 다른 방식으로 전개되었을 것이다. 처음에는 내면의 비판자도 마찬가지로 '비겁한 겁쟁이'라는 말을 사용했을지 모른다. 하지만 그 이유는 캐런이 더 열심히 노력하도록 만들고 직장에서 성공하도록 돕기 위해서였을 것이다. 따라서 캐런이 직장을 그만두어야 할 합당한 이유를 제시하면 바로 수긍했을 것이다. 내면의 비판자와 보호자-학대자는 각기 다른 동기로 움직인다. 캐런의 경우 내면의 비판자는 캐런이 직장에서 성공하도록 돕고자 하는 반면 보호자-학대자는 변화하느니 힘든 일을 계속하며 실패하기를 바랄 것이다. 보호자-학대자의 최대 가치는 '못난 나'를 지속시키는 것이기 때문이다.

치유 과정이 진전된다 해도 보호자-학대자가 내면의 비판자로 변형되거나, 치유에 열성을 보이거나, 도움 주는 일은 없을 것이다. 그는 냉소적인 태도를 결코 변화시키지 않는다. 그러므로 적극적 상상 기법을 이용해 대화를 시도할 때 그 대상이 어느 쪽인지 신중하게 판단해야 한다. 대화 상대가 비판적이지만 유용할 수도 있는 조언의 목소리인가? 아니면 목표를 달성하는 데 전혀 도움이 되지 않거나 거짓으로 점철된 목소리인가?

이 장 앞부분에서 내면의 비판자가 '못난 나'를 어떻게 키울 수 있는지 알아보았다. 또 내면의 보호자-학대자가 존재하는지 확인하고, 이에 대한 통제력을 되찾을 수 있는 방법도 살펴보았다.

» 내면의 비판자와 합의하기

내면의 비판자가 어떤 식으로 바뀌었으면 좋겠는지 노트에 적어보라. 그런 후 그 내용을 정리해 내면의 비판자에게 편지를 쓰라. 적극적 상상 기법을 통해 대화하면서 편지를 읽어주고 반응을 지켜보라. 합의점에 도달할 때까지 대화를 하라. 내면의 비판자가 옛 방식으로 돌아가려고 하는 것이 느껴질 때마다 편지를 꺼내 읽으라. 성실하고 훌륭한 코치인 내면의 비판자는 자신의 실수를 인정하고 합의 내용을 다시 따르기 위해 노력할 것이다.

» 보호자-학대자 상대하기

자신의 가치관과 목표를 달성하는 데 '못난 나'가 얼마나 방해가 되고 있는지 생각해보라. 그런 후 보호자-학대자가 발전을 어떻게 저해하고 있는지, '못난 나'를 계속 유지시키기 위해 무엇을 하고 있는지 구체적으로 그려보라. 보호자가 하는 행동과 학대자가 하는 행동을 나누어 생각해보라. 각각의 전략은 무엇이며, 어느 쪽이 현재 당신을 지배하고 있는가?

보호자-학대자가 어떤 규칙들을 부과했는지 생각해보지 않았다면 지금 그 목록을 만들라.(친밀감 금지, 자기주장 금지 등) 보호자-학대자를 어떻게 저지시키면 좋을지에 대한 종합 계획을 세우라. 이를테면 어떻게 항상 경계할지, 규칙을 어떤 식으로 깨뜨릴지, 내·외부 관계를 어떻게 증가시킬지, 순진무구한 자아와 얼마나 자주 대화할지, 꿈에 얼마나 집중할지, 어느 시점에 보호자-학대자와 대화를 시도하면 좋을지 정리해 적어놓으라. 무엇보다도, 노트를 선반 구석에 올려놓은 채 한동안 꺼내보지 않았다면 그 이유가 무엇일지 자문해보라.

우리는 앞에서 어떻게 하면 새로운 관계를 맺고, 유지할 수 있는지 배웠다. 하지만 원치 않는 관계를 어떻게 끊어야 하는지, 더욱 친밀감을 쌓으려면 어떻게 해야 하는지에 대해 더 배워야 할 필요가 있다.

어떻게 하면 친구와 더 돈독한 우정을 쌓고, 남자 친구나 여자 친구와 더 깊이 있는 사이가 될 수 있을까. 더 오랫동안 함께 있고 싶고, 상대에 대해 더 많이 알고 싶고, 하루하루 일거수일투족에 대해 대화를 나누고, 상대가 힘들어할 때 도움을 주고 싶은 그런 사람이 있는가? 의식적으로 노력하지 않더라도 자연스럽게 친밀한 관계가 되는 경우도 있지만, 그것을 우연이나 운에만 맡겨둘 필요는 없다. 원할 때 원하는 만큼 친밀한 관계를 쌓아갈 확실한 방법이 있기 때문이다.

친밀한 관계는 '순위 매기기'가 아닌 '관계 맺기'에 집중하는 데 도움이 될 뿐 아니라 '못난 나'의 지배를 막는 데 효과적이다. 우리는 깊이 있는 관계를 통해 상대가 우리의 별난 부분을 알게 되더라

상대와의 관계가 얼마나 가깝나

어떤 사람과 얼마나 친밀한지는 오랜 시간을 들여 관찰해야 알 수 있다. 하지만 다음 방법을 이용하면 간단하고 정확하게 친밀도를 알아볼 수 있다. 다음 그림들 중 상대와의 관계를 가장 잘 나타내 준다고 생각되는 것에 동그라미를 그리라. 여러 사람들을 대상으로 친밀도를 평가해보고 싶다면 그림 밑에 해당되는 사람의 이름을 적으라.

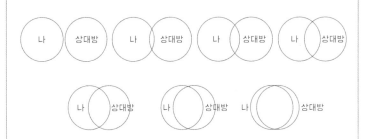

동그라미 두 개가 서로 많이 겹칠수록 상대를 자신의 일부로 보고 있는 것이다. 연구에 따르면 중첩되는 부분의 크기가 상대를 얼마나 좋아하는지, 그 관계를 얼마나 즐기는지, 상대의 욕구를 충족시켜주고 싶은 마음이 얼마나 큰지, 상대를 얼마나 자기 자신처럼 여기는지를 결정한다고 한다.[1] 이러한 태도는 유해한 융합과는 거리가 멀다. 두 사람은 여전히 개별적인 '동그라미'다. 스스로의 '자아'가 확립되었을 때에만 누군가를 자기 자신처럼 대하는 것이 가능하다. 그런 상태에서만 둘은 자원, 관점, 정서적 지지를 공유할 수 있다. 이것이 바로 '관계 맺기'의 핵심이다.

도 사랑하는 마음을 거두지 않는다는 사실을 배운다. 상대와 나쁜 버릇에 대해 함께 이야기하면 트라우마를 치유하는 데 도움이 된다. 친밀한 관계는 불안정한 애착으로 인한 고통을 줄여주고, '순위 매기기'로 가득한 세상에서 숨을 안전한 장소를 제공한다.

낯선 사람에게 다가가기

~~~

두 사람 사이의 친밀감은 주로 대화를 통해 깊어진다. 하지만 말 대신 행동을 통해 관계를 더 돈독하게 만들 수도 있다. 4장에서 음식, 선물, 친절한 행동을 먼저 베풂으로써 '관계 맺기'를 시작할 수 있다는 것을 보았다. 이 세 가지를 많이 할수록 상대와의 거리는 더 가까워진다. 처음에는 커피 한잔을 권하는 것으로 시작해보라. 그러다가 어느 정도 친밀감이 쌓이면 저녁 식사에 초대하는 것도 괜찮다. 친구가 수술을 받아야 한다면 일을 대신 맡아 해주는 데서 그치지 말고 친구를 병원에 데려가고, 수술받는 동안 기다려주고, 퇴원할 때 집으로 데려다 주고, 식사를 준비해주고, 함께 책을 읽거나 영화를 보며 친구를 위로하고 즐겁게 만들어주라.

또 알다시피 두 사람이 함께 하는 강렬한 체험은 우정이나 사랑을 더욱 돈독하게 만든다.[2] 이를테면 중요한 시험을 목표로 함께 공부한다든가, 군대에서 함께 생활한다든가, 같은 나이의 자녀를 키운다든가 하는 경험은 둘만의 공감대를 형성하게 해준다. (뒤이어 나올 내용은 주로 친구와 가족 간의 친밀도를 높일 방법에 대한 것이지만, 이 방법들은 남녀 관계에도 적용할 수 있다.) 엘리베이터에 함께 갇힌 이후 평생지기가 된 사람들도 있다. 우리는 이런 사례에서 어떤 요인들이 작용했는지 알아보고, 의도적으로 '관계 맺기'를 강화하는 데 활용할 수 있다.

함께 여행을 하거나, 한집에서 살기로 결심하는 것은 친밀감을 강화하는 좋은 방법이다. 오랜 시간 함께하면 더 많은 대화를 나눌 뿐 아니라 예기치 못했던 상황에 맞닥뜨렸을 때 서로를 도와줄 수 있기 때문이다. 또 물리적으로 함께하는 시간이 증가하면 이전에는 몰랐던 서로의 모습을 속속들이 알 기회도 많아진다. 그러므로 함께 배를 타거나, 배낭여행을 하거나, 노숙자 쉼터에 가서 자원봉사할 기회를 마련해보라.

낯선 두 사람이 함께 일을 하거나, 공공의 적을 마주하면 친밀한 관계가 된다는 연구 결과가 있다.[3] 우리는 이 정보도 활용할 수 있다. 높아지는 강 수위에 대한 걱정을 공유하는 이웃이 있다면 함께 모래주머니를 만들어 강둑에 쌓자고 제의해보라. 또 친구와 동시에 집을 개조해야 할 일이 생긴다면 서로의 집을 수리할 때 품앗이를 해보라. 즐거움을 공유하는 것 또한 비슷한 효과를 낸다. 친구와 같은 야구팀을 좋아한다든가, 같은 영화를 좋아한다면 함께 티켓을 사자고 제의해보라. 경기나 영화를 관람하는 동안 함께 경험한 즐거움이 차곡차곡 쌓여갈 것이다.

일반적으로 사람들은 흥분되고 즐거운 경험을 할 때 바로 옆에 있는 사람에게 호감을 느낀다.[4] 친해지고 싶은 사람이 있다면 저녁 식사를 하거나 영화를 보는 등의 평범한 교제 대신 야간 도보 여행을 함께 하자고 청해보라. 점심시간 동안 식당에 가는 대신 함께 운동을 하거나, 새를 관찰하거나, 옥상 파티를 열거나, 무료 급식소 자원봉사를 하자고 제의해보라.

물론 상대가 거절 의사를 밝혔는데도 계속 함께 하자고 고집을 피워서는 안 된다. 또 상대가 좋아할 만한 활동을 신중하게 골라야 하며, 상대가 기뻐하리라는 확신이 없다면 예고 없이 혼자 준비해 상대를 놀라게 만들어서도 안 된다. 하지만 창의력을 발휘해 재미 있는 활동을 제의하면 상대는 분명 즐거워하고 고마워할 것이다.

속마음을 털어놓는 대화

친밀감을 뜻하는 영어 단어 'intimacy'는 '마음 깊은 곳'을 뜻하는 라틴어 'intimus'에서 유래했다. 관계를 친밀하게 만들려면 마음 속 깊이 담아놓았던 생각과 감정을 털어놓아야만 한다. 친밀감의 연속선이 있다고 가정해보라. 그리고 연속선상의 '친밀도 낮음'에 해당하는 지점에서 '친밀도 높음'으로 이동할 때 느껴질 만족감이 얼마나 클지 생각해보라.

처음에는 생각을 교환하는 데서 시작하라. 그러다 차츰 생각과 감정을 혼합해 대화하라. 최종적으로 순수한 감정을 표현해보라.

함께 웃음을 터트리거나, 엉엉 울어보라. 그렇게 감정을 표출하는 순간들이 관계를 더욱 친밀하게 만든다.

현재의 주변 상황이나 자신의 상태에 대해 이야기하는 것이 과거에 대해 이야기하는 것보다 친밀감을 더 높여준다. 다음 두 문장의 느낌이 어떻게 다른지 생각해보라. "그 얘기 들으니까 전에 외발자전거 타고 묘기 부리던 사람 생각난다." "와, 저기 외발자전거 타는 사람 좀 봐. 진기 명기가 따로 없네. 저 사람 보러 갈까?" 두 번째 말은 경험을 공유하게 해주어 둘 사이를 더 친밀하게 느끼도록 만든다.

우리는 때로 제삼자를 화제로 대화를 나누기도 한다. 하지만 즐거움과 친밀도를 가장 높이려면 스스로의 감정(생각이 아닌)과 서로에 대한 감정을 주제로 대화해야 한다. "오랜만에 네 얼굴 보니 정말 좋다. 오늘 점심 식사 함께 할 수 있어서 정말 기뻐. 한동안 우울증에 시달렸거든. 그런데 널 만나니 우울했던 기분이 싹 날아간다."

'관계 맺기'를 강화하고 싶다면 공통 화제가 아니거나 두 사람의 관계와 관련 없는 일에 대해 감정을 배제한 단어를 사용해 말하는 것은 금물이다. 예를 들면 다음과 같은 말은 둘의 관계에 도움 되지 않는다. "어제 쇼핑하러 가는 길에 지난번에 산 옷을 환불해달라고 했는데 그 직원이 어찌나 기다리게 만들던지……."

여기에서 소개한 방법들을 엄격히 지킬 필요는 없다. 때로는 장안의 화제가 되는 뉴스에 대해 이야기하면서도 서로 친밀감을 느낄 수 있다. 서로 사랑하는 사람들은 상대의 생각, 인생살이, 최근 경험에 대해 듣고 싶어 하며, 때로는 특별할 것 없거나 종잡을 수 없는 생각을 들어주는 것만으로도 만족감을 느낀다. 또 때로는 제삼자를 주제로 이야기할 수도 있다. 혹은 과거 일을 다시 꺼낼 필요가 있는 때도 있다. "지난번에 네가 상 탔다는 소식 들었어. 나까지 덩달아 기분 좋더라."

» '관계 맺기'에 능한 친구

때로는 성격이 두 사람 사이의 친밀감에 영향을 끼치기도 한다. 내게는 느긋하게 말을 들어주고, 무슨 일이 있을 때마다 나를 돌봐주고, 신중하고 사려 깊으며 예리한 질문으로 대화를 더욱 깊이 있게 만드는 친구가 있다. 선천적으로 '관계 맺기'에 능한 그 친구의 성격 덕에 우리는 정말 친한 사이가 되었다.

다음과 같은 문장들은 친한 사이가 아니라면 묻기 힘든 질문일 것이다. "죽기 전에 하지 않으면 후회할 것 같은 일이 있어?" "떠올릴 수 있는 가장 오래된 기억이 뭐야?" "지금 하는 일 말고 다른 일을 할 수 있다면 뭘 하고 싶어?" "사후 세계가 있다고 생각해? 아니면 죽으면 다 끝이라고 생각해? 죽음 다음에는 뭐가 있을 것 같아?" 또 친구는 때때로 우리 우정을 돌아보게 만든다. "10년 뒤에 우리는 어떤 모습일까?" "우리가 서로에게 배운 가장 가치 있는 교훈이 뭔지 이야기해보자."

우리는 여행 등으로 함께 밤을 보낼 때마다 매일 아침 가장 먼저 꿈에 대한 질문을 던진다. "어젯밤에 꿈꿨어?" 그리고 둘 중 어느 쪽이라도 꿈을 꾸었다면 그에 대한 대화를 나눈다. 나는 친구가 꿈의 의미와 그 중요성에 대해 관심을 보여주어 기쁘고 고맙다. 6장에서 말했듯, 누군가와 꿈에 대해 논의하다 보면 자신도 몰랐던 새로운 정보를 얻을 수 있기 때문이다.

마지막으로, 친구는 현재의 우리 관계에 대해 이야기하기 좋아한다. 친구가 그 효과와 중요성을 인식하고 있는지 어떤지는 모르겠다. 어쨌든 친구는 '현재'의 '우리 관계'에 초점을 맞춘 말을 자주 함으로써 친밀감을 더욱 북돋는다. "네가 그렇게 말해주니 기쁘다. 정말 도움이 됐어." 전화 통화를 할 때면 이렇게 말해준다. "네가 한 말 꼭 기억하려고 지금 다 받아 적고 있는 중이야." "오늘따라 너랑 더 가까워진 느낌이야." 친구는 또 핵심을 찌르는 질문을 할 줄 안다. "너 지금 나 때문에 불편하거나 귀찮은 것 같은데, 맞아?" "우리 대화 좀 해야겠다. 네가 이럴 때마다 속상해." 이런 친구 덕에 대화를 나눌수록 우리 관계는 깊어진다.

» 속도 맞추기

감정을 털어놓을 때는 대화의 균형을 고려해야 한다. 한쪽이 먼저 무엇인가를 털어놓으면 상대도 곧 자신의 마음을 털어놓아야 한다는 뜻이다. 그런 균형이 갖춰지지 않는다면 둘 중 한쪽은 지나치게 속내를 드러냈다는 무안감이나 무시당했다는 불쾌함을 느낄 수 있다.(물론 한쪽이 자신의 문제에 대해 도움을 받고 싶은 경우라면 균형을 고려하기보다는 그 문제에 집중해야 한다.)

서로 다른 속도의 균형을 맞추려면 상대의 마음이 어떤 상태인지 파악해야 한다. 친구가 다른 생각에 빠져 있거나 다른 이유로 흥분한 상태인가? 그렇다면 자신의 속도를 늦춤으로써 친구를 진정시키는 것이 좋을지 모른다. 예를 들어 퇴근 후 친구와 술 한잔하러 갔는데, 친구가 자리에 앉자마자 낮에 회사에서 힘들었던 일에 대해 속사포로 쏘아대듯 말한다고 해보자. 당신이 의식적으로 차분하고 느리게 말하면 친구를 진정시키는 데 도움이 될지 모른다. 친구는 결국 당신에게 동화되어 말 속도를 늦추고 긴장을 풀 것이다.

만약 아직 그다지 친밀하지 않는 친구가 섣부르게 개인적 감정을 털어놓는다면, 당신 자신을 덜 노출시키고 주제를 살짝 변화시킴으로써 친구의 속도를 늦출 수 있다. 아직 준비가 되지 않았는데도, 친구의 속도에 맞추어 속마음을 성급하게 드러낼 필요는 없다. 억지로 그렇게 하고 나면 분명 나중에 불편한 기분이 들 것이다. 예를 들어 친구가 자신의 성생활에 대해 필요 이상으로 미주알고주알 이야기한다고 해서, 거기에 맞장구치기 위해 당신의 이야기까지 할 필요는 없다.

친구가 당신에 비해 너무 자기 이야기를 하지 않는다고 느껴지거나 친구가 당신의 관심이나 호감을 확신하지 못한다고 생각되면, 친구가 친밀감을 느끼고 마음을 열 수 있도록 당신의 이야기를 조금 더 터놓고 해보는 것도 괜찮다. 하지만 나중에 창피하거나 불편한 기분이 들 수 있을 정도로 자신을 지나치게 노출하지는 말라.

그리고 아무리 노력해도 친구가 자기 이야기를 피하고 마음을 열지 않는다면 캐묻는다는 느낌이 들지 않는 선에서 이유를 물어보는 것도 괜찮다. "오늘 좀 말이 없네. 괜찮아. 하지만 하고 싶은 이야기가 있으면 언제든 해. 내 귀는 늘 열려 있으니까." 이렇듯 '관계 맺기' 접근법을 취함으로써 당신 자신의 '못난 나'가 활성화되는 것을 막을 수 있다.

불편한 감정을 말해야 할 때

정말 친밀한 사이가 아니라면 불쾌한 감정을 불러일으키는 상대의 태도나 행동을 지적하는 것은 쉬운 일이 아니다. 그런데 '못난 나'의 지배를 받는 사람은 그런 대화를 시작하는 것만으로도 금세 '순위 매기기' 관점에 빠져들곤 한다. 감정을 드러내면 상대와 논쟁을 벌이게 되고, 거기서 지면 수치심을 느끼게 되지 않을까 두려워하는 것이다. 그래서 말다툼이 벌어지기도 전에 '순위 매기기' 상황을 초래하는 날 선 목소리와 태도로 말을 한다. 그러면서 상대를 탓하거나 투사하는 방어기제를 사용할 수도 있다. 무엇보다도 상대에게 거절당하거나 상대와의 관계가 무너질지 모른다는 두려움이 생겨나게 된다는 점이 문제다. 하지만 장기적으로 보았을 때 그러한 부정적인 감정은 털어놓는 편이 낫다. 일단 거슬리는 면에 대해 말하고 나면 우리 안의 '못난 나'는 생각만큼 무서운 결과가 초래되지 않는다는 사실을 깨닫게 될 것이다. 상대의 행동에 적개심을 느끼면서 동시에 상대를 사랑하기란 어려운 일이지 않겠는가.

그런데 속마음을 털어놓기에 앞서 불편한 감정이 타당하거나 정당한지 돌아볼 필요는 있다. 예를 들어 친하게 지내는 사촌이 다음과 같은 농담을 던졌다고 해보자. "넌 사람이 어쩜 그렇게 재미없니. 거기에다 탄수화물 중독까지." 그런데 사소한 농담이라고 생각했던 그 말이 다음 날이 되었는데도 머리에서 떠나지 않는다. 불쾌한 기분이 가시질 않아 밤에는 잠을 뒤척이기까지 했다. 부정적인 기분이 쉽사리 사라지지 않는다면 적당한 때를 기다렸다가 상대에게 불쾌했다는 말을 전하라. 상대가 출근 준비하느라 바쁘거나 피곤한 상태라면 좋은 때가 아니다. 적당하다고 생각되는 때가 되면, 적어도 네 가지 이상의 긍정적인 면을 먼저 말한 후 부드럽고 애정 어린 목소리로 기분 나빴던 점을 이야기하라. 특별할 것 없어 보이는 방법이지만 실제로 해보고 나면 그 효과에 놀라게 될 것이다.

이때 주의할 점은 상대의 수치심을 자극하는 일이 없어야 한다는 것이다. 단편적인 일화를 놓고 그것이 상대의 성격적인 결함인 양 비판해서는 안 된다. 마음에 들지 않았던 사건 자체에만 초점 맞추고 그 일 때문에 기분이 좋지 않았다고 말하라. "네가 열쇠고리를 들고 딸랑거릴 때마다 금세 자리에서 일어서려는 것 같아서 불안해." 불쾌한 감정이 상대의 문제가 아닌 당신 자신의 문제에서 비롯되었다는 점을 넌지시 암시하라. 그 기분 때문에 둘 사이의 관계에 안 좋은 영향을 끼치게 될 것 같아 이야기를 꺼냈다고 하라.

"무례하게 약속 시간에 늦다니." 이런 표현은 좋지 않다. 대신 '나' 를 주어로 말하라. "기다리는 동안 내 기분이 별로 좋지 않았어."

여기에서 한 발자국 더 나아가 '나'를 주어로 단일한 사건에 초점 맞추어 감정을 전달하라. "네가 늦을 때마다 정말 화가 나"보다는 "오늘 기다리는데 나 정말 화나더라"라고 표현하는 것이 낫다.

상대방이 관계 유지나 개선을 위해 노력하지 않는다고 생각될 때도 거리낌 없이 말하는 편이 낫다. 물론 처음 말을 꺼내면 양쪽 모두 불편한 기분이 들 수 있다. 내면의 '못난 나'가 힘을 얻게 될지도 모르기 때문이다. 하지만 일단 둘 사이의 관계에 대해 논의하기 시작하면 사실 상대도 똑같은 생각을 하고 있었다는 사실을 알게 될지 모른다. 당신이 상대를 응원하고 도와주는 것처럼 상대도 당신을 응원하고 도와줄 수 있도록 허용하라. 이런 식으로 '못난 나' 때문에 야기되는 고통으로부터 서로를 구원할 수 있다.

힘든 상황에 있는 친구와의 대화
~~~~~

앞에서 보았듯, 두 사람 사이의 허심탄회하고 위트 있는 대화는 관계를 친밀하게 만들어주는 최고의 묘약이다. 그런데 어느 한쪽이 힘들어할 때 정서적 욕구를 충족시켜주는 것 또한 친밀한 관계에 도움이 된다. 상대의 정서적 욕구를 충족시켜주고 싶다면 열린 마음과 경청하는 태도로 임해야 한다. 이와 관련해 5장에서 배운 '동조'를 떠올려 보자. 순진무구한 자아의 감정에 주파수를 맞추고 깊이 살핌으로써 상처를 치유할 수 있다. 친밀한 상대에게 동조할 때도 비슷한 치유 효과를 낼 수 있다. 그러기 위해서는 상대의 감정 상태를 이해하고, 상대와 똑같은 기분을 느껴야 한다. 요컨대, 동조는 가장 친밀한 형태의 공감이다.

친구를 만났는데 힘들어하는 기색이 역력하다고 해보자. 친구는 부모님이 30년 결혼 생활에 종지부를 찍고 이혼하려는 것 같아 괴롭다고 털어놓는다. 당신은 별생각 없이 다음과 같은 질문을 할지 모른다. "부모님 사이가 그렇게 안 좋은지 어떻게 알았어? 무슨 낌새라도 있었어?" "그냥 별거하시는 거 아니야? 정말 이혼하신대?" 혹은 다음처럼 물을 수도 있다. "기분 괜찮아?" 하지만 기분이 어떨지 직접적으로 물어보는 것을 불편하게 여기는 사람들도 있다. 그러므로 깊이 있는 대화를 나누고 싶다면 친구의 말을 경청하고 동조하라. 즉, 친구의 입장이 되어 그 기분을 느껴보라.

동조란 상대의 감정과 자신의 감정을 조화시킨 상태를 의미한다. 상대가 어떤 기분일지 상상하는 데서 그치지 않고 그 감정을 예민하게 감지할 수 있어야 한다. 상대의 감정에 동조한 상태에서는 미묘한 목소리 변화나 침묵 속에서도 감정을 읽을 수 있다. 물론 자신이 어떤 기분인지 스스로도 의식하지 못하는 경우가 있으므로, 늘 완벽한 동조 상태에 이르는 것은 불가능하다. 하지만 진심으로 노력한다면 두 사람 사이의 관계는 점점 깊고 단단해질 것이다.

우리가 누군가에게 모든 관심을 기울이고 동조하면, 상대도 우리 마음을 느낀다. 상대가 감정을 깊이 묻어둔 채 이야기한다 해도 숨겨진 감정의 소리를 들을 수 있을 만큼 상대의 말에 귀 기울여야 한다. 예를 들어 친구가 이렇게 말한다고 해보자. "부모님이 어제 이혼 이야기를 꺼내셨어. 함께 저녁 식사나 하자고 부르시더니. 아, 난 정말 두 분 사이가 괜찮은 줄 알았거든. 대체 내가 왜 몰랐을까? 어안이 벙벙하고 믿어지지가 않아. 부모님께 안부 전화를 더 자주 드렸어야 했어. 엄마 아빠에게 따로 말이야. 더 잘 챙겨드렸어야 했는데." 당신은 친구의 충격과 죄책감을 감지한다. 그리고 거기에 공감한다. 그런 후 다음 쪽에 있는 '유의 사항'을 참고해 친구의 생각이 아닌 감정에 동조하고 말로 반사해 보여준다. "부모님 이혼 소식에 정말 충격받았구나. 조금 더 신경 써드렸으면 일이 그렇게까지 커지는 걸 막을 수 있지 않았을까 생각하는 거지?" 당신의 동조 표현에 친구는 비로소 자신의 감정을 인지한다. 치유는 감정의 인지로 시작한다. 친구가 그 상황을 '순위 매기기'의 관점으로 바라보고 상처받거나 수치심을 갖는 일이 없도록 친구의 모습을 있는 그대로 받아주어야 한다.

이제 친구가 대답한다. "그래, 맞아. 충격받았어. 그리고 죄책감도 느껴. 두 분이 헤어지지 않으셨으면 좋겠어. 내가 독립하기 전에 화목하던 모습 그대로였으면 좋겠어." 친구는 감정을 털어놓는 과정을 통해 자신이 영원히 돌이킬 수 없는 과거에 대한 향수 때문에 슬퍼하는 것이라는 사실을 깨닫게 될 것이다. 또 부모님의 생각은 자신과 다를 수 있다는 사실을 인정하고 받아들이게 될 것이다.

동조할 때 유의 사항

해야 할 것

- 기분을 공유하기 위해 노력한다. "그래, 네 부모님이 이혼하실 것 같다니 나도 울적해진다."
- 상대가 언어나 태도로 표현한 감정을 되비추어 말해준다. "상실감이 크겠구나."
- 말 이외의 태도나 행동으로도 관심과 동조를 보여준다. 상대 쪽으로 몸을 기울인다. 상대가 중요한 말을 하는 동안에는 딴짓을 멈추고 경청한다. 상대가 슬퍼하면 몸짓과 목소리로 함께 슬퍼하고 있다는 것을 보여준다.
- 비유를 통해 상대의 감정을 이해하고 있음을 보여준다. "고아원에 버려진 기분이겠구나."
- 친구가 감정을 표현하도록 가만히 들어준다. 당신 생각을 강요하기보다는 친구 스스로 감정을 정리할 수 있도록 도와준다.
- 자신의 감정은 기다렸다가 한 박자 늦게 표현한다. "부모님의 인생은 부모님 몫이라는 걸 받아들이려니 힘들지." "그 말 들으니 정말 가슴이 아프다."
- 질문을 줄인다. 지나친 질문은 이야기를 딴 길로 새게 만들거나 상대에게 생각을 강요하는 결과를 낳을 수도 있다.

하지 말아야 할 것

- 부정적인 감정에서 벗어나야 한다고 섣불리 강요하지 않는다. "네가 죄책감을 느껴야 할 이유가 뭐야. 죄책감 느낄 필요 없어."
- 자신의 경험으로 화제를 돌리지 않는다. "나도 부모님이 이혼했을 때 정말 화났었어."
- 전체 상황을 모두 이해하기 전까지 또는 상대가 의견을 받아들일 준비가 되기 전까지는 섣부르게 충고하지 않는다.
- 학구적인 이야기로 빠지지 않는다. "그래, 부모 이혼이 아이 인생에 중대한 영향을 끼친다고 하더라."
- 진부하거나 일반적인 말은 하지 않는다. "시간이 약이야." "원래 인생은 고통이야."

위기의 순간에 발휘하는
'관계 맺기'의 힘

~~~~~

친밀한 사이인 두 사람은 서로의 인생에 찾아오는 큰 위기를 공유할 수밖에 없다. 위기가 찾아왔을 때 어떻게 대처하느냐에 따라 관계가 더욱 공고해지기도 하고, 끊어지기도 한다. 친구가 위기에 처해 있을 때 함께 있어주는 것은 쉬운 일이 아니다. 옆에 있는 것만으로도 가슴 아프기 때문이다. 하지만 '관계 맺기' 기술을 이용하면 친구가 역경을 헤쳐나가도록 돕고, 관계를 더욱 돈독하게 만들고, 서로의 '못난 나'를 치유할 수 있다.

고통스러운 상황에 대한 대화를 나눌 때에도 상대에게 동조하는 것이 핵심이다. 다음 대화를 보면서 동조가 어떤 효과를 발휘하는지 관찰하라. 처음에는 문제가 대수롭지 않은 듯 보인다. 하지만 폴은 샌드라의 동조와 관심을 통해 사실 자신이 큰 위기에 처해 있음을 깨닫는다.

샌드라 요새 어때?

폴 요즘 들어 회사 그만두고 싶어 미칠 지경이야.

샌드라 그렇게 안 좋아?

폴 상사 때문에 그렇지 뭐.

샌드라 (폴의 목소리에서 심상치 않은 상황임을 감지한다.) 상사 때문에 정말 힘든 모양이네.

폴 그래. 최악은 회사를 그만둘 수도 없다는 거야. 발목 잡혔어.

샌드라 덫에 걸린 기분인가 보다. 끔찍하겠는걸.

폴 응. 그만두더라도 새로운 일을 구하지 못할까 봐 정말 걱정이야.

샌드라 그렇게 절망적인 상황이야?

폴 실력이 녹슬었어. 구직 시장에서 환영받지 못할 거야.

샌드라 이런, 너 기가 팍 죽은 것 같은데.

폴 맞아. 기운이 하나도 없다.

샌드라 우울증 생긴 거 아니야?

폴 우울증? 약간 그런 것 같기도 해. 요새 통 잠을 못 자거든. 먹지도 못하고. 제일 심각한 문제는 필리스랑도 사이가 안 좋아졌다는 거야. 필리스가 날 떠날지도 몰라. 이따금 다 포기해버리고 싶다는 생각이 들어.

샌드라 너 거의 체념 상태인 것 같은데.

폴 그래, 솔직히 이럴 바에는 그냥 죽어버리는 게 나을 것 같아. 휴, 내 입으로 이런 말을 하다니, 바보 같다. 그냥 잊어버리고 딴 얘기하자.

샌드라 너 자신이 그렇게 축 처져 있다는 걸 창피하게 여기는 것 같다. 나도 그런 기분 이해해. 하지만 너 같은 일을 겪으면 누구라도 비슷한 기분이 들 거야. 사실 네가 그렇게 터놓고 얘기해줘서 기뻐. 친구니까 그런 속상한 얘기도 털어놓고 그런 거지, 뭐. 안 그래?

폴 그래, 이런 생각을 한다는 게 좀 부끄럽기도 해. 그리고 네 말이 맞아. 너랑 나랑은 정말 많은 일을 함께 겪은 좋은 친구야. 그냥…… 지금은 나 자신이 무가치하게 느껴져.

샌드라 그런 생각이 머릿속에서 꼬리에 꼬리를 물고 떠오르는 거구나. 넌 지금 어디에서도 좋은 점을 발견하지 못하는 것 같아. 그런 네 모습을 보니 슬프다. 네가 얼마나 힘들지 짐작이 안 가.

폴 그래도 이런 내 신세 한탄을 들어주는 네가 있잖니. 고마워.

샌드라 그렇게까지 말해주다니 감동이야. 네가 속마음을 이야기해줘서 기쁘고, 내가 들어줄 수 있어서 기쁘고, 거기에 도움까지 되었다니 더할 수 없이 기뻐.

폴 그래, 역시 사람이 제일 중요해. 일자리 소개해줄 만한 사람이 있는지 알아봐야겠다.

샌드라 이제 희망이 조금 생긴 거야?

폴 그래, 아마도. 사직서 내기 전에 일이 있을지 찾아봐야지, 여기저기 수소문하면서. 그런데 너는 요새 어떻게 지냈어?

샌드라 이제 기운 좀 차린 거야? 날 위해 주제를 바꾸는 거야?

폴 음, 대화를 독점하는 건 실례지.

샌드라 지난 3월에 내가 패트릭이랑 헤어졌을 때 어땠는지 기억 안 나? 네가 꾹 참고 내 얘기 다 들어줬잖아. 그러니 하고 싶은 말 있으면 속 시원히 다 해버려. 네가 늘 이렇게 축 처져 있는 것도 아니고.

샌드라가 폴을 어떻게 도와주었는지 하나하나 살펴보자.

- 샌드라는 처음 대화를 시작했을 때부터 폴의 말을 경청하면 서 속마음을 말하도록 이끌어냈다. 다음과 같이 대꾸했다면 속내를 이야기하고 싶은 마음이 사라졌을 것이다. "직장인 중 에 당장이라도 사표 내고 싶지 않은 사람이 있겠냐. 다 먹고 살아야 하니 어쩔 수 없이 다니는 거지."

- 대부분 감정에 초점을 맞추어 말했다. 무슨 일이 있었는지 알 아내서 도와주고 싶기는 했지만 표면적인 사실 관계에는 초 점을 맞추지 않았다. "그래 이번에는 상사가 또 무슨 짓을 했 는데?" 또 섣부르게 충고하지도 않았다. "내가 너였으면 진즉 에 그만뒀다." 일반적인 생각이나 의견으로 이야기가 흘러가 게 만들지도 않았다. "요새는 기업들도 살아남기가 쉽지 않 아." 샌드라는 친구의 감정에만 집중함으로써 폴이 속마음을 털어놓고 깊이 있는 대화를 나누도록 유도했다.

- 샌드라의 경청은 폴이 자살을 생각한다는 말까지도 털어놓 게 만들었다. 자살은 그냥 넘어갈 수 없는 중대한 문제다. 하 지만 자살이라는 주제로 바로 뛰어들지는 않았다. 폴의 그 말 이 진지한 생각에서 나온 것인지 더 탐색해본 후, 필요하다면 전문가를 알아봐줄 수 있을 것이다. 하지만 우리는 무력감과 극단적인 자괴감을 표현하기 위해 '죽고 싶다'는 말을 하기도 한다.

- 샌드라는 누구나 폴의 입장에 처하면 그런 생각을 하게 될 것 이라 말하며, 폴을 안심시켜주었다. 그리고 폴에게 더 깊은

속내를 이야기해도 괜찮다고 권했다. 친한 사람과의 관계가
소원해질 때 인생의 희망은 정말 사그라질 것이다.

- 이따금 자신의 감정을 표현하기는 했지만, 오직 친구를 판단
하거나 친구를 떠날 마음이 없다는 것을 알려주기 위해서만
그렇게 했다.

- 폴이 긍정적인 방향으로 생각을 전환했을 때, 그것을 놓치지
않고 알아챘다. 하지만 그렇다고 낙관성을 과장하지도 않았다.

- 폴이 수치심 때문에 다른 쪽으로 주제를 돌리려고 했을 때 그
것을 포착하고 하던 이야기를 계속하도록 유도했다.

친밀한 관계를 만드는 기술

친밀한 관계가 되기 위해서는 상대를 돕는 것만큼이나 상대가 자
신을 도울 수 있도록 허락하는 것이 중요하다. 상대 앞에서 감정을
드러내지 않고 억제하기만 한다면 관계는 유지되지 못한다. 상대
방을 신뢰한다고 해도 마음을 열지 않으면 상대는 우리를 소원하
게 느낄 것이기 때문이다. 그러므로 동조받는 것이 필요한 상황에
서는 상대에게 폐 끼친다거나 자신이 이기적이라는 생각을 버려야
한다. 여기서도 역지사지가 필요하다. 우리는 친구에게 동조함으
로써 도움이 되면 기뻐한다. 그렇다면 친구도 우리에게 동조하고
도움을 주는 것이 기쁘지 않겠는가. 서로의 감정을 공유하면 할수

록 친밀감은 커진다.

당신에게 고민이 있음을 직감적으로 알아차리는 친구도 있지만, 어떤 친구들은 그렇지 못하다. 그런 경우 당신 쪽에서 먼저 단서를 줄 필요가 있다. 친구가 암시를 즉각 알아차리지 못한다고 해도 당신에게 관심이 부족해서라고 생각해서는 안 된다. 눈치 빠르지 못하거나 무딘 사람도 있는 법이니 말이다. 그런 경우 상대에게 이렇게 말해보라. "나, 할 얘기가 있어." 상대방이 성급하게 조언을 던지려 한다면 이렇게 말해보라. "네 조언 고마워, 하지만 지금은 내 이야기 좀 더 들어줘. 그러면 속이 시원해질 것 같아." 눈물이 난다면 억지로 참지 말라. 울음은 심적으로 힘든 상태에 있음을 알려주는 신호다. 우는 모습을 다른 사람에게 보여주는 것이 거북하게 느껴질 수도 있지만, 그렇게 함으로써 둘 사이의 신뢰를 확인할 수 있다.

심적 고통이 '못난 나'의 지배 때문에 발생한 것이라면, 친구가 당신을 아끼고 사랑한다는 사실을 확인하는 것만으로도 치유에 한 걸음 가까워질 수 있다. 마음에 일말의 회의라도 인다면, 둘 사이의 대화를 어떻게 생각하거나 느끼는지 친구에게 물어보라. 아마 친구는 즉시 당신을 안심시켜줄 것이다. 친구의 마음을 이미 알고 있더라도 '못난 나'는 확답을 듣고 싶어 한다. 혹시 친구가 당신에게 마음 써주고 있다는 사실을 믿지 못하겠다면, 믿지 못한다는 사실을 인정하라. 내면의 비판자나 보호자-학대자가 타인을 믿지 못하도록 만드는 것일 수 있다. 친구가 그 문제를 이해할 수 있도록 내면의 '못난 나'와 보호자-학대자에 대해 설명해줘라. 그리고 보호자-학대자가 부과한 '불신의 규칙'을 깨기 위해 함께 노력하라.

» 기쁨 나누기

연구에 따르면 서로의 성공을 진심으로 축하해주는 관계야말로 진정 친밀한 관계라고 한다.[5] 게리는 맥스에게 그런 친구다.

맥스 믿어지지가 않아. 업무 평가 결과가 좋았나 봐. 승진도 하고 봉급도 인상됐어. 다른 사람들은 해고당하는 마당에 말이야. 나 뭔가 엄청난 일을 저지른 것 같아.

게리 이야, 그거 대단한데. 잘됐다, 축하해. 하늘을 나는 기분이겠는걸.

맥스 맞아. 지금 제정신이 아니야. 그동안 열심히 일한 보상을 이제야 받나 봐. 하지만…….

게리 그래, 엉덩이에 종기 나도록 열심히 일한 거 인정한다. 그런데 "하지만……"이라고 말꼬리를 흐리는 건 뭐야?

맥스 음, 해고당한 동료들이 많아.

게리 그래서 죄책감 들어?

맥스 아마도. 아니, 아니야. 사실은 그렇지 않아. (웃음) 그냥 지금 너무 얼떨떨한 상태야.

게리 (웃음) 그래 그 기분이 어떨지 상상이 간다. 얼마나 대단한 일이냐.

친구의 기쁜 소식을 진심으로 축하해주고 그 이야기를 들어주는 것은 둘의 관계를 살찌우는 좋은 방법이다. 하지만 인간인 이상 자신도 모르게 질투심에 사로잡힐 수 있다. 친구가 자신보다 더 나은 존재라는 생각에 내면의 '못난 나'에 발동이 걸릴 수 있기 때문이다. 또 질투심을 감추려다 보면 무의식적으로 '부풀리기' 방어기제를 사용하거나 친구의 성공을 하찮은 것으로 치부해버릴 수도 있다. 그런 경우 어떻게 현명하게 대처할 수 있을까?

연구에 따르면 상대를 동일한 분야에서 경쟁하는 대상으로 보지

'관계 맺기'를 위한 적절한 기회 포착하기

중요하게 여기는 관계라면 반드시 상대와 함께할 시간을 따로 마련해두어야 한다. '못난 나'를 치유하는 데 단단하고, 풍요로우며, 가치 있는 관계가 얼마나 중요한 역할을 하는지는 아무리 강조해도 지나치지 않다.

- **약속을 하라** 회피 애착 유형에 속하거나 보호자-학대자의 영향으로 움츠러드는 성격인 사람은 일부러라도 친구와 정기적으로 만나는 기회를 만들 필요가 있다. 친구와 함께 얼마나 자주 만나는 것이 좋을지 논의하라. 그런 후 달력에 다음 약속 날짜를 표시해놓으라.

- **'필수 참석' 목록을 만들라** 누군가와 친밀한 사이가 되고 싶다면 상대의 중요한 경조사에 필히 참석해야 한다. 결혼식, 졸업식 등의 초대받은 자리에는 무조건 참석하라. 친구가 도움이 필요하다고 청하면 만사를 제쳐놓고 달려가라. 이기기 위해 관성적으로 해오던 일들에 가중치를 두지 말라. 물론 모든 친구를 이런 식으로 대할 수는 없다. 자신을 필요로 하거나, 삶의 전기가 될 만한 중요한 행사를 치를 때 모든 일을 제쳐두고 달려가야 할 사람들의 목록을 만들어두면 쉽고 빠르게 결정을 내릴 수 있다. 이 목록을 계속 업데이트하라. 친구들의 순위를 매긴다는 생각은 접어두고 소중하고 친밀한 사람의 가치를 알아주는 것이라 여기라.

않으면 상대의 성공을 축하하고 기뻐할 수 있다고 한다.[6] 남편이 최우수 영업 사원으로 선정되어 자신이 받은 '최고의 댄서' 트로피 옆에 남편의 상장이 놓인다면 어떨지 상상해보라.

» 사소한 근황을 기억하기

친구와 점심을 먹기로 약속했다면, 약속 장소에 나가기 전 잠시 시간을 내 친구의 최근 상황이 어떤지 한번 생각해보라. 친구가 새 아파트를 구하고 있는가? 병석에 있는 어머니를 간호하고 있는가? 부상에서 회복 중인가? 지난번 만났을 때 임신 소식을 전했었는가? 어떤 사람들은 이런 내용을 잊지 않기 위해 메모를 해놓기도 한다. 소소한 근황까지 기억하고 알아주는 친구에게 친밀감을 느끼는 것은 당연한 일이다.

애정을 표현하는 것 또한 관계를 돈독하게 만들어준다. 마음속에 어떤 생각이 떠오르면 즉시 표현하라. "우리 우정이 소중한 이유가 열 가지나 더 생겼어." 상대방과 함께하는 시간이 기쁘고 행복하게 느껴진다면 될 수 있는 한 자주 그 마음을 말로 표현하라. "그거 알아? 너랑 이렇게 이야기 나누는 게 정말 행복해." "정말 보고 싶었어." "내가 널 얼마나 아끼는지 알지?" "안녕, 사랑해."

실패해도 내 탓이 아니다

~~~~~

4장에서 '관계 맺기'를 시도했다가 퇴짜 맞더라도 실망할 필요는 없다는 내용을 다루었다. 이는 꼭 명심해야 할 부분이다. '관계 맺기'에 실패하여 좌절감에 사로잡힐 경우 '못난 나'가 힘을 얻어 '순위 매기기'의 시선으로 상황을 바라보게 만들지 모른다. 또 그와 같은 일을 두 번 다시 겪지 않겠다고 무의식적으로 결심할지 모른다. 거절당한 것은 자신이 다른 사람들만큼 훌륭하지 못한 탓이라고 여기기 때문이다. 설사 자신의 내면에서 그런 일이 벌어지고 있다는 사실을 알아차린다 해도 우리의 일부는 그 상처를 그대로 기억하고 있을지 모른다. 그래서 나중에 비슷한 사람을 만나면 과거와 같은 일을 또 겪게 되리라 단정할 가능성도 있다.

거절당한 경험은 기존의 관계에도 미묘하고 포착하기 힘든 방식으로 부정적인 영향을 준다. 상대는 그렇지 않은데 당신은 더 가까워지기를 원할 수도 있고, 상대의 감정을 제대로 읽지 못한다고 생각할 수도 있다. 그런 기분은 낯선 사람이나 그냥 면식만 있던 사람에게 거절당하는 것보다 훨씬 더 고통스럽다. 그래서 상대에 대해 덜 신경 쓰고, 관계에도 덜 헌신하기로 결심하게 만들기도 한다. '그래, 이제부터 그냥 얄팍한 관계에 만족하지 뭐.' 하지만 그런 생각은 '못난 나'의 힘을 더 키울 뿐이다.

'못난 나'에 사로잡힌 사람은 자신의 문제 탓에 가까워지려 했던 시도가 실패했다고 가정하고 넘어간다. 하지만 사실 문제는 전적으로 상대에게 있을 가능성도 있다. 예를 들어 새로 사귄 친구가 두 번째 저녁 식사 초대를 거절했다고 해보자. 친구는 당신에게 호감은 있으나 또 다른 친밀한 관계에 투자할 만한 시간이 없다고 판단한 것일지 모른다.

일정 수준 이상의 친밀한 관계를 쌓기까지 수많은 종류의 장애물이 방해할 수 있다. 거절처럼 느껴지는 그 장애물들 중에는 상대의 무의식적 원인에서 비롯된 것들도 있다. 당신은 그 사실을 모른채 상대의 방어기제를 자극했을지 모른다. 예컨대 동생이 골치 아픈 심적 문제로 당신에게 상담을 청했다고 해보자. 이는 곧 당신의 동조와 관심을 원한다는 뜻이다. 그런데 막상 당신이 동생의 감정을 그대로 비추어 말해주자 동생은 수치심에 다음처럼 반응한다. "생각해보니 그렇게 문제될 일도 아니었어."(최소화하기 방어기제) "또, 또 사이비 심리 치료사 납셨네."(외부 요인 탓하기 방어기제) "내 문제는 그다지 중요하지 않아. 언니야말로 문제가 있어 보이는 걸."(투사하기 방어기제)

'관계 맺기'를 시도한 사람이 회피 애착 유형에 속하는 사람인 경우에도 결과가 좋지 않을 수 있다. 회피 애착 유형인 사람은 먼저 다가서면 대개 다음과 같은 반응을 보인다. "동정은 필요 없어." "우리 다른 얘기하자." 이들의 '친밀한 관계'의 범위에 대한 시각은 근본적으로 다르다. 이들은 친밀감은 거부하고 헌신만을 원하는 경우가 많다. 또 상대의 정서적 도식이 걸림돌이 될 수도 있다. 어머니에게 걸려 온 전화 때문에 친구가 상심해 있는 모습을 보았다고 해보자. 당신은 친구를 위로하고 힘이 되어주고 싶은 마음에 그 이야기를 꺼낸다. 하지만 친구는 이해할 수 없을 정도의 적대적인 반응으로 당신을 어안이 벙벙하게 만든다. "너는 내가 약간만 우울해하는 기색을 보여도 우리 엄마 얘길 꺼내려고 하더라. 도대체 왜 그러는 건데? 우리 엄마가 무슨 괴물인 줄 알아? 내가 어렸을 때 매일 때렸다고 해서?"

마지막으로, 상대방 내면의 보호자-학대자가 친밀한 관계 맺기를 기를 쓰고 막는 경우도 있을 수 있다. 누군가와 가까워지려고 노력했지만 거절당한 상황에서 그 이유가 상대에게 있음을 깨달았다면 스스로 그 관계를 진전시키지 않기로 결정하라. '못난 나'가 당신을 지배하도록 허락하지 말라.

이 장에 나온 '관계 맺기' 강화 방법들을 다음과 같이 정리해놓았다.

1. 더 친밀해지고 싶은 대상을 정한다. 맨 앞에 나온 친밀도 동그라미로 돌아
   가 중첩되는 부분을 늘리고 싶은 사람이 있는지 다시 한 번 보라. 친해지
   고 싶은 지인, 이성, 친척, 또는 옛 친구가 있는가?
2. 두 사람이 함께 할 수 있는 활동을 계획한다. 관계를 돈독하게 만들어줄
   도전적이고 색다른 활동이 있을지 생각해본다.
3. 활기찬 대화를 나눈다. 테니스 하듯 재치 있는 말장난을 주고받는다. 상대
   가 그런 대화 방식에 익숙하지 않다면 속도를 늦추되 위트와 활기를 잃어
   서는 안 된다.
4. 허심탄회한 대화를 통해 친밀도를 높인다. 상대에 대한 현재의 감정을 솔
   직히 말하는 단계를 목표로 삼아 처음에는 제삼자에 대한 생각을 이야기
   하는 것으로 시작한다. 차츰 더 깊은 속마음을 털어놓는다. 서로에 대해
   예전에 어떻게 느꼈는지, 현재 어떻게 느끼는지 이야기 나눈다.
5. 상대가 심적으로 힘든 상태라면 감정에 동조해준다. 앞에 나온 '동조할 때
   유의 사항'을 따른다.
6. 상대의 성공을 축하해주고 함께 기뻐한다. 상대의 성공에 대한 질투심이
   일지는 않는지 내면을 잘 들여다보고 '관계 맺기'에 집중하기 위해 노력
   한다.
7. 상대의 태도나 행동에 거슬리는 점이 있다면 그 점에 대해서도 이야기한

다. 이때 상대의 수치심을 자극하지 않도록 주의한다.

8. 힘든 일이 생겼을 때 상대에게 털어놓는다. 감정을 중심으로 속마음을 이야기하고 상대가 자신을 도와주도록 허용한다. 앞에 나온 '동조할 때 유의 사항'을 따른다.

9. 실패한 관계의 원인이 무엇일지 곰곰이 생각해보고, '못난 나'를 더욱 키우지 않도록 유의한다. '관계 맺기'에 실패한 이유가 무엇이라고 생각하는가? 처음 생각과 나중 생각이 차이 나는가? 실패한 관계를 다시 떠올리더라도 내면의 '못난 나'가 유발되지 않는가?

8장

/

오랫동안 사랑을 주고받는 사람들

7장에서 상대와 친밀한 사이가 되려면 어떻게 해야 하는지 알아보았다. 누군가와 사랑이라 부를 정도로 친밀한 사이가 되었다면 이제 그 사랑을 어떻게 유지할 수 있는지 알아볼 차례다. 아직 사랑이라 부를 만한 관계에 이르지 못했다고 해도 이 장에서 유용한 정보를 얻을 수 있다. 4장과 7장에서 배운 방법을 이용하면 관계의 깊이를 점점 더할 수 있다. 여기서 말하는 깊이 있는 사이란 함께 살거나, 매우 긴밀하게 접촉하고 연락하거나, 인생의 위기가 찾아오거나 둘 사이에 문제가 생겼을 때 서로를 기꺼이 도울 의사가 있는 관계를 말한다. 이 장에서는 주로 남녀 사이의 관계에 초점을 맞추겠지만 친구나 가족 간의 관계에도 여기서 소개하는 방법을 적용할 수 있다.

친밀한 관계를 유지하는 것은 '못난 나'를 치유하는 마지막 단계라고 할 수 있다. 사랑은 많은 보상을 주지만 무엇보다도 '못난 나'에 뿌리 깊은 영향을 끼친다. 우리가 '순위 매기기'에 취해 있을 때 관점을 바꿀 수 있게 해주는 것이 바로 사랑이다. 트라우마를 치유해주는 것도 사랑이다. 헌신적인 사랑만이 어린 시절 우리가 결코 누리지 못했던 안정감을 찾게 해준다. 헌신적인 사랑은 우리가 소중한 존재이며 타인의 변함없는 지지를 받을 수 있다고 확신하게 만들어준다. 자신을 헌신적으로 사랑해주는 상대와 관계를 맺음으로써 우리의 '못난 나'는 치유된다.

친밀한 사이라고 해서 문제를 전혀 겪지 않는 것은 아니다. 하지만 문제가 발생하더라도 '순위 매기기'가 아닌 '관계 맺기'에 집중하면 난관을 헤쳐나갈 수 있다는 사실을 우리는 이제 알고 있다. 친밀한 사이인 사람들은 함께 있지 않는다 해도 상대를 자기 삶과 현실의 일부로 여긴다. 상대의 사랑이 결코 부인할 수 없는 사실이기 때문이다.

나를 확장시키는 사랑

역설적이게도 헌신적인 관계가 덜 친밀한 관계보다 '못난 나'를 강화하는 경우도 있다. 상대와의 관계가 가깝고 헌신적일수록 갈등의 소지가 커지고, 어렸을 때부터 지속된 불안정성과 방어기제를 자극하고, 정서적 도식과 보호자-학대자를 유발할 가능성이 높아지기 때문이다. 이 모든 문제는 '순위 매기기' 관점을 초래하며, 그럴수록 '관계 맺기'의 진정성은 희석된다. 입으로 아무리 자주 "당신을 사랑해"라고 말하더라도 그 관계는 서로를 이기고 통제하려는 싸움으로 변질된다. '못난 나'를 활성화시킬 가능성이 높아지는 것이다. 그러므로 어떻게 해야 사랑을 지킬 수 있는지 알아둘 필요가 있다. 대부분의 경우 최선의 해결책은 '관계 맺기'를 강화하는 것이다. '관계 맺기' 통장이 있다고 생각해보라. 갈등이나 '순위 매기기' 다툼은 통장에서 돈을 인출하는 것과 같다. 통장 잔고를 넉넉하게 유지하려면 인출을 최소화하고 저축을 많이 해야 한다.

» 사랑과 자아 확장

가장 좋은 저축 방법은 가장 친한 사람과의 관계를 통한 '자아 확장self-expansion'이다. 자아 확장이라는 용어에 자기중심성이 내포된 것처럼 느껴질 수도 있지만, 여기서 뜻하는 바는 그렇지 않다. 여기서 말하는 자아 확장이란 사랑하는 사람과 함께 있을 때 자신이 더 커지고 확장되는 듯한 느낌을 말한다.[1] 서로 사랑하는 사람들이 '세상 꼭대기'에 있는 기분이라고 말할 때, '꼭대기'는 '순위 매기기'가 아닌 자아가 확장되었을 때의 경이로운 기분을 의미한다. 자신감과 에너지가 차올라 자신이 대단한 사람이 된 것 같은 느낌 말이다. 그런 순간 '못난 나'는 종적을 감춘다. '관계 맺기'가 가장 위력을 발휘하는 순간이다. 두 사람 사이가 7장에서 설명한 친밀한 단계에 접어들면 둘 모두 이러한 자아 확장을 경험한다. 둘의 관계가 진척된 기간이 짧을수록 이런 경험을 할 가능성이 높아진다.

그런데 서로에게 점점 익숙해짐에 따라 자아 확장을 느끼는 순간이 줄어든다. 서로에 대해 더 알아갈 부분도 점점 줄어든다. 그렇게 차츰 현상 유지 상태가 되어간다. 현상 유지 상태에 이르면 더 이상 자아 확장으로 인한 흥분을 느끼지 않게 된다. 이 시점에 이르러 둘은 서로를 지루하게 느낄 수도 있다. 처음의 짜릿함과 흥분이 지루함과 따분함으로 변화한 이유를 자신 탓으로 돌릴 경우 내면의 '못난 나'가 다시 활성화될 수도 있다. 이는 상대와의 관계 자체를 다른 관계들과 비교하는 생각, 즉 '순위 매기기' 시선으로 바라보는 데서 비롯된다.

» 대화를 통한 자아 확장

자아 확장을 지속시키는 방법 중 하나는 흥미롭거나 특이한 이야깃거리에 초점을 맞추어 매일 대화를 나누는 것이다. "지금껏 알지 못했던 새로운 사실에 대해 깨닫거나 배운 거 있어?" 처음에는 이런 식의 대화가 어색하고 억지스럽게 느껴질 수도 있다. 하지만 흔하게 던지는 다음과 같은 질문들이 어떤 대화로 이어졌는지 생각해보라. "오늘 어땠어?" "늘 그랬듯, 짜증 났지 뭐." "그냥 그랬어. 뭐 특별할 게 있나."

우리는 어느 때라도 대화를 통해 '자아 확장'을 꾀할 수 있다. 옛 친구, 배우자, 애인과 유쾌한 이야기를 하며 두 사람 사이의 활기를 되살렸던 때를 떠올려 보라. 그때 둘 사이에 어떤 대화가 오갔는지, 대화의 어떤 요소가 활기를 되찾게 해주었는지 생각해보라. 그리고 그 요소를 본떠 상대와 대화를 나누어보라.

아마 당시 두 사람이 어떤 감정이었는지, 얼마나 친밀감을 느꼈는지와 관련 있거나, 7장에서 소개한 대화 기술에 해당하는 요인이 자아 확장을 가져왔을 가능성이 높다. 설사 두 사람 다 감정보다는 지적인 대화를 더 선호할지라도 그렇다. 남편과 나는 휴일 아침을 대화로 시작한다. 눈을 뜨자마자 평일 동안 흥미로웠던 일이나 흥분되게 만들었던 새로운 생각을 서로에게 들려준다. 새로 얻은 깨달음, 인상적이었던 방문지, 흥미로운 심리학 정보 등이 주된 이야깃거리다. 물론 그런 화제에서 친밀감이나 재미를 발견하지 못하는 사람도 있을지 모른다. 하지만 서로를 알아가면서 '자아 확장'을 느낀 경험을 다시 떠올리게 해주기에 그런 대화는 시도해볼 만한 가치가 있다.

» 공동 활동을 통한 자아 확장

대화만이 헌신적인 관계를 확장하는 유일한 방법은 아니다. 사실 대화에만 의존하는 것은 좋지 않을 수도 있다. 남편과 나는 새롭고 도전적인 활동이 부부나 애인의 관계에 어떤 영향을 미치는지 연구했다. 우리는 연구의 일환으로 부부나 애인 사이인 커플들을 대상으로 실험을 실시했다.

실험 대상 커플들은 서로 팔과 다리를 묶은 채 칸막이 너머로 공을 빨리 넘기는 과업을 수행했다. 또 다른 실험에서는 커플들에게 일주일에 두 시간씩 새롭고, 도전적이며, 자극적인 활동을 함께 하라고 지시했다. 통제 집단 커플들에게는 앞의 커플들과 동일한 시간 동안 재미있는 활동을 하라고 지시했다. 실험 결과 자극적이고 도전적인 활동을 함께 했던 커플들이 통제 집단 커플들에 비해 더 애정과 친밀감을 느끼고, 서로에 대해 만족감을 표했다. 또한 자기 자신에 대해서도 더 긍정적인 기분을 느낀다고 했다.

우리는 이를 통해 새롭고, 도전적이며, 자극적인 활동을 함께 하는 경험이 '못난 나'의 힘을 약화시킨다는 결론을 내렸다.[2]

물론 두 사람이 함께 할 활동을 선택할 때는 둘의 취향을 우선적인 고려 대상으로 삼아야 한다. 행글라이딩이나 스쿠버다이빙을 배우고 싶은 커플도 있을 것이고, 오페라를 관람하거나 놀이동산에 가고 싶은 커플도 있을 것이다. 새롭고, 자극적이며, 도전적이고 두 사람 모두 즐길 수 있는 활동이 무엇일지 생각해보라.

육체적 친밀감

인간은 누구나 본능적으로 사랑하는 사람 곁에 있고 싶어 한다. 사랑하는 사람이 눈앞에 보이지 않으면 어디에 있는지 궁금해한다. 또 함께 있으면 서로의 몸을 어루만지고 싶어 하는데, 편안한 신체 접촉은 '관계 맺기'를 더욱 만족스럽게 만들어주는 요소다.

성적 친밀감은 다른 어떤 요인보다도 관계를 깊이 있게 만들어준다. 물론 이는 두 사람 모두 성적 친밀감을 원할 때에 해당한다. 인간은 누구나 애정이 최고조에 달했을 때 성적 접촉을 하고 싶어 한다. 단 한 사람과만 사랑을 나누고, 상대의 성적인 면을 알아가고, 서로의 욕구를 충족시켜주고 싶어 한다. 건강한 성적 교류는 '못난 나'를 치유하는 데 도움이 될 수 있다. 성은 수치심을 경감시켜주는 최고의 묘약이기 때문이다.

인간은 사랑에서 비롯된 편안한 성적 경험을 통해 자신의 몸과 성욕이 상대의 눈에 훌륭하게 보일 수 있다는 사실을 깨닫고 수치심을 덜 수 있다. 또 모든 것을 잊은 채 스스로의 욕구와 쾌락에만 집중하는 오르가슴을 경험하고, 상대가 자신의 그런 부분을 기꺼이 수용하고 좋아하는 모습을 보는 것 또한 수치심 경감에 큰 역할을 한다.

상대가 성관계를 원치 않을 경우 성욕을 억제하고 인내심을 보여주면 둘의 관계는 더욱 탄탄해진다. 반면 한쪽이 원치 않는데도 일방적인 욕구 해소를 위해 성관계를 맺는 것은 바람직하지 못한 결과를 낳는다. 사랑한다면 자신에게 상대의 욕구를 충족시켜주어야 할 의무가 있다거나, 반대로 상대에게 요구할 권리가 있다고 생각할지 모르지만 그런 태도는 성관계를 '순위 매기기' 행위로 변질시킬 우려가 있다. 한쪽이 지나치게 성관계를 요구하고 다른 쪽은 원치 않으면서도 그 요구에 응하는 형태가 계속될 경우, 후자에게 성은 전혀 즐겁지 못한 것이 될 수도 있다. 심하면 자신이 무엇인가 잘못되었다는 생각을 하게 될지도 모른다. 성관계를 요구하는 쪽도 마찬가지로 상대가 자신을 더 이상 원치 않는다고 생각하게 될지 모른다. 결과적으로 둘 다 '못난 나'의 지배를 받게 된다.

이런 일을 겪고 있다면, 요구를 받아주던 쪽에서 먼저 성관계를 제의하고 시작하는 규칙을 만들어보라. 그러면 욕구가 작은 쪽은 성욕의 자연스러운 흐름을 되찾게 될 것이며, 욕구가 큰 쪽은 상대가 성관계를 제의할 때마다 자신이 사랑받고 있다고 다시 느끼게 될 것이다.

서로를 알아봐 주는 대화

친한 사람과 전화 통화를 끝낼 때나 상대에게 이메일을 쓸 때 습관적으로 "사랑해"라고 하는가? 아내나 남편에게 정기적으로 "여보, 사랑해"라고 말하는가? 친구 사이에 어색함을 무릅쓰고 "네가 내 친구라서 정말 좋다"라고 말해본 적 있는가? 물론 사랑한다는 표현은 관계에 도움을 준다. 하지만 우리는 상대의 어떤 점을 구체적으로 좋아하는지 너무 자주 잊는다. 상대의 어떤 점을 좋아하는지 표현하는 것은 관계를 강화하고 서로의 '못난 나'를 치유하게 해주는 직접적인 방법이다.

예전에 남편과 나는 여행지에서 서로의 가장 좋은 점 열 가지를 각자 적은 후 그에 대해 이야기하며 즐거운 시간을 보낸 적이 있다. 우리는 그 일을 계기로 사람들이 정확히 상대의 어떤 면을 보고 사랑에 빠지게 되는지 연구했는데, 상대의 좋은 성품에 사랑을 느끼게 되었다고 말하는 사람들도 있었지만, 대다수가 상대가 자신을 좋아한다는 사실을 알아차린 순간 자신도 상대를 좋아하게 되었다고 답했다. 이는 자신에 대한 상대의 호감 여부를 알고 있으면 거절당할 위험이 줄어들기 때문으로, 매력이 상대적이라는 것을 말해준다. 거기에 덧붙여 상대의 호감에 대한 인지가 '못난 나'를 치유하는 데 도움이 된다는 점도 한 요인일 수 있다. 자신이 미처 깨닫지 못했던 장점을 '순위 매기기'가 아닌 '관계 맺기'의 관점으로 상대가 알아봐 주는 것은 '못난 나'를 치유하게 해주는 큰 힘이 된다.

주고받기의 균형

~~~~~

'순위 매기기' 상황이 아닌데도 그 관점에서 벗어나지 못하는 '못난 나'의 습관은 헌신적인 관계를 위협하는 요소다. 특히 전혀 그렇지 않은 경우에도 상대가 자신을 깔보거나 통제하려 든다고 여길 때 문제가 된다. 예를 들어 문자나 음성 메시지를 남겨도 절대 답신하지 않는 남자를 좋아하게 되었다고 해보자. 남자는 누구에게든 답신을 하지 않는다고 미리 양해를 구했으며, 그 말은 사실이다. 남자는 당신에게 사랑한다고 말했으며, 다른 모든 행동과 태도에서 그것이 진실임을 느끼게 해준다. 하지만 남자와 이야기를 하고 싶어 긴 메시지를 남겼는데도 아무 답이 없으면 부정적인 생각이 자꾸 떠오른다. '자기가 전화하고 싶을 때만 하겠다는 거야?' '자기 시간만 중요하다 이거지.' '날 자기 아랫사람 취급하려는 거 아니야?' 상대의 행동이 자꾸 '순위 매기기'로 해석된다면 어떻게 해야 할까?

첫 번째 단계는 상대에게 확인하는 것이다. 상대의 행동이 어떻게 느껴지는지 말한 후 상대의 설명을 들어보라. 똑같은 패턴이 반복되는 것이 문제라면 상대에게 그 빈도를 줄여달라고 요청해보라. 그 요청 때문에 갈등이 생긴다면 이 장 뒷부분에 나오는 갈등 해소법을 따라보라.

» 이용당하고 있다는 기분이 들 때

상대에게 받는 것보다 주는 것이 많은 경우에도 둘의 관계를 '순위 매기기'로 보게 할 수 있다. 사람들은 대부분 관계 초기에는 주고받기의 균형을 잘 유지한다. 하지만 헌신적인 사이가 되고 나면 '기쁠 때나 슬플 때나, 건강할 때나 병들었을 때나' 상대 옆에 있어주고 힘이 되어주려 노력한다. 이는 비단 남녀 관계에서뿐 아니라 친구 사이에도 마찬가지다.

그런데 상대는 받기만 하고 자신은 주기만 하는 상황이 오랜 기간 지속되면 이용당하고 있다는 쓸쓸한 기분에 사로잡히게 될 수도 있다. 그런 기분이 든다고 해서 수치심이나 죄책감을 느낄 필요는 없다. 하지만 상대에게 그런 감정을 직접적으로 표현하는 것은 좋지 않다. 직접적인 언급은 상대의 수치심을 자극해 방어기제를 유발할 수 있기 때문이다. "내가 너한테 그렇게 해달라고 한 적 있어? 네가 좋아서 그렇게 한 거였잖아. 이렇게 화낼 거면서 뭐 하러 그랬어?"

과거 자신이 힘들었을 때 상대가 어떻게 해주었는지 떠올리는 것만으로도 그런 부정적인 생각이 싹 사라지기도 한다. 그래도 이용당하고 있다는 생각이 사라지지 않는다면 그런 상황에 대해 터놓고 대화를 나눌 필요가 있다. 다음과 같은 질문으로 대화를 시작해보라. "이런 식의 내 도움이 계속 필요해?" 서로 속마음을 이야기하다 보면 실제로 필요한 것보다 과한 노력을 기울이고 있었다는 사실을 깨닫게 될 수도 있다. 또는 고맙다는 상대의 말에 '순위 매기기'에 대한 생각이 말끔히 녹아버릴 수도 있다. 터놓고 대화를 나누었는데도 문제가 해결되지 않는다면 응어리진 마음을 표출해야 할지도 모른다. 하지만 '나'를 주어로 부드럽게 표현해야 한다는 점을 잊지 말라.

» 열등감을 느낄 때

상대의 사랑이 자신에게 과분하다고 느끼거나 상대와 자신을 경쟁 관계로 볼 때도 잘못된 '순위 매기기'에 사로잡힐 수 있다. 자신이 상대만큼 똑똑하지 못하다거나, 인기가 없다거나, 건강하지 못하다는 등의 생각이 이에 해당한다. 뿌리가 깊고 오래된 열등감은 자기 충족적 예언이 되기도 한다. 지금까지 이 책을 읽은 사람이라면 열등감을 없애기 위해 어떻게 해야 할지 알 것이다. '관계 맺기'의 시선으로 전환하라. 모든 사람은 사랑받고 싶어 한다는 사실을 인식하라. 사랑의 가치는 무한하다. 믿을 수 있는 사람과 마음속 열등감에 대해 터놓고 대화해보라.

자신이 속한 문화권에서 바람직하지 않게 여기는 성격이나 자질 때문에 열등감을 느끼는 경우도 있을 수 있다. 정상적인 성격이나 자질의 범위는 문화에 따라 다양하다. 이 책 3장에서도 예민한 기질을 타고나는 사람이 있다고 언급했다. 그 밖에도 활동적이거나 꼼꼼하거나, 쉽게 지루함을 느끼거나, 정서적 기복이 심하거나, 과묵한 성향을 타고나는 사람들이 있다. 어떤 선천적 특징이 있는 사람은 서로 다른 것일 뿐 그 누구도 다른 사람에 비해 열등하지 않다.

이제 막 사귀기 시작하는 사람들에게 서로의 차이나 특이한 성향은 매력을 느끼게 만드는 요인으로 작용하기도 한다. 인간은 그런 방식으로 서로의 부족한 부분을 채워주고 서로를 완성시켜주는 것인지도 모른다. 이성적인 사람이 충동적이고 감성적인 사람에게 끌리거나, 성격 급한 사람이 차분한 사람에게 끌리는 경우를 많이 볼 수 있지 않은가.

그런데 시간이 흐름에 따라 처음에는 매력이라 여겨졌던 차이가 단점으로 부각되기도 한다. 그리고 어느 한쪽의 성격이나 기질이 사회적으로 덜 용인되는 유형에 속하는 경우, 두 사람 모두 그것을 문제라고 여길 수 있다. 자신의 성격과 기질이 어떤지 잘 살펴보라. 어떤 성격에든 장단점이 있게 마련이라는 점을 상대에게 알리고 자신의 장점을 어필하라. 물론 그 전달 방식은 상대의 감정을 해치지 않을 정도로 부드럽고 신중해야 한다.

» 우월감을 느낄 때

우월감은 무조건 좋은 것이라 생각하는 사람이 있을지도 모르겠다. 하지만 '관계 맺기'를 원한다면 우월감은 전혀 도움이 되지 않는다. 우월감을 느낀다는 것은 상대를 '순위 매기기' 시선으로 보고 있다는 것을 의미하기 때문이다. 또한 지도를 잘 읽는다든가, 색맹이 아니라든가 하는 특정한 면에 국한된 게 아니라 모든 면에서 자신이 상대보다 우월하다고 생각한다면 상대에 대한 존중이 결여되어 있을 가능성이 높다. 존중하지 않는 사람을 사랑하기는 어렵다. 관계를 끝내고 싶지만 상대가 상처받을까 봐 어쩔 수 없이 만나고 있거나, 거짓된 사랑을 하고 있는 것일지도 모른다.

스스로의 가치를 평가절하하는 사람이 어떻게 누군가에게 우월감을 느낄 수 있는지 의아해하는 사람이 있을지 모른다. 하지만 '못난 나'의 지배를 받는 사람은 세상을 '순위 매기기'의 관점으로 바라보며, 그런 관점은 우월감과 열등감 사이를 오가도록 만들거나 '부풀리기' 방어기제를 유발할 수 있다. 그래서 열등감을 느낄 때마다 이렇게 말할 수 있다. "그 주제에 내가 만나주면 고마워해야지." 또 '순위 매기기' 습관은 상대의 단점이 포착될 때마다 우월감을 즐기도록 만든다. 그런데 서로 가까운 사이일수록 단점이 잘 보이는 법이기 때문에 그런 습관이 관계를 악화시킬 수 있다.

가까운 사람들과 자신을 비교하는 성향을 없애기 위해 노력하라. 상대를 사랑스러워 보이게 만드는 장점에 집중하라. 상대의 기이한 습관을 사랑하라. 사람은 저마다 다르며 자신에게도 상대에게 없는 단점이나 기이한 습관이 있다는 점을 잊지 말라.

갈등을 대하는 자세

~~~~

친밀한 관계일수록 갈등의 가능성도 높아진다. 함께하는 시간, 돈, 공동 소유물이 많아지기 때문이다. 갈등은 누가 더 영향력이 큰지, 누가 더 높은 지위인지 싸워서 가리게 만든다. 싸움에서 졌다는 기분은 '못난 나'를 활성화시킨다. 가까운 사이일수록 그 후유증은 크다.

» 어떤 갈등도 없는 듯 보일 때

어느 한쪽이 늘 져주어 갈등이 생길 소지가 없는 관계는 어떨까? 항상 미리 항복해버리는 쪽이 자신이라면? 그런 관계에 아무리 익숙해져 있다 해도, 반복적인 양보는 '못난 나'를 살찌우는 양분일 수 있다. 어느 한쪽이 늘 져주기만 하거나 이기기만 하는 것은 '관계 맺기'에 좋은 영향을 주지 않는다. 이기거나 진다는 것 자체가 '순위 매기기'를 암시하기 때문이다. 어떤 갈등 상황에서든 양쪽 모두의 욕구를 존중하며 '관계 맺기'에서 벗어나지 않는 선에서 갈등을 해결해야 한다.

'못난 나'의 지배를 받는 사람은 친한 사이에 갈등이 생겼을 때 '경쟁에서 빠지기' 방어기제를 사용하는 경우가 많다. 자기가 이기려 들면 상대가 자신을 싫어하게 되어 떠날까 봐 두려워한다. '사랑하는' 사람과 불평등한 관계를 맺고 있다면 한 번쯤은 단호하게 '순위 매기기'의 시선으로 관계를 바라봐야 할 필요가 있다. 어느 선까지 양보를 허락할 수 있는지 한계를 명확히 설정한 후 뒤에서 소개할 갈등 해소법을 적용해보라.

» 바람직하지 못한 양보

우리는 어렸을 때부터 사랑하는 사람들이 하고 싶은 일을 하도록 허용하는 것이 바람직하고 교양 있는 태도라고 배운다. 이 책에서도 '관계 맺기'란 상대의 욕구를 충족시켜주는 것을 의미한다고 언급했다. 그런데 '못난 나'의 지배를 받는 사람은 상대의 '욕구'와 '바람'을 구별하지 못하는 경향이 있다. 여기서 '욕구'란 꼭 충족시킬 필요가 있는 충동을 말하며, '바람'이란 바라기는 하되 꼭 충족시키지는 않아도 되는 충동을 말한다.

둘 중 한 명이 아프거나, 실직하거나, 다치는 등의 위기를 맞았을 때 둘 사이에 갈등이 일어나는 경우는 없다. 위기의 심각성과 중요성이 명백하기 때문이다. 이러한 욕구에는 정서적 실체가 있다. 갈등은 두 사람의 욕구나 바람이 서로 충돌할 때 발생한다. 그런데 '못난 나'의 영향을 받는 사람은 자신의 욕구가 덜 중요하다고 여기는 경향이 있다. 자신에게 꼭 충족시켜야 할 욕구가 있는데도 그것을 바람으로 치부하고 그냥 흘려보내는 것이다.

오랜 기간 스스로의 가치를 평가절하해온 사람은 이런 혼동에 빠지기 쉽다. 예를 들어보자. 당신은 사랑하는 사람과 결혼을 했다. 신접살림은 웨스트코스트에 차렸다. 웨스트코스트에서 나고 자란 당신은 그곳을 정말 사랑한다. 그런데 당신 남편이 자기 고향인 뉴잉글랜드로 이사 가자고 조른다. 당신은 남편 뜻에 따라 그곳으로 이사 간다. 하지만 그곳에서 2년 정도 생활하고 나자 웨스트코스트가 그리워지기 시작한다. 당신의 향수병에는 정서적 실체가 있다. 하지만 결혼 이후 남편은 모든 일을 자기 뜻대로 결정하려는 성향이 강해졌으며, 당신은 남편에게 양보해왔다. 당신이 웨스트코스트로 이사 가자는 말을 꺼내자 남편은 늘 그랬듯 당신 제안을 일언지하에 거절한다. 2년 전 당신은 남편 뜻에 따라 선뜻 뉴잉글랜드로 이사를 했는데 말이다.

그렇게 얼마간의 시간이 지나고부터 당신은 기분이 울적해진다. 하지만 그 이유는 알지 못한다. 사실, 우울한 기분의 원인은 남편의 사랑을 잃지 않기 위해 자신의 욕구는 내팽개치고 패배를 받아들인 데 있다. 당신은 스스로 초래한 '순위 매기기' 상황을 알아차리지도 못했고, 서로 사랑하는 사이라면 함께 충돌의 원인을 더 깊이 파고들어 어느 쪽의 욕구가 더 중요하고 큰지 알아보아야만 한다는 사실도 깨닫지 못했다. 이 갈등의 정서적 실체를 파헤쳐 보자.

웨스트코스트로 돌아가고픈 당신의 욕구가 10점 만점에 10점이라면, 이사 가지 않고 뉴잉글랜드에서 계속 지내고 싶은 남편의 욕구는 3점에 불과하다. 다행스럽게도 이 책을 읽은 당신 남편이 '관계 맺기'를 강화하기 위해 노력하겠다고 약속한다.

한쪽이 일방적으로 져준다고 해서 항상 최선의 결과가 나온다고는 할 수 없다. 앞에 든 가상 사례에서 볼 수 있듯 자신의 욕구를 명확히 밝히지 않는 일이 쌓이다 보면, 깨닫지 못하는 사이 상대와 냉담한 관계가 될 수 있다. 충돌이 있을 때 자기 자신과 상대의 욕구 모두에 귀 기울이고 어느 쪽이 더 절실한지 판단해 결정을 내리면 두 사람은 바람직한 관계가 될 수 있다. 그런 경험을 통해 둘은 자기 자신이 확장되는 기분을 느낀다. 지금까지 늘 양보만 하거나 양보를 받기만 했다면, 갈등에 새로운 방식으로 접근해보라. 훨씬 더 만족스러운 결과를 얻을 수 있을 것이다.

» 갈등 해소를 위한 대화법

다음에 나온 논쟁 방식을 따르면 서로 다른 욕구에서 비롯된 갈등을 해결하면서도 사랑과 평등을 유지할 수 있다.

- 갈등이 발생하면 두 사람 합의하에 그 문제를 논의할 시간을 따로 정한다. 단 한 차례의 대화로 갈등이 해결될 거라 기대하지 않는다. 물론 그렇게 될 수도 있다. (갈등이 특정 시일 내에 결정지어야 할 문제에서 비롯된 것이라면, 그 시일 내로 약속을 잡는다.) 두

사람 모두 어떤 방해도 받지 않고 온전한 상태로 대화를 나눌 수 있는 시간을 정한다. 또 대화를 종결한 후 추후 약속을 잡을 수 있을 정도로 시간 여유를 두는 것이 좋다. 대화 시간은 한 시간 정도가 좋다. 그 이상이 되면 대화가 딴 방향으로 흐르거나 양쪽 모두 지칠 수 있다. 약속 장소를 집 밖으로 잡으면 어떤 방해도 받지 않고 더 넓은 관점에서 문제를 바라볼 수 있다는 장점이 있다.

- 문제의 긴급성이나 중요도에 따라 처음 5∼10분 동안 둘 중 한 사람(A)이 대화의 주도권을 잡는다. 최초 발언권을 부여받은 사람은 어떤 입장에서 갈등을 바라보는지, 그 때문에 어떤 기분을 느끼는지 표현한다. 정직하라. 망설이거나 움츠러들지 말되 과장하지도 말라. 눈물을 보여도 괜찮다. 원하는 바를 얻지 못했을 때 어떤 기분이 들 것 같은지 말하라. 그것이 바로 정서적 실체이며, 정서적 실체를 고려 대상으로 삼을 때에만 관계에 도움 되는 현명하고 바람직한 결정을 내릴 수 있다.

- 최초 발언권을 부여받은 A가 말하는 동안 B는 경청한다. 자기 입장을 전달하거나 반대 의사를 표현하기 위해 말을 자르는 일은 없어야 한다. 7장에 나온 '동조할 때 유의 사항'을 따른다. 예를 들어 당신이 웨스트코스트로 이사 가고 싶은 마음이 얼마나 절실한지 이야기하면 남편은 다음처럼 반응할지 모른다. "그러니까 당신은 내게 표현했던 것보다 훨씬 괴롭고 우울했던 거네. 향수병 때문만이 아니라 따뜻한 날씨가 그리워

서 이사 가고 싶다는 거지? 주변에 풀과 나무가 많고 생동감이 느껴지는 곳에서 살고 싶은 거구나." 당신은 겨울 날씨가 기분을 우울하게 만든다고 말한다. 그러자 남편이 그 부분은 이해가 간다고 말한다. "그래, 여기가 웨스트 코스트보다 훨씬 북쪽이긴 해. 낮도 더 짧고. 당신에게 음산하게 느껴질 수도 있어." 필요한 경우 동조를 방해하지 않는 선에서 상대의 말 중 꼭 기억해야 할 사항을 메모하는 것도 괜찮다.

• 이제 B가 발언권을 얻어 5~10분 동안 이야기한다. 남편이 고향에서 사는 것이 얼마나 좋은지 이야기하는 동안 말을 끊지 않고 동조하며 경청한다. 이때도 필요하다면 메모를 해도 괜찮으나, 이야기의 흐름을 방해하지 않으려면 최소화하는 것이 좋다.

• B에게 2분 더 말할 수 있는 시간을 준다. A가 말한 내용에 대응할 수 있게 하기 위해서다. 이를테면 당신의 말에 남편은 다음처럼 대응할지 모른다. "나도 웨스트코스트에 살았을 때 좋았어. 당신 말을 들으니 내가 그곳을 싫어한다고 생각하는 것 같아서." "만약 이사를 가게 된다면 나도 이곳의 사계절이 그리울 거야. 우리 가족도. 당신이 지금 당신 가족과 고향을 그리워하듯 말이야. 우리 가족이 얼마나 서로 친하게 지내는지 당신도 알잖아."

• 이제 2분 동안 A에게 발언권을 주어 B가 말한 내용에 대응할 수 있게 한다. 귀담아 듣는 남편에게 당신은 이렇게 말한다. "가족을

생각하는 당신 마음 이해해. 하지만 웨스트코스트에 계신 우리 부모님은 연로하시잖아. 함께 보낼 시간이 얼마 남지 않았어." 충분하다고 생각될 때까지 2분씩 돌아가며 대화를 주고받는다. 이러한 방식의 통제된 논쟁을 하려면 상당한 자제력이 필요하다.

- 20분 동안 따로 생각하는 시간을 보낸다. 각자의 감정을 충분히 표현한 후 홀로 자신이 말한 내용과 상대에게 들은 내용을 숙고하는 시간을 보낸다. 상대와 자신의 '욕구'나 '바람'이 무엇인지 생각해본다. '욕구'와 '바람'을 명확히 구별해야 한다는 강박관념 때문에 걱정할 필요는 없다.

- 20분 후 자기 생각이 바뀌었는지 확인해본다. 때로는 한쪽 또는 양쪽 모두 마음이 바뀌기도 한다. "생각해봤는데, 당신 뜻대로 이사 가는 게 좋을 것 같아. 가을마다 여기 와서 가족을 만나고 가을 정취를 즐기면 되잖아." 물론 양쪽 모두 마음이 달라지지 않는 경우도 있을 수 있다. 만약 그렇다면 앞의 여덟 단계를 처음부터 다시 밟는다. 이번에는 전체적으로 시간을 조금 줄인다. 최초 발언은 각 5분, 대응 발언은 각 2분, 홀로 생각하는 시간은 15분으로 한다. 시간이 줄었다고 해서 상대의 말을 끊고 섣부르게 대응해 말다툼 벌이는 일은 없어야 한다.

- 끝까지 의견 차이가 좁혀지지 않는다면, 논쟁을 멈춘다. 다른 날로 약속을 잡는다. 그날까지는 갈등을 빚은 문제에 대해 일절

꺼내지 않는다. 갈등을 억제하고 다음 약속까지 '관계 맺기'에 집중한다. 이 방법을 이용하면 문제 해결법을 찾게 될 것이며, 갈등이 있더라도 평화롭게 지낼 수 있다는 사실을 알게 될 것이다.

있는 그대로를 인정하는 마음

〜〜〜〜

2장에서 보았듯 특정 상황을 '순위 매기기'의 시선으로 바라보는 사람은 실패나 좌절에서 오는 수치심을 피하기 위해 방어기제를 사용한다. 헌신적인 관계에서 느끼는 수치심에는 고유한 특성이 있으며, 방어기제도 마찬가지다.

사람들은 흔히 헌신적인 관계란 서로 최악의 모습을 보고도 여전히 상대를 사랑하는 것이라 생각한다. 그런데 상대에게 자신의 숨겨왔던 결점을 보여주기 두려워하는 경우 수치심은 더 강화되기도 한다. 하지만 상대가 '최악'의 모습을 있는 그대로 인정해줄 때 수치심은 완전히 사라진다.

한데 정서적 도식이나, 불안정과 관련된 수치심은 깨끗이 사라지지 않고 방어기제를 유발하기도 한다. 그런 경우에는 과거의 어떤 경험이나 상처 때문에 그런 행동이 유발되었는지 생각해보라. 거짓말처럼 심각한 수치심을 낳을 수 있는 행동을 했더라도 자신과 똑같은 일을 경험한 사람은 그럴 수도 있다고 수긍하게 될 것이다. 이때 자신에게는 치유하고 해결해야 할 문제가 있기는 하지만 그래도 자신이 사랑받을 수 있는, 사랑받아야 하는 사람이라고 믿어야 한다. 서로의 약점에 이런 태도로 접근할 때 방어기제는 점점 사라지게 될 것이다.

» 감정 표현을 두려워하지 말자

다음 문장은 장기적이고 친밀한 관계의 바탕이 되는 정서적 실체를 보여준다. "당신을 사랑해. 그래서 당신을 잃게 될까 봐 두려워. 당신이 죽을까 봐 무서워. 당신이 날 더 이상 사랑하지 않게 될까 봐 무서워. 나는 당신이 필요해. 당신의 사랑이 필요해." 단순하지만 핵심을 찌르는 말이다. 깊이 사랑하는 두 사람은 서로를 도와 이런 감정을 극복할 수 있다. 그러기 위해서는 감정 표현은 곧 약점을 드러내는 것이라는 생각에서 벗어나야 하며, 감정을 부정한다고 해서 그것이 사라지지도 않는다는 사실을 깨달아야 한다.

그렇다면 사랑하는 사람이 이별에 대한 두려움을 인정할 때 어떤 반응을 보이는 것이 바람직할까? "나도 똑같아. 나도 당신이랑 헤어지게 될까 봐 무서워. 나도 당신이 필요해. 떨어져 지내야 하는 건 끔찍해. 당신을 다시 볼 수 없다는 생각만으로도 몸서리가 쳐져. 손만 뻗으면 닿는 곳에 늘 당신이 있었으면 좋겠어." 물론 사랑하는 사이라고 해서 항상 이런 말만 주고받아야 하는 것은 아니다. 하지만 누군가를 사랑하는데도 전혀 이런 기분이 들지 않는다면 그것이 오히려 문제다. 자신이 나약하거나, 감상적이거나, 매달리는 듯 보일지 모른다는 두려움이 당신의 감정을 의식의 저편에 밀어놓고 있을 가능성이 높기 때문이다. 이따금씩 감정을 표현하라. 감정 표현은 관계를 더욱 돈독하고 안정되게 만들어줄 것이며 결과적으로 서로의 '못난 나'를 치유해줄 것이다.

서로를 치유해주는 존재

우리는 3장에서 내면의 정서적 도식이 자신에게 어떤 악영향을 끼치는지, 4장에서 상대방의 정서적 도식에 어떻게 대응해야 하는지를 보았다. 이제 어떻게 하면 서로의 정서적 도식을 치유할 수 있는지 알아보자. '못난 나'를 길들이는 데 효과적인 방법 중 하나는 사랑하는 사람과 함께 서로의 정서적 도식을 치유하려 노력하는 것이다.

그런데 두 사람 사이가 매우 친밀한 경우 각자의 정서적 도식이 서로 뒤얽혀 혼자일 때보다 더 극적이고 파괴적인 결과를 낳기도 한다. 정서적 도식의 영향과 역할을 인식하지 않으면 반복되는 싸움을 피하기 어려울 것이다. 시간이 지날수록 싸움은 점점 격해지고 커져서 결국 한쪽이 마음의 문을 닫아걸게 될지 모른다. 심한 경우 서로에게 되돌릴 수 없는 상처를 주어 또 다른 트라우마를 만들 수도 있다. 뒤얽힌 정서적 도식은 친밀한 관계를 위협한다.

하지만 이 책에서 소개할 방법에 따라 서로의 정서적 도식을 어루만지고 치유하면 평생토록 안정적인 관계를 유지할 가능성을 높일 수 있다.

» 명령이 싫은 나, 비판이 싫은 남편

남편과 나는 서로 협력할 일이 생겼을 때 입으로 쉴 새 없이 대화를 나누는 편이다. 그런데 남편은 교수라 그런지 설교하고 명령 내리는 말투를 쉽게 버리지 못한다. 둘이 함께 침대를 정돈하거나 텐트를 칠 때면 남편은 내게 다음처럼 말한다. "이제 그걸 내려놔." "저것 좀 가져다줘." "잠깐 기다려봐. 이쪽은 아직 준비가 안 됐어."

하지만 나는 일일이 명령받아야만 일할 정도로 눈치가 없지 않다. 나는 대개 남편이 말하는 물건을 이미 내려놓거나 건네줄 준비를 하고 있으며, 남편을 채근하지도 않는다. 간혹 남편의 말투는 내게 상처가 된다. 나를 혼자서는 일도 제대로 못하는 멍청이나, 명령받은 대로만 할 수 있는 노예로 여기는 것 같은 기분이 들어서다.

내가 부루퉁해 있으면 남편은 내게 왜 화를 내냐며 도리어 자기가 화를 낸다. 내게 명령을 내리려는 의도가 아니었다고 항변한다. 남편은 '순위 매기기'에 치중하지 않고 '관계 맺기'에 집중하는 우리 사이를 무척 자랑스러워하기 때문에 내 태도를 인격적인 모독으로 받아들인다.

나는 나대로 명령받는 식의 말투를 싫어하는 이유가 있다. 어렸을 적 나를 멍청이 취급하며 늘 명령을 내렸던 언니에게 받은 상처 때문이다. 외동아들로 부모의 사랑을 독차지하며 자란 남편은 내 상처를 잘 이해하지 못한다. 남편의 부모는 남편을 절대 비판하는 법이 없었다. 대신 부부 간에는 무척 자주 독한 비난을 퍼부었으며, 결국 파경에 이르렀다. 그래서인지 남편은 서로에 대한 비판이 이혼으로 연결될 수도 있다는 두려움을 느낀다. 내가 약간이라도 남편을 비판하면 우리 결혼 생활이 완전히 실패하기라도 한 듯 격렬한 반응을 보인다. 명령하는 말투 때문에 상처를 받았다고 내가 먼저 얘기를 꺼내면, 남편은 내 비판에 자기도 상처를 받았다고 대응한다. 서로의 정서적 도식이 충돌해 문제를 빚는 것이다. 하지만 다행히도 우리는 어떻게 하면 꼬인 실타래를 풀 수 있는지 알고 있다. 이제 그 방법을 하나하나 알아보자.

» 사랑으로 접근하기

정서적 도식의 뿌리인 트라우마를 치유하기 위해 순진무구한 자아와 어떤 식으로 대화했는지 떠올려 보라. 순진무구한 자아에게 했던 방법 그대로를 서로에게 적용해보라. 우선 3장 마지막 부분에 나온 정서적 도식에 대한 설명을 다시 한 번 읽으라. 그런 후 자신에게 어떤 정서적 도식이 있는지 알아보았던 4장으로 가라. 서로 깊이 사랑하는 친밀한 사이라면 둘의 관계에서 반드시 정서적 도식이 나타나게 되어 있다.

또 상대의 정서적 도식에 어떤 식으로 대응해야 하는지 설명해 놓은 4장 마지막 부분으로 가서 그 내용을 다시 음미해보라. 논쟁을 피한다. 계속 관계 맺기에 집중한다. 관계를 위해서라는 명목으로 억지로 동조하지 않는다. 침묵은 금이 아니다. 특히 상대가 과도하게 자기비판적이라면 침묵하기보다는 다음처럼 말해본다. "네가 그런 식으로 생각하는 이유가 뭔지 알겠어, 하지만……." 상대의 말을 귀담아 듣고 방어기제에 적절히 대응한다. 상대방이나 자기 자신 내면의 수치심으로 인한 두려움이 있는지 명확히 인식하고 그것을 줄이기 위해 노력한다. 무엇보다도, 어떤 이야기를 꺼냈는데 상대의 정서적 도식이 활성화된다면 대화를 중단하고 나중에 다시 이야기 나눈다. 정서적 도식을 유발한 원인이 무엇인지, 그런 일을 방지하려면 어떻게 하면 좋을지 함께 알아본다.

사랑하는 사이라면 서로의 정서적 도식에 특별한 관심을 기울이고 어떻게 하면 그것을 치유할 수 있는지 함께 고민해보아야 한다. 감정적으로 폭발했던 일에 대해 나중에 다시 대화를 나눌 때는 순진무구한 자아에 어떻게 대응해야 하는지 설명해놓은 5장의 내용을 참고해 애정 어린 태도를 유지해달라고 청하라. 즉, 서로의 마음을 이해하고 감정에 동조하기 위해 노력하라. 정서적 도식을 유발한 현재의 원인뿐 아니라 과거의 원인을 찾아보라. 그러면 정서적 도식을 유발한 트라우마가 무엇이었는지 확인하고 그 연결 고리를 수정할 수 있을 것이다. 순진무구한 자아를 대할 때와 마찬가지로, 정서적 도식이 유발되는 것을 막기 위해 상대의 의견에 꼭 동의해야 할 필요는 없다. 마지막으로, 자신의 고통스러운 기억을 이야기해준 상대에게 고마움을 표현하라.

자, 그럼 이제 두 사람의 정서적 도식이 어떤 식으로 서로 뒤얽힐 수 있는지 알아보자. 비판적인 어머니에게 받은 상처 때문에 성인이 되어서도 비판에 민감한 반응을 보이는 여자가 있다고 해보자. 그런데 그 여자가 완벽주의자 아버지 밑에서 그 완벽주의 성향을 보고 배운 남자를 사귄다면 어떻게 될까? 십중팔구 두 사람은 충돌할 것이다. 또 통제 성향이 강한 오빠에게 들들 볶였던 기억 때문에 강압적인 남자는 질색하는 여자가 있다고 해보자. 그런데 이 여자가 사람들의 편견으로 고통받은 기억 때문에 모든 상황을 통제해야만 직성이 풀리는 남자를 만난다면?

자신도 모르는 사이 상대의 정서적 도식을 촉발하는 경우도 있다. 질투심에 사로잡히면 잔인한 행동을 하게 되는 때가 있지 않은가. 이런 문제는 자신의 행동을 인정하고 앞으로 어떻게 하길 바라는지 이야기함으로써 해결할 수 있다. 한쪽이 질투가 심해서 문제가 되는 커플이 있었다. 둘은 정서적 도식(질투)에 어떻게 대응하면 좋을지 고민하다가 서로를 절대 배신하지 않겠다는 각서를 썼다. 각서에는 어느 한쪽이 실수를 저지르면 24시간 이내에 상대에게 그 사실을 이실직고해야 한다는 조항도 있었다. 둘은 이 각서를 통해 의심과 비난을 끝냈다.

정서적 도식 문제를 다룰 때는 객관적이면서도 따뜻한 태도를 유지해야 한다. 두 사람은 과거에 학대당하거나, 버림받거나, 이별한 아픈 기억과 그로 인한 두려움에 사랑과 용기로 맞서야 한다. 정서적 도식을 완전히 치유하려면 끈기 있는 노력이 필요하다. 상대가 그 문제에 대해 논의하자고 하면 몇 번이고 거기에 응해 동조와 이해를 표현해줄 필요가 있다. 사랑하는 사람에게 도움이 되고 싶은 바람과, 어서 치유되길 바라는 마음은 자연스레 동조를 낳는다. 상대가 동조에 서투르거나 그 방법을 모른다면 자신이 먼저 동조하는 모습을 보여주라. 이 책을 권하고 함께 읽어보는 것도 좋다.

정서적 도식을 치유하기란 엄청난 사랑과 인내심이 필요한 일이다. 하지만 아무 노력도 하지 않고 있다가 관계를 망치는 것보다는 낫다. 선택은 각자의 몫이다. 누가 봐도 사랑이 넘치는 아름다운 커플이라 해도 그 속을 들여다보면 저마다의 문제가 있게 마련이다.

갈등이나 충돌이 있을 때마다 두 사람이 힘을 모아 노력하지 않으면 아름답고 사랑 넘치는 관계는 결코 유지되지 못한다. 인간은 사랑 없이 살 수 없다. 특히 '못난 나' 때문에 심리적 고통을 겪는 사람에게는 더더욱 사랑으로 단단히 결속된 관계가 필요하다.

1. 가장 친밀하다고 생각되는 사람을 머릿속에 떠올려 보라. 7장 앞부분에 나오는 '친밀도 동그라미'로 돌아가 중첩되는 부분이 증가했는지 확인한다.

2. 상대와 지나치게 가까워졌다는 느낌에 걱정해본 적이 있는가? 그런 걱정이 '순위 매기기' 시선에서 비롯된 것은 아닌지 생각해보라. 다시 말해, 상대에게 구속될지 모른다는 두려움이나 상대를 언젠가 잃게 될지 모른다는 두려움을 느끼는 것은 아닌가?

3. 이 장의 내용을 참고해 상대를 완전히 사랑하지 못하게 만드는 장애물이 무엇일지 생각해보라. 자신에게 해당된다고 느껴지는 장애물을 노트에 적는다. 그리고 적절한 때에 상대와 그에 대해 이야기 나눈다.

4. 상대와 새롭고, 도전적이며, 재미있는 활동을 함께 하며 즐거운 시간을 보낼 계획을 짠다.

관계의 회복에서 오는 행복

이제 노트를 펴서 자신이 어떻게 변화해왔는지 돌아보라.(따로 노트
를 마련하지 않았다면 이 책을 읽는 동안 삶이 어떻게 달라졌는지 생각해보
라.) 얼마나 긍정적으로 변화했는지 적어보라. 다음 진술들을 읽고
해당되는 진술에 표시를 해보라. 자신이 얼마나 달라졌는지 확인
하는 데 도움이 될 것이다.

- [ ] 예전에는 '못난 나'의 영향으로 사회적·직업적 기회를 놓치
  는 일이 비일비재했으나 이제는 그렇지 않다.
- [ ] 나 자신이나 다른 사람이 상황을 '순위 매기기'의 시선으로
  보는지 아니면 '관계 맺기'의 시선으로 보는지 더 잘 파악하
  게 되었다.
- [ ] 스스로의 위치나 지위를 낮게 평가하는 일이 줄었으며, 쓸데
  없이 상황을 '순위 매기기' 시선으로 보는 경우도 줄었다.
- [ ] '순위 매기기' 상황이 발생하면 기꺼이 경쟁을 즐기게 되었으
  며, 그 결과 성공하는 경우도 많아졌다. 이제 나 자신의 가치
  를 더욱 정확하게 평가할 수 있다. 그래서 이길 수 있다고 생
  각되는 경우에는 즐거운 마음으로 경쟁에 뛰어들고, 질 것이

명백한 경우에는 애초에 경쟁을 시작하지 않는다.

□ 전에 비해 사람들에게 친절하게 대한다. 다른 사람들도 내
모습이 달라졌다고 말한다.

□ 친해지고 싶다고 생각했던 사람들과 더 가까워졌다.

□ 방어기제를 덜 사용한다.

□ 정서적 도식의 영향을 덜 받게 되었다.

□ 예전에는 불안정하다고 느꼈으나 이제는 안정적이라 느끼는
관계가 하나 이상 있다.

□ 이제는 적어도 보호자-학대자가 어떤 식으로 작용하는지 알
고 있으며, 예전에 비해 영향 받는 빈도도 줄었다.

□ (오랜 기간 친밀한 관계를 맺고 있는 상대가 있다면) '순위 매기
기'의 영향을 덜 받는 사랑 넘치는 관계를 지속하고 있다.

□ 무엇보다도 예전에 비해 더 행복하다.

행복하려면 자기 자신을 현실적으로 평가하면서도 긍정적으로
바라볼 수 있어야 한다.[1] 아직 '행복'의 단계까지 이르지 못했더라
도 실망하거나 좌절할 필요는 없다. 우리는 지금 행복으로 가는 길

을 걷고 있다. 갈림길을 만날 때마다 두려움에 쫓기지 않고 현실적인 판단을 내리다 보면 마침내 목적지인 교차로에 다다르게 될 것이다.

» 사랑과 권력의 균형점 찾기

이 책을 처음 구상했을 때 '관계 맺기'와 '순위 매기기', 사랑과 권력이 만나는 교차로의 풍경이 머릿속에 떠올랐다. 지금까지 세상을 '순위 매기기'의 시선으로만 바라보았던 사람들이 이 책을 통해 상황과 맥락에 맞게 '순위 매기기'와 '관계 맺기'를 적절히 선택할 수 있게 되기를 바란다.

장기적으로 보았을 때, '관계 맺기'에 능해지기 위해서는 사랑의 힘을 자유롭게 사용할 수 있어야 할 뿐 아니라 '순위 매기기'를 통해 개인적인 영역을 지킬 줄도 알아야 한다. 그러면 '순위 매기기' 상황이 닥치더라도 공정한 태도를 유지하면서 경쟁을 즐기고 상대에게 손 내미는 아량까지 베풀 수 있다.

또 이 책을 읽은 사람들이 자신에게 주어진 '순위 매기기'의 힘을 적절한 때에 사용할 수 있기를 바란다. 높은 지위나 위치에서 나오는 힘을 어린아이, 학생, 환자와의 '관계 맺기'를 위해 사용하는 것은 훌륭하고 바람직한 일이다. 다른 사람들이 옆에서 어떤 말을 하더라도 자신이 믿는 바에 따라 '관계 맺기'와 사랑의 가치를 위해 '순위 매기기'를 사용하라. 우리는 이제 집단 내에서 '순위 매기기'의 필요성이나 개인적 영역을 유지해야 할 당위성을 부정하지 않으면서도 '관계 맺기'의 가치를 옹호할 수 있다. 사랑으로 가득하면서 동시에 전지전능한 신에게 인간이 이끌리는 이유가 무엇일지 생각해보라. 인간은 그 두 가지 힘이 서로 조화를 이룬 상태가 가장 이상적이라는 것을 직감적으로 느낀다.

마지막으로 희망적인 이야기를 하나 더 덧붙이겠다. 누구나 '순위 매기기'와 '관계 맺기'를 적절히 적용하다 보면 내면의 '못난 나'와 그것이 초래하는 불필요한 '순위 매기기'에서 완전히 벗어나게 될 것이다.

'관계 맺기'는 단순히 스스로에 대해 긍정적인 기분을 느끼게 만드는 기술이 아니다. '관계 맺기', 즉 누군가와 손잡는 것은 우리의 인생 그 자체다. 단세포 조직이 다른 단세포 조직과 만나면 생물이 된다. 그런 단순한 생물이 다른 생물과 만나면 조직이 분화된 다세포생물이 된다. 고등적인 다세포생물은 서로를 도우며 집단을 형성해 살아간다. 함께 살아가려면 서로가 서로에게 끌리고, 서로를 이해하고, 서로를 도와야만 한다. 그것이 바로 '사랑'이다.

우리의 '관계 맺기'는 앞으로도 점점 강력한 형태로 진화해갈 것이다. 이제 우리는 목적지에 도착했다. 여정을 마친 것을 축하한다. 이 책을 읽은 모든 사람이 세상을 '순위 매기기'의 시선으로만 보던 것에서 벗어나 '관계 맺기'의 힘을 깨닫고 그 영향력을 마음껏 활용할 수 있게 되기를 진심으로 기원한다.

트라우마 차트

어린 시절의 트라우마 차트

1	2	3	4	5	6	7	8
어린 시절의 트라우마	4세 이전	12세 이전	도움을 거의 혹은 전혀 받지 못함	트라우마가 두 차례 이상 반복적으로 발생	동시에 여러 사건이 발생	인생에 막대한 부정적인 영향을 끼침	우울증이나 수치심에 사로잡힘

성인기의 트라우마 차트

1	2	3	4	5	6	7	8
어린 시절의 트라우마	4세 이전	12세 이전	도움을 거의 혹은 전혀 받지 못함	트라우마가 두 차례 이상 반복적으로 발생	동시에 여러 사건이 발생	인생에 막대한 부정적인 영향을 끼침	우울증이나 수치심에 사로잡힘

들어가며

1. J. V. Wood, W. Q. E. Perunovic, and J. W. Lee, "Positive Self-Statements: Power for Some, Peril for Others," *Psychological Science* (2009).

1장

1. R. Eisler and D. Loye, "The 'Failure' of Liberalism: A Reassessment of Ideology from a New Feminine-Masculine Perspective," *Political Psychology* 4 (1983): 375~91; J. Sidanius, B. J. Cling, and F. Pratto, "Ranking and Linking as a Function of Sex and Gender Role Attitudes," *Journal of Social Issues* 47 (1991): 131~49.

2. L. Sloman and P. Gilbert, *Subordination and Defeat: An Evolutionary Approach to Mood Disorders and Their Therapy* (Mahwah, NJ: Lawrence Erlbaum, 2000).

3. Ibid.

4. *Diagnostic and Statistical Manual of Mental Disorders,* 4th ed.(Washington, DC: American Psychiatric Association, 1994); J. P. Tangney and K. W. Fischer, *Self-Conscious Emotions: The Psychology of Shame, Guilt, Embarrassment, and Pride* (New York: Guilford, 1995).

5. P. Zimbardo, *Shyness: What It Is, What to Do about It* (Reading, MA:Addison-Wesley, 1977).

6. K. S. Kendler, J. M. Hettema, F. Butera, C. O. Gardner, and C. A. Prescott, "Life Event Dimensions of Loss, Humiliation, Entrapment, and Danger in the Prediction of Onsets of Major Depression and

Generalized Anxiety," *Archives of General Psychiatry* 60 (2003): 789~96.

7. S. S. Dickerson and M. E. Kemeny, "Acute Stressors and Cortisol Responses: A Theoretical Integration and Synthesis of Laboratory Research," *Psychological Bulletin* 130 (2004): 355~91.

8. N. I. Eisenberger, M. D. Lieberman, and K. D. Williams, "Does Rejection Hurt? An fMRI Study of Social Exclusion," *Science* 302 (2003): 290~92.

9. A. J. Elliot and A. Moller, "Performance-Approach Goals: Good or Bad Forms of Regulation?" *International Journal of Educational Research* 39 (2003): 339~56.

10. E. Berscheid and H. T. Reis, "Attraction and Close Relationships," in *Handbook of Social Psychology*, (4th ed.), ed S. Fiske, D. Gilbert, and G. Lindzey (New York: McGraw-Hill, 1998), 193~281.

11. F. P. Morgeson and S. E. Humphrey, "The Work Design Questionnaire (WDQ): Developing and Validating a Comprehensive Measure for Assessing Job Design and the Nature of Work," *Journal of Applied Psychology* 91 (2006): 1321~39.

12. H. E. Fisher, "Lust, Attraction and Attachment in Mammalian Reproduction," *Human Nature* 9 (1998): 23~52.

13. A. Aron and E. N. Aron, *Love and the Expansion of Self: Understanding Attraction and Satisfaction* (New York: Hemisphere, 1986): A. Aron, E. N. Aron, M. Tudor, and G. Nelson, "Close Relationships as Including Other in the Self," *Journal of Personality and Social Psychology* 60 (1991): 241~53.

14. A. Aron, E. N. Aron, and D. Smollan, "Inclusion of Other in the Self Scale and the Structure of Interpersonal Closeness," *Journal of Personality and Social Psychology,* 63 (1992): 596~612.

15. L. Tiger, *The Pursuit of Pleasure* (New York: Little, Brown, 1992).

16. B. H. Raven, J. Schwarzwald, and M. Koslowsky, "Conceptualizing and Measuring a Power/Interaction Model of Interpersonal Influence," *Journal of Applied Social Psychology* 28 (1998): 307~32.

17. B. H. Raven, "Power Interaction and Interpersonal Infl uence," in Lee-Chai and Bargh, *Use and Abuse of Power: Multiple Perspectives on the Causes of Corruption,* (Philadelphia: Psychology Press, 2001), 217~40;

18. A. Y. Lee-Chai, S. Chen, and T. L. Chartrand, "From Moses to Marcos: Individual Differences in the Use and Abuse of Power," in Lee-Chai and Bargh, *Use and Abuse of Power,* 57~74; I. H. Frieze and B. S. Boneba, "Power Motivation and Motivation to Help Others," in Lee-Chai and Bargh, *Use and Abuse of Power,* 75~89.

19. E. Sober and D. S. Wilson, *Unto Others: The Evolution and Psychology of Unselfish Behavior* (Cambridge, MA: Harvard University Press, 1999).

20. C. Boehm, *Hierarchy in the Forest: The Evolution of Egalitarian Behavior* (Cambridge, MA: Harvard University Press, 2001).

21. S. Chen, A. Y. Lee-Chai, and J. A. Bargh, "Relationship Orientation as a Moderator of Social Power," *Journal of Personality and Social Psychology* 80 (2001): 173~87.

22. E. S. Chen and T. R. Tyler, "Cloaking Power: Legitimizing Myths and the Psychology of the Advantaged," Lee-Chai and Bargh, *Use and Abuse of Power,* 241~61.

23. E. Viding, R. James, R. Blair, T. E. Moffi tt, and R. Plomin, "Evidence for Substantial Genetic Risk for Psychopathy in 7-Year-Olds," *Journal of Child Psychology and Psychiatry* 46 (2004): 592~97; T. E. Moffitt, A. Caspi, H. Harrington, and B. J. Milne, "Males on the Life-Course-Persistent and Adolescence-Limited Antisocial Pathways: Follow-up at Age 26 Years," *Development and Psychopathology* 14 (2002): 179~207.

24. P. Zimbardo, *The Lucifer Effect: Understanding How Good People Turn Evil* (New York: Random House, 2007).

2장

1. R. Mendoza-Denton, G. Downey, V. Purdie, A. Davis, and J.

Pietrzak, "Sensitivity to Status-Based Rejection: Implications for African American Students' College Experience," *Journal of Personality and Social Psychology* 83 (2002): 896~918.

2. A. G. Greenwald, M. R. Banaji, L. A. Rudman, S. D. Farnham, B. A. Nosek, and D. S. Mellott, "A Unifi ed Theory of Implicit Attitudes, Stereotypes, Self-Esteem, and Self-Concept," *Psychological Review* 109 (2002): 3~25.

3. D. Kierstead, P. D' Agostino, and H. Dill, "Sex Role Stereotyping of College Professors: Bias in Students' Ratings of Instructors," *Journal of Educational Psychology* 80 (1988): 342~44.

4. L. A. Rudman, M. C. Dohn, and K. Fairchild, "Implicit Self-Esteem Compensation: Automatic Threat Defense," *Journal of Personality and Social Psychology* 93 (2007): 798~813.

3장

1. J. Bowlby, *Attachment and Loss*, vol. 2: *Separation: Anxiety and Anger* (New York: Basic Books, 1973).

2. Sloman and Gilbert, *Subordination and Defeat.*

3. R. Janoff-Bulman, "Characterological versus Behavioral Self-Blame: Inquiries into Depression and Rape," *Journal of Personality and Social Psychology* 37 (1979): 1798~1809.

4. L. A. Rudman, J. Feinberg, and K. Fairchild, "Minority Members' Implicit Attitudes: Automatic Ingroup Bias as a Function of Group Status," *Social Cognition* 20 (2002): 294~320.

5. M. Guyll and K. A. Matthews, "Discrimination and Unfair Treatment: Relationship to Cardiovascular Reactivity among African American and European American Women", *Health Psychology* 20(2001): 315~25.

6. E. N. Aron, *The Highly Sensitive Person* (New York: Broadway Books, 1997); E. N. Aron and A. Aron, "Sensory-Processing Sensitivity and Its Relation to Introversion and Emotionality,"

Journal of Personality and Social Psychology 73 (1997): 345~68.

7. J. Kagan, *Galen's Prophecy: Temperament in Human Nature* (New York: Basic Books, 1994). 케이건은 '억제(inhibitedness)'라는 용어를 사용했다. 현재 '수줍음'이나 민감성 등으로 불리는 자질을 연구하는 학자들은 많다. 이에 대한 개관은 다음을 참조하라. Aron and Aron, "Sensory Processing Sensitivity," p. 345; A. Sih and A. M. Bell, "Insights for Behavioral Ecology from Behavioral Syndromes," in H. J. Brockmann, T. J. Roper, M. Naguib, K. E. Wynne-Edwards, C. P. Bernard, and J. C. Mitani, *Advances in the Study of Behavior,* Vol. 38 (San Diego: Academic Press, 2008), 227~81.

8. E. Waters, S. Merrick, D. Treboux, J. Crowell, and L. Albershein, "Attachment Security in Infancy and Early Adulthood: A Twenty-Year Longitudinal Study," *Child Development* 71 (2000): 684~89.

9. 더 정확히 말하자면, 아이들은 어머니가 자신의 어린 시절에 대해 내용과 상관없이 일관성 없는 설명을 할 경우 불안을 느낀다. 이는 어머니의 애착 관계가 기본적으로 불안하고 무질서함을 나타내기 때문이다. 다음을 참조하라. I. Bretherton apd K. A. Munholland, "Internal Working Models in Attachment Relationships: A Construct Revisited," in J. Cassidy and P. R. Shaver, *Handbook of Attachment: Theory, Research, and Clinical Applications* (New York: Guilfo 1999), 89~111.

10. '정서적 도식'이라는 용어는 현재 심리학계에서 중요한 사건에 대한 기억이나 생각이 정서적 각성을 일으키는 인지 구조를 설명하는 데 널리 사용되고 있다. A. Neumann and P. Philippot, "Specifying What Makes a Personal Memory Unique Enhances Emotion Regulation," *Emotion* 7 (2007): 566~78. 이 책에서 의미하는 '정서적 도식'은 칼 융이 사용한 '콤플렉스(complex)' 개념과 유사하다. C. G. Jung, "A Review of the Complex Theory" in vol. 6 *of The Collected Works of C. G. Jung, ed. W. McGuire* (Princeton, NJ: Princeton University Press, 1971).

4장

1. M. W. Baldwin, "Priming Relational Schemas as a Source of Self-Evaluative Reactions," *Journal of Social and Clinical Psychology* 13 (1994): 380~403.

2. M. Mikulincer and D. Arad, "Attachment, Working Models, and Cognitive Openness in Close Relationships: A Test of Chronic and Temporary Accessibility Effects," *Journal of Personality and Social Psychology* 77 (1999): 710~25.

3. M. Mikulincer and P. R. Shaver, "Attachment Theory and Intergroup Bias: Evidence That Priming the Secure Base Schema Attenuates Negative Reactions to Out-Groups," *Journal of Personality and Social Psychology* 81 (2001): 97~115.

4. T. Pierce and J. Lydon, "Priming Relational Schemas: Effects of Contextually Activated and Chronically Accessible Interpersonal Expectations on Responses to a Stressful Event," *Journal of Personality and Social Psychology* 75 (1998): 1441~48.

5. M. Mikulincer, O. Gillath, V. Halevy, N. Avihou, S. Avidan, and N. Eshkoli, "Attachment Theory and Reactions to Others' Needs: Evidence That Activation of a Sense of Attachment Security Promotes Empathic Responses," *Journal of Personality and Social Psychology* 81 (2001): 1205~24.

6. A. Thorne, "The Press of Personality: A Study of Conversations between Introverts and Extraverts," *Journal of Personality and Social Psychology* 53 (1987): 718~26.

7. T. Doi, *The Anatomy of Dependence* (Tokyo: Kodansha, 1973).

5장

1. C. G. Jung, *Jung on Active Imagination,* ed. J. Chodorow (Princeton, NJ: Princeton University Press, 1997); R. A. Johnson, *Inner Work: Using Dreams and Active Imagination for Personal Growth* (New York: HarperOne, 1986); H. Stone and S. Stone, *Embracing Ourselves: The Voice Dialogue Manual* (Novato, CA: New World Library, 1989).

6장

1. D. Kalsched, *The Inner World of Trauma: Archetypal Defenses of the Personal Spirit* (New York: Routledge, 1996).

2. 칼스케드는 "매우 밝고 민감한 사람들이 어린 시절에 만성적 혹은 급성적 트라우마를 경험할 경우 그 민감성 때문에 내면에 보호자-박해자가 생겨날 수 있다"라고 언급했다. Ibid., 11~12.

3. Johnson, *Inner Work.*

7장

1. A. Aron, D. Mashek, and E. N. Aron, "Closeness, Intimacy, and Including Other in the Self," in *Handbook of Closeness and Intimacy*, ed. D. Mashek and A. Aron (Mahwah, NJ: Erlbaum, 2004), 27~42.

2. A. Aron, D. G. Dutton, E. N. Aron, and A. Iverson, "Experiences of Falling in Love," *Journal of Social and Personal Relationships* 6 (1989): 243~57.

3. E. Aronson and V. Cope, "My Enemy' s Enemy Is My Friend," *Journal of Personality and Social Psychology* 8 (1968): 8~12; J. Strough and S. Cheng, "Dyad Gender and Friendship Differences in Shared Goals for Mutual Participation on a Collaborative Task," *Child Study Journal* 30 (2000):103~26.

4. D. G. Dutton and A. Aron, "Some Evidence for Heightened Sexual Attraction under Conditions of High Anxiety," *Journal of Personality and Social Psychology* 30 (1974): 510~17.

5. S. L. Gable, H. T. Reis, E. A. Impett, and E. R. Asher, "What Do You Do When Things Go Right? The Intrapersonal and Interpersonal Benefi ts of Sharing Positive Events," *Journal of Personality and Social Psychology* 87 (2004): 228~45.

6. A. Tesser, "Toward a Self-Evaluation Maintenance Model of Social Behavior," in *Advances in Experimental Social Psychology*, vol. 21, ed. L. Berkowitz (New York: Academic Press, 1988), 181~227.

8장

1. A. Aron, C. C. Norman, E. N. Aron, C. McKenna, and R. Heyman, "Couples Shared Participation in Novel and Arousing Activities and Experienced Relationship Quality," *Journal of Personality and Social Psychology* 78 (2000): 273~83; A. Aron, M. Paris, and E. N. Aron, "Falling in Love: Prospective Studies of Self-Concept Change," *Journal of Personality and Social Psychology* 69 (1995): 1102~12.

2. Aron et al., "Couples Shared Participation"; C. Reissmann, A. Aron, and M. Bergen, "Shared Activities and Marital Satisfaction: Causal Direction and Self-Expansion versus Boredom," *Journal of Social and Personal Relationships* 19 (1993): 243~54.

나가며

1. P. Hills and M. Argyle, "Happiness, Introversion-Extraversion and HAPPY Introverts," *Personality and Individual Differences* 30 (2001): 595~608.

사랑받을 권리

초판 1쇄 발행 2010년 7월 26일
개정판 1쇄 발행 2020년 4월 06일
개정판 3쇄 발행 2023년 6월 19일

지은이 | 일레인 N. 아론 옮긴이 | 고빛샘
발행인 | 이재진 단행본사업본부장 | 신동해
편집장 | 김경림 디자인 | 지완 일러스트 | 기마늘
마케팅 | 최혜진 이은미 홍보 | 반여진 허지호 정지연
국제업무 | 김은정 김지민 제작 | 정석훈
브랜드 | 웅진지식하우스

주소 경기도 파주시 회동길 20
문의전화 031-956-7350(편집) 02-3670-1123(마케팅)
홈페이지 www.wjbooks.co.kr
인스타그램 www.instagram.com/woongjin_readers
페이스북 https://www.facebook.com/woongjinreaders
블로그 blog.naver.com/wj_booking

발행처 ㈜웅진씽크빅
출판신고 1980년 3월 29일 제406-2007-000046호
한국어판출판권ⓒ ㈜웅진씽크빅 2020
ISBN 978-89-01-24077-0 03180